交通行业高职高专规划教材

Haishang Huoyun Baoxian Falü yu Shiwu

海上货运保险法律与实务

主　编　佟黎明
副主编　王海蛟　史大伟
主　审　刘祥柏

人民交通出版社股份有限公司
China Communications Press Co.,Ltd.

内 容 提 要

《海上货运保险法律与实务》在阐述海上保险的概念和特点,分析海上保险保障的范围、海上保险合同内容及海上保险基本原则的基础上,对海上保险最主要的两个险种即海上货物运输保险和船舶保险的内容进行了较详细的论述,对它们在实践中的运用进行了具体说明。

全书以综合素质培养为基础,以能力培养为主线,吸收了现代海上保险的最新理论和有关学者、专家的最新研究成果,并借鉴实务中海上保险的先进经验,力求理论联系实际,学以致用。

本书可供国内高等院校的航运、港口物流等专业作为教材,也可供海上保险、外贸和航运等行业的专业人士学习参考。

图书在版编目(CIP)数据

海上货运保险法律与实务 / 佟黎明主编. —北京 :
人民交通出版社股份有限公司,2015.3
交通行业高职高专规划教材
ISBN 978-7-114-12030-5

Ⅰ.①海… Ⅱ.①佟… Ⅲ.①海上运输保险-保险法-中国-高等职业教育-教材 Ⅳ. ①D922.284

中国版本图书馆 CIP 数据核字(2015)第 021336 号

交通行业高职高专规划教材
书　　名: 海上货运保险法律与实务
著 作 者: 佟黎明
责任编辑: 赵瑞琴
出版发行: 人民交通出版社股份有限公司
地　　址: (100011)北京市朝阳区安定门外外馆斜街 3 号
网　　址: http://www.ccpress.com.cn
销售电话: (010)59757973
总 经 销: 人民交通出版社股份有限公司发行部
经　　销: 各地新华书店
印　　刷: 北京印匠彩色印刷有限公司
开　　本: 787×1092　1/16
印　　张: 13.25
字　　数: 300 千
版　　次: 2015 年 3 月　第 1 版
印　　次: 2020 年 7 月　第 3 次印刷
书　　号: ISBN 978-7-114-12030-5
定　　价: 32.00 元

前　言

随着贸易全球化进程的加快,与国际贸易、国际航运密切相关的国际海上货运保险在理论与实务操作方面都发生了变化。

《中华人民共和国保险法》2009 年重新修订,据此,在水险市场使用较多的中国人民保险公司海洋货物运输保险条款及其船舶条款都随之做了修改。

国际方面,1982 年版的英国协会货物保险条文在生效后的 20 多年里取得了巨大成功,几乎所有国际海上货物运输保险的格式条文都或多或少地借鉴了此标准条款,而此条款在 2009 年也做出了修订。

《海上货运保险法律与实务》以 2009 年版的英国协会货物保险条文以及国际、国内最新法律与条文内容为基础,分析其主要变化点,全书涉及善意、可保利益、保险合同、适用法与管辖权、一切险承保风险以及近因原则、赔付的原则与做法、代位求偿权、向承运人索赔的处理等方面内容。

海上保险法律与实务内容丰富,操作复杂。为便于理解与学习,作者以项目为主线,以典型案例为依托,以任务设计为载体,阐明有关基本理论和实践方法。相信能给从事本领域研究和实务操作的读者以启示和帮助。

本书既可供国内高等院校的航运、港口物流等专业作为教材,也可供海上保险、外贸和航运等行业的专业人士在理论研究和业务操作中参考使用。

限于篇幅,很多方面在书中只是浅尝辄止,希望能引起一些喜爱海上保险的朋友的研究兴趣。

感谢为本书出版给予大力支持的青岛港湾职业技术学院的同仁们!

感谢泰山财险的张珈铭先生给予的业务指导!

编者

2015 年 1 月

目　录

项目一　海上保险概述

学习目标

1.知道什么是风险、保险、海上保险。

2.掌握风险与保险的关系。

3.掌握海上保险的特征及海上保险的分类。

4.知道哪些法律适用于海上保险。

项目任务

任务一　风险的识别

保险主要承保风险(Risks)给人类带来的损失,风险是保险存在的前提条件。风险是保险的基础,无风险,则无保险的必要,保险也就失去了存在的意义。风险的存在是构成保险的一个重要要件,风险与保险有着密切的关系,研究保险应从风险入手。

一、风险的含义

风险又称危险,是指自然界和人类社会客观存在的不确定发生的损失或灾难。俗话说,“天有不测风云,人有旦夕祸福”。自然界和人类社会客观存在种种风险,如地震、洪水、台风、海啸、战争、疾病、车祸、火灾、爆炸、意外事故等,都可能给人类生活和财产带来不同程度的灾难和破坏或者危及人身安全和健康。人类需要通过各种方式来防止、转移或减少风险。保险正是源于风险及危险的存在而产生和发展的,是转移风险的一种比较有效的方法。

二、风险的特征

从保险的角度来看,保险所承保的风险应具有以下特征:

1.风险的不确定性

首先,风险的发生具有不确定性。风险的不确定性是指风险发生与否不确定,风险发生的时间也不确定。在海上运输货物和船舶营运的整个过程当中,虽然充满着种种自然和人为的风险,例如恶劣气候可能造成货物受损或者灭失,船舶可能由于船员操作不当发生与其他船舶或码头碰撞事故而导致受损以及产生赔偿责任等,但是否一定会发生这些风险是不确定的,发生的时间和地点是不确定的,发生的原因和导致的结果也是不确定的。对于确定的要发生的风险,通常不属于保险的承保范围。

2.风险的客观可能性

风险的客观可能性是指风险是客观存在的,不以人的意志为转移的。无论人们是否意识到,风险都时时刻刻地存在于人们工作和生活的方方面面,它的发生具有可能性,但不一定必然发生。不可能发生的风险自然也就没有保险的必要;对于必定要发生的风险,也不属于保险的承保范围。

3.风险的可测性

风险的可测性是指对风险的不确定性,可以根据概率论和大数法则加以测算。风险必须是能测定的。不能测定的,无法计算保险费。虽然从个别事件上看风险具有不确定性,无法确定风险是否发生。但就总体而言,风险会呈现出非偶然的规律性。例如,我们无法预测某艘船舶出海是否会遭遇风险发生损失,但通过上百或上千艘船舶的综合观察和统计,对一定时期内风险发生的频率和损失率是可以测算的。只有能够准确预测风险造成的损失率,保险体系才能成功运作。

4.风险的约定性

风险的种类很多,有自然风险、社会风险、政治风险、经济风险、道德风险、基本风险和特定风险等等。保险人并不承保所有的风险,只有属于承保范围内的风险,保险人才予以赔偿。从这个角度来看,风险具有约定性。保险人所负的赔偿责任以约定的保险风险为准。如果风险没有约定,保险人的责任就无法界定,保险人也不可能承保所有的风险。在实践中,不论是船舶保险还是货物保险或者其他种类的保险,保险人都在保险合同中规定了对承保的保险事故造成的损失负责任,如我国平安险、水渍险和一切险也都列明约定的承保风险。即便是英国的协会货物保险(A)条款也把不保的风险作为除外责任予以列明。约定的风险造成的损失才是保险人承担赔偿责任的基础。

5.风险原因的适法性

风险原因的适法性是指导致风险发生的原因必须符合法律的规定,违背法律、道德的风险造成的损失,保险人不予承担责任。如非法走私货物而被没收,造成货物损失的原因是违法的行为,货物保险人对此不予负责。再如利用保险进行诈骗是海运欺诈的手段之一,对此保险人也是不承担责任的。

三、风险与保险的关系

由于人类社会存在各种风险,为了降低和转移风险,人们采取各种处理风险的办法。对付和处理风险的方法主要有积极预防、主观承担、控制和减少、设法转移等措施。保险则是其中一种比较有效、可靠的转移风险的办法。被保险人通过交纳一定的保险费,将风险转移给保险人,由保险人来承担可能发生的风险所造成的被保险人的损害。风险与保险的关系在于,风险是保险存在的前提,无风险,则无保险。但也不是所有的风险都由保险人来承保,保险人承保的风险是一种特定范围内的风险,一般是指纯粹风险,对于投机风险和道德风险,保险人通常不予承保。

四、海上风险

风险是指自然界和人类社会客观存在导致损失发生的不确定的危险,海上风险是指在海上运输或海上活动当中存在导致损失发生的不确定的危险。按照英国海上保险法的规定,“海上风险是指因航海或与航海有关的危险,也就是指海难、火灾、战争、海盗、流寇、盗窃、捕获、拘捕、禁制、政府和人民的限制、抛弃、船员不法行为以及类似或者保险单中列明的危险。”

在海上保险中，保险人承保的海上风险是一种特定范围内的风险，它既不包括一切在海上发生的风险，又不局限于航海中所发生的风险。海上风险并不仅指来自海上的风险，也包括来自陆上的风险，它包括自然灾害、意外事故和外来原因。海上保险实务中，保险人一般都在保险合同中以承保责任的形式将承保何种风险列明，并以除外责任的方式将不予承保的风险一一列明。

任务二　认识保险

学习保险(Insurance)知识，尤其是学习海上保险知识，首先要学习和掌握的是保险的概念。对于保险的概念，站在不同的角度和不同的分类上，所给出的定义是不同的。

一、金融意义上的保险

保险是一种金融经济活动，在国家经济活动中占有重要的地位。从金融角度理解保险的含义应当是，保险是将风险转移给一个风险共担组织，通过被保险人交纳保险费建立保险基金，风险共担组织承担投保人或被保险人发生损失时给予赔偿的一种经济制度。保险基金来源于投保人所缴纳的保险费，保险人通过经营管理保险基金使其升值，增强其偿付能力。同时，当被保险人遭受承保风险造成的损失时，保险人动用保险基金给予赔偿。

二、法律意义上的保险

保险活动同时是一种民事法律关系，投保人或被保险人购买保险，就是与保险人订立保险合同。保险是基于保险当事人双方协商一致，签订保险合同，明确双方的权利义务关系，而产生的一种民事法律行为。简单说，保险是一方当事人即保险人同意赔偿另一方当事人即投保人或被保险人损失的契约性约定。

为了规范保险活动，保护保险活动当事人的合法权益，加强对保险业的监督管理，促进保险事业的健康发展，我国制定了保险法。按照我国保险法第二条的规定，保险“是指投保人根据合同规定，向保险人支付保险费，保险人对于合同约定的可能发生的事故，因其发生所造成的财产损失承担赔偿保险金责任，或者当被保险人死亡、伤残、疾病或者达到合同约定的年龄、期限时承担给付保险金责任的商业行为。”

保险包括下列含义：一是商业保险行为；二是合同行为；三是权利义务行为；四是经济补偿或保险给付以合同约定的保险事故发生为条件。我国保险法调整的对象是商业保险，不包括社会保险。因此，这里的保险概念仅指商业保险(Commercial Insurance)，是一个狭义的概念。广义上的保险概念应包括商业保险和社会保险。

三、保险的分类

保险的分类(Classification of Insurance)是指从不同的标准或角度出发，对保险的类别做出的分类。

1.财产保险和人身保险

国内根据保险标的的不同将保险分为财产保险与人身保险,国外分为寿险和非寿险。这种分类是按保险对象的不同对保险所做的最基本的分类。财产保险和人身保险下有关当事人之间的法律关系和业务经营是不尽相同的,有些规定仅适用于财产保险而不适用人身保险,如赔偿原则不适用于人身保险。根据我国保险法的规定,同一个保险公司不得同时兼营这两种保险业务,但短期健康险和意外伤害险可以除外。

财产保险(Property Insurance)是以财产及其有关利益为保险标的的保险。财产保险又可以进一步分为:财产损失保险,以有形财产作为保险标的的保险;责任保险,以被保险人的民事损害赔偿责任为保险标的的保险;信用保险,以被保险人的信用或者履约能力提供担保为保险标的的保险。

人身保险(Personal Insurance)是以人的寿命和身体或健康作为保险标的的保险。人身保险也可以进一步分为:人寿保险,以人的生死为保险事故给付保险金的保险;健康保险,以赔偿疾病所致的损失的保险;意外伤害保险,以意外事故给人造成损失为保险对象的保险。

2.自愿保险和强制保险

根据保险实施的形式不同,又可将保险分为强制保险、自愿保险和互助保险。这种分类是按保险实施的形式不同对保险所做的另一种基本的分类。这种分类的意义在于保险行为适用的法律是不同的,是否参加保险取决于当事人的意愿也是不同的。我国保险法的规定不适用于强制保险。

(1)强制保险

强制保险(Compulsory Insurance)又称法定保险或社会保险,是指由国家法令强制实施的一种保险行为,如养老保险、失业保险、生育保险、工伤保险等。社会保险属于社会保障性质,由国家通过立法,以法律或法规的形式,强制有关当事人必须加入的某项保险。强制保险的特点是强制性和非盈利性。

(2)自愿保险

自愿保险(Voluntary Insurance)又称商业保险,是指有关当事人是否参与保险,投保何种保险等行为,完全取决于当事人意愿的一种保险。商业保险的概念前已所述,它的特点是非强制性和盈利性。

强制保险和自愿保险的区别主要表现在:一是适用的范围和约束力不同,法定保险具有强制性和全面性,而自愿保险则是非强制性;二是责任产生的条件不同,强制保险中保险人与被保险人的权利义务关系都是在规范性文件中明确规定的,而自愿保险则是通过双方签订保险合同来确定和体现双方的权利义务的;三是实现的目的不同,强制保险的目的是为了实现社会保障,是非盈利的,而经营自愿保险的保险机构的目的在于营利,通过赔付金少于所收保险费的差额来获取经营利润。

(3)互助保险

互助保险(Mutual Insurance)是指当事人自己组织起来,互相保障风险的一种保险行为。互助保险是体现自保互助原则的合作保险,它的特点是非强制性和非盈利性。在海上保险中,最为典型的互助保险形式是船东保赔保险,由船东们自己组织起来成立船东保赔协会,承保海上运输中特定的风险和责任。

3.原保险、再保险和重复保险

根据承担责任次序不同或者说根据风险转移方式不同，又可将保险分为原保险、再保险和重复保险。

(1)原保险

原保险是指保险人对被保险人因保险事故所致损害承担直接原始的赔偿责任的保险。也就是作为非保险人的被保险人或投保人直接向保险人或者通过保险代理人、经纪人向保险人投保而订立的保险合同。一般所说的保险主要指这类保险。

(2)再保险

再保险(Reinsurance)是指一方保险人将原承保的部分或全部保险业务转让给另一方承担的保险，即对保险人的保险，又称分保，分出再保险业务的人称为分出人；接受分保业务的人称为分入人，它是保险人将其承担的保险业务以承保形式，部分或全部转移给其他保险人的行为。

再保险是建立在原保险的基础上的保险，可以说保险的保险，是对保险人的赔偿责任的一种责任保险。再保险合同和原保险合同是两个相对独立保险合同，参加原保险的被保险人不得享受再保险的利益。

(3)重复保险

重复保险(Double Insurance)是指投保人对同一保险标的、同一保险利益、同一保险事故分别与两个以上保险人订立保险合同，且保险金额总和超过保险价值的保险。

重复保险的条件为保险标的相同、保险利益相同、保险事故相同、与两个或两个以上的保险人签订保险合同。作为重复保险的投保人，根据2009年修订的《中华人民共和国保险法》(以下简称2009年保险法)第五十六条规定，重复保险的各保险人赔偿保险金的总和不得超过保险价值。除合同另有约定外，各保险人按照其保险金额与保险金额总和的比例承担赔偿保险金的责任。

重复保险的投保人可以就保险金额总和超过保险价值的部分，请求各保险人按比例返还保险费。

任务三　认识海上保险

一、海上保险的含义

海上保险(Marine Insurance)从性质上讲，属于财产保险，但在财产保险中有十分重要和相对独立的地位。海上保险是现代保险的起源，是一切保险的鼻祖。

海上保险是以与海上运输有关的财产(如货物和船舶)、利益(如货物预期利润)或有关责任(如碰撞责任)作为保险标的的一种保险。因此，海上保险是指保险人对被保险人因海上及陆上风险或危险和意外事故所造成的财产或利益损失或引起的责任，按照约定的条件和范围给予赔偿的一种特殊的商业保险行为。

早期的海上保险仅承保海上风险造成的财产损失，对于陆上风险是不予承保的。随着科学技术的发展,海上运输业的不断发展,国际多式联运业务的开展,都对海上保险提出新的要求,保险业顺应时代发展的需求,将承保的风险从海上风险扩大到陆上风险。

海上风险是指因航海所发生的各种风险,但海上保险承保范围既不包括一切在海上发生的风险,又不局限于航海中发生的风险,还包括与航海有关的陆上风险。

二、海上保险的特征

特征是指一种事物区别于其他种事物的明显的特点和表征。海上保险的特征是指海上保险不同于其他类型的保险所体现的自己独特的特点。由于海上保险是在海上这一特定领域内的保险,鉴于海洋气候条件复杂而且变化不定,保险标的总是处于流动状态,海上保险形成了一些自己独特的特征:

1.承保风险的综合性

海上保险承保风险的综合性表现在:从性质上看,既有财产和利益上的风险,如货物保险和船舶保险,又有责任上的风险,如船舶碰撞责任;从范围上看,既承保海上风险,又承保陆上风险,如被保险货物在运到收货人仓库之前陆上发生的损失也予承保;从风险的种类上看,既有客观风险,如自然灾害引起的损失,又有主观风险,如船员故意损害船舶引起的损失。所以说,海上保险承保风险具有综合性。

2.承保标的的流动性

海上保险主要承保的标的物是船舶和货物,因国际贸易和海上运输的需求,船舶和货物经常处于流动状态,从一个港口到另一个港口,从一个国家到另一个国家。海上保险承保的标的总是具有一定的流动性,不像一般财产保险承保的标的物相对固定。因此,海上保险承保的风险大于陆上一般财产保险承保的风险。

3.承保对象的多变性

承保对象的多变性主要指海上货物保险的保险对象变化不定。在国际贸易中,货物在海上运输途中可以通过转让提单频繁易手,货物保险单可以同提单一样转让而无须经保险人的同意。货物受让人通过提单和保险单转让而成为新的货物所有人和被保险人,从而引起货物运输保险的保险对象不断变化。

4.保险种类的多样性

因海上承保风险的综合性、承保标的的流动性等特征,决定了海上保险种类的多种多样性,以满足被保险人不同的保障需求。海上保险的险种和险别不仅数量多,其形式也在不断发生变化。如对货物而言,有一切险、水渍险、平安险、普通附加险、特别附加险、特殊附加险、海上运输冷藏货物保险和海上运输散装桐油保险、战争险和罢工险等等。

5.海上保险的国际性

海上保险保障的对象主要在世界范围内进行业务活动,海上保险标的物途经不同的国家和港口,从而涉及到许多国际经济、法律关系。海上保险与国际航运和国际贸易一样具有国际性,在处理保险具体业务时,不可避免地受到不同国家的法律和惯例的影响,应当遵循相应的国际公约和国际惯例的通用准则。

三、海上保险的分类

海上保险分类的目的在于弄清海上保险在整个保险领域中所处的地位以及海上保险与

各种其他保险之间的联系和区别,便于明确海上保险中各种不同类别的保险内容和责任范围,以加强海上保险的管理,健全和完善海上保险制度和法规,促进海上保险的发展。

1.按保险标的分类

海上保险按保险标的分类,可以分为船舶保险、货物保险、运费保险、保赔保险等。

(1)船舶保险(Hull Insurance)

船舶保险是指以各种类型的船舶为保险标的的一种保险。船舶保险的标的物是各种类型的船舶,承保责任范围是船舶的财产损失和有关的利益及船东的责任。我国目前有关船舶保险主要分为四大类,即涉外运输的船舶保险,国内船舶保险,船舶建造保险,渔船保险。

(2)海上运输货物保险(Marine Cargo Transportation Insurance)

海上运输货物保险是指以航行于国际的海轮运输货物为保险标的的一种保险。货物保险的标的是贸易商品或非贸易商品,主要承保货物在运输途中因承保风险所造成的损失。我国目前有关海上货物运输保险主要分为三大类,即海洋运输货物保险条款,海洋运输冷藏货物保险条款,海洋运输散装桐油保险条款。各类保险条款又分为不同的险别。

(3)运费保险(Freight Insurance)

运费保险是指以船舶营运中的期得或已交的运费为保险标的的一种保险。在海上保险实践中,对于货主而言,其支付的货物运费一般加在货物的价值上一齐投保,无须单独再投保运费保险。对于承运人而言,对于预付运费是没有风险的,所以仅需对有风险的到付运费进行投保。

(4)保赔保险(Protection and Indemnity Insurance)

保赔保险是指由船东自己组织起来,彼此之间相互保障,共同分担属于船东承担责任的一种互助性保险。保赔保险的标的主要是船东的责任,主要承保商业保险公司的船舶保险责任之外的危险或/和风险。

2.按保险价值分类

海上保险按是否确定保险标的的价值来分类,可以分为定值保险和不定值保险。

(1)定值保险(Valued Insurance)

定值保险是指保险双方当事人对保险标的的价值作出约定,并把此约定价值订立在保险合同内的一种保险。船舶保险大都采用定值保险,货物保险习惯上把保险金额视为货物的保险价值。约定的价值是确定保险金额的依据,也是保险人赔偿的依据。

定值保险与不定值保险最大的区别是保险当事人在保险合同中明确约定了保险标的的保险价值。定值保险通常仅适用于财产保险合同,由于具有诱发道德风险的可能性,其适用范围受到一定的局限性。通常定值保险比较多地适用海洋货物运输保险、船舶保险、艺术品、古董、等及其他价值不易确定的物品的保险。

定值保险合同在出险时,一般不再对保险标的物进行估价。而是直接按照保险合同订立时确定的保险价值以及保险标的的实际损失与保险金额之比来确定应当赔偿的金额。

(2)不定值保险(Unvalued Insurance)

不定值保险是指保险双方当事人对保险标的的价值事先并未约定,只是把保险金额订立在保险合同内的一种保险。发生损失后,如何确定保险标的的价值,根据各国有关法律的规定来处理。一般来说,保险人按保险标的发生时的实际价值来确定自己的赔偿责任。如果确定的保险价值高于保险金额，保险人按照保险金额与保险价值的比例负赔偿责任；例如，船舶的保险价值确定为100万元，被保险人当时投保的保险金额为80万元，船舶发生损失为10万元，保险人赔付8万元，而不是10万元。如果被保险人投保的保险金额超过确定的保险价值，也就是说保险金额高于保险价值，保险人对于超过部分不予赔偿，仅以保险价值为限。不定值保险在实践中极少使用。

3.按保险期限分类

海上保险按保险人承保的保险期限来分类，可以分为航程保险、定期保险和混合保险。

(1)航程保险（Voyage Insurance）

航程保险是指保险双方当事人约定以一个航次或者以某点至某点为保险责任起讫的一种保险。保险人的承保责任自航程开始时起，至航程结束时终止。海上运输货物保险通常采用航程保险，船舶保险一般采用定期保险。

(2)定期保险（Time Insurance）

定期保险是指保险双方当事人约定以具体的期限为保险责任起讫的一种保险。定期保险的具体保险期限由双方协商确定，可以是半年或1年。保险单上都要注明保险期限从某年某月某日零时起至某年某月某日24时止。定期保险一般适用于船舶保险，船舶保险的期限通常为1年。

(3)混合保险（Mixed Insurance）

混合保险是指即以一个航程又以具体的期限为保险期限的一种保险。混合保险主要以航程为主，但为了避免航程过分拖延，又用一定的时间加以限制，两者以先发生为准。例如；海上运输货物保险，采用仓至仓条款，如果货物在卸货后60天仍未运抵收货人的仓库，保险人的责任终止；如果货物卸货后60天内运抵收货人的仓库，保险人的责任则从货物一经入库即告终止。

4.按承保方式分类

海上保险按保险标的承保方式分类，可以分为逐笔保险、预约保险和总括保险。

(1)逐笔保险(Specific Insurance)

逐笔保险是指由被保险人单次，逐笔向保险人投保货物或船舶的一种保险。适用于船舶保险和批量零星、收货人分散的进出口货物运输保险。

(2)预约保险（Open Cover Insurance）

预约保险是指保险双方约定总的保险范围并签订预约保险合同的一种长期保险。适用范围为货物批量多，期限长而需在一定时期内分批发运或接受的货物。预约保险的特点是不规定保险总金额；规定每船限额；发运一批，申报一批；定期结算保险费。我国海上进口货物大都采用预约保险，因为预约保险不规定保险总金额，保险费事后定期结算，被保险人无须就每一笔货物事先商议，节省时间，避免漏保，从而受到欢迎。

保险人在预约保险下，对被保险人的偶尔疏忽漏保和晚保也承担预先约定的保险责任。但对于被保险人已经知道发生保险事故后才投保，且超出预约保险合同协议范围，保险人对此不负赔偿责任。作为被保险人应尽早、如实地申报预约合同项下的全部发运货物名称、航程、数量和价值。

◈ **典型案例** ◈

某对外贸易公司与某保险公司于2005年签订"进出口货物运输预约保险协议",规定凡属被保险人进出口货物均属本保险协议范围,被保险人应在货物出运前向保险人办理投保手续,以确定承保的险别和费率,如不办理投保手续,保险人只承担最基本的险别,即平安险。2006年,被保险人进口1万t钢材,到货后被保险人发现货物严重锈蚀,向保险人递交保险单,承保风险为一切险。保险人拒赔,诉至法院。天津海事法院经审判认定,被保险人在已知损失发生后才投保,违背了保险法最大诚信原则而无效,保险人依协议仅承担平安险的保险责任。因锈蚀不属于平安险承保范围,故驳回被保险人的诉讼请求。

(3)总括保险(Blanket Insurance)

总括保险也是一种预约的定期保险,保险人对投保人在约定的期限内所运送的一定量的货物实行总承保的保险。适用范围为在一定期限内分批发运,航程短,每批发运的货大致相同,价值小的货物。特点是规定保险总金额;不规定每船限额;发运一批,不必申报;事先一次付清保险费。对于具有一定规模船队的船公司来说,也可以采用总括保险。

四、海上保险的历史发展

1.海上保险的起源

海上保险是一切各种类型保险的鼻祖,其确切起源,今已无从考证。主要学说为:

(1)共同海损起源说

共同海损是指,在同一海上航程中,船舶、货物和其他财产遭遇共同危险,为了共同安全,有意地、合理地采取措施所直接造成的特殊牺牲、支付的特殊费用。共损分摊制度是一种古老的制度,大约在公元前2000年,地中海就有航海贸易。在当时,由于受条件的限制,航海中遇到风浪,船舶进水,为避免船货沉没而不得不抛货。抛货所受到的损失是为大家的利益做的,因此该损失应由众人来分摊。这一原则便是今日人们共知的共同海损分摊原则,它具有互助保险的性质,可以说是海上保险的萌芽。不同的是共同海损是一种分摊制度,未能对损失给予充分赔偿的保障。

(2)抵押借贷起源说

早期的海上贸易活动中,船舶在运输过程中遇到急需钱时,船方以船舶为抵押向商人借钱,贷款利息大大高于一般贷款,贷款人承担船舶航行中风险。如船舶安全抵达航程的目的地,贷款和利息必须偿还;如船舶未能安全抵达目的地,则贷款无须偿还。这就是船舶抵押借贷。抵押借贷具备保险的一些特征,强调的是风险损失的赔偿。

船方作为债务人向商人借款,相当于被保险人;而商人作为债权人把钱借给船方,他相当于保险人的地位。作为抵押的船舶可以认为是现代意义上的保险标的,而高利息部分相当于保险费,商人不再收回贷款算作对船东的赔偿。

以上表明抵押借贷与今天海上保险中的全损险相似,不同的是付赔款程序不同。抵押借贷是船方先拿到借款,安全抵达才归还,如发生损失则不用归还。而船舶全损险则是先付保险费,如发生全损才能获得赔款。

2.海上保险的发展

海上保险的发展经过了漫长的历史时期而形成当今海上活动不可缺少的保障体系。

(1)现代保险的起源地

现代意义上的海上保险始于意大利,公元14世纪前后,意大利一些城市成为当时世界金融和商业中心。大量海上贸易的需求使得海上保险有了相应的发展。世界上发现最早的一张保险单是一个名叫"乔治·勒克维伦"的热那亚商人在1347年10月23日签发的一张船舶航程保险单,承担"圣·克勒拉"号船从热那亚至乌乔卡的风险。内容比较简单,规定"如船舶安全抵达,合同无效。如船舶发生损失,合同成立,给予一定赔偿"。但它尚不具备现代保险单的基本形式。最具备现代保险单的基本形式的保单是比萨保单,1384年1月15日由比萨的一组保险人出立的承保四大包纺织品从法国的阿尔兹到比萨的货运保险单。1397年在佛罗伦萨签订的保单已更加明确地列明承保的风险,具有现代保险单的格式。

(2)现代海上保险的中心

17世纪英国的资本主义经济迅速发展,大规模的殖民掠夺,使其成为世界上最大的殖民帝国,在世界贸易和航运业占有统治地位,为英国商人开展世界性的海上保险业务创造了条件。与英国称霸世界海上保险业的历史几乎同步的是著名的英国劳合社。

劳合社最早是从17世纪80年代一位名叫爱得华·劳埃德的英国人开设的一间咖啡馆发展起来的。由于此咖啡馆地处伦敦泰晤士河畔的塔街的特殊位置,船东、船长、商人、经纪人、海关办事员成为这家咖啡馆的常客,边喝边谈,交换有关贸易和航运的消息,并洽谈业务。保险商人也常聚集于此,与投保人接洽保险业务,从而逐渐发展成为著名的保险市场。

劳合社不是一家保险公司,劳合社是保险交易市场。它的承保业务广泛,无所不保,涉及水险、非水险、航空险、汽车险和新技术险等五大类;但仍以经营水险为居多。"保不可保的"是它最显著的特点。不管是多么特殊或危险的风险,劳合社都能开出承保的条件。第一份机动车辆险保单、第一份航空险保单和第一份卫星保险保单均是其设计的保险产品。

英国关于海上保险的第一部立法是1601年制定的"关于商人使用保险单的法案";1745年又制定了"海上保险法"和"防赌博法案",目的在于禁止订立被保险人没有保险利益的保险单,禁止赌博性保险。英国于1906年制定了"1906年海上保险法",是世界上影响最大的一部海上保险法,对保障和促进英国海上保险业的发展起到了重大作用。

从18世纪起,英国成为世界上最大的保险市场,其制订的法规和保险单在世界上都有重要的影响。

3.我国海上保险的发展

(1)解放前

我国虽然是世界上最早开展海上运输和海上贸易的国家,但是由于我国封建社会发展漫长,且长期实行重农抑商、闭关自守政策,海上活动一直不发达,更谈不上开展海上保险业务。据有关资料介绍,1805年,一个英籍法国人与其他合伙人,在广州建立了广州保险会社,成为历史记载的中国境内第一家保险公司,主要经营与英商贸易有关的运输保险业务。1865年5月25日开业的上海华商义和公司保险行可以说是中国第一家民族保险企业,从事经营海上货物运输保险业务。1875 年 12 月 28 日轮船招商局在上海开办保险招商局，从事船舶和货物保险业务，是规模较大的民族保险业。解放前中国的保险市场主要控制在外国保险公司和官僚机构手上。

(2)解放后

新中国建立后，我国的保险业几经起伏，逐渐发展。1949 年 10 月 20 日，中国人民保险公司成立。20 世纪 50 年代末至 70 年代末中国保险业发展缓慢，经历一些挫折，曾一度停办(1958 年 12 月，全国财政会议正式决定全面停办国内保险业务，只保留涉外保险业务继续经营)。1979 年 2 月，在京召开中国人民银行全国分行行长会议，做出恢复国内保险业务重大决策。4 月，国务院批准《中国人民银行分行行长会议纪要》，明确提出"逐步恢复国内保险业务"。11 月 19 日，全国保险工作会议在北京召开，停办 20 多年的国内保险业务开始复业。20 世纪 80 年代起保险业获得迅速发展，继中国人民保险公司后，1986 年 7 月 15 日，经中国人民银行批准，新疆生产建设兵团农牧业生产保险公司成立。1988 年 3 月 21 日，中国人民银行批设了一家区域性保险公司——深圳平安保险公司，同年 4 月 27 日正式开业。此为中国第一家股份制保险公司。中国太平洋保险(集团)股份有限公司于 1991 年 4 月成立，总部设在上海，是全国性股份制商业保险公司。随后外资保险公司开始进入中国市场。改革开放 30 多年来，我国保险业迅速发展，成为国民经济中发展最快的行业之一。

◈ 拓展阅读 ◈

At present, according to the different transportation methods, there are ocean marine transportation insurance, overland transportation insurance, air transportation insurance and parcel post transportation insurance in our country. Among all these, ocean marine transportation insurance is mostly and widely used in the practical business of international trade. The ocean marine transportation insurance is also the first used insurance and so has the longest history among the all. The overland transportation insurance and air transportation insurance have been developed on the basis of ocean marine transportation insurance.

任务四　海上保险的法律适用

一、保险合同法律适用

保险合同属于民事合同，应适用调整民事法律关系的法律。目前在我国调整民事法律关系的法律主要有《民法通则》、《中华人民共和国合同法》和《中华人民共和国保险法》。

《民法通则》对民事活动的基本原则、民事主体、民事法律行为和代理、民事权利、民事责任、诉讼时效和涉外民事关系的法律适用等都有具体规定。《中华人民共和国合同法》关于合同订立应遵循的基本原则、合同订立的程序、合同的效力、合同的履行、合同的变更和转让、合同的权利义务终止和违约责任等做出了规定。

《中华人民共和国保险法》是 1995 年公布的，2002 年为履行加入世贸组织承诺曾作过部分修改。这部法律对规范保险活动,保护保险活动当事人的合法权益,促进保险业健康发展,发挥了重要作用。近几年,我国保险业快速发展,保险业的内部结构和外部环境都发生了很大变化,保险实践中出现了一些新情况、新问题,因此,有必要通过进一步修改保险法以适应当前保险业改革发展的需要。2008 年 8 月,国务院向全国人大常委会提交了《中华人民共和国保险法(修订草案)》,经常委会三次审议,2009 年 2 月 28 日,十一届全国人大常委会第七次会议审议通过了《中华人民共和国保险法(修订案)》。修订后的保险法于 2009 年 10 月 1 日起施行。

主要内容包括:总则、保险合同、保险公司、保险经营规则、保险业的管理、保险中介人、法律责任等。但无论保险法如何规定,均不能与民法的基本原则、原理和具体规定相违背。

在法律适用上,保险法与合同法及民法的关系是特别法和普通法的关系,保险法是专门调整保险关系的法律规范。按照特别法优先于普通法的法律适用原则,凡保险法有规定的应适用保险法的规定;凡保险法没有规定的,应适用合同法的规定;合同法无规定的,应适用民法通则的规定。

二、海上保险合同的法律适用

海上保险合同是一种专门性保险合同,为调整海上保险的法律关系,各国海商法或专门立法制订有关海上保险方面的规定,我国《海商法》在第十二章中专门规定了海上保险合同。这种法律的具体规定又是典型的调整保险某领域的保险特别法。

在海上保险法律适用上,《中华人民共和国保险法》规定得很明确:“海上保险适用海商法的有关规定;海商法未作规定的,适用本法的有关规定”。所以首先应适用我国海商法的规定,海商法未做规定的,保险法有规定的依保险法的规定;凡保险法没有规定的,应适用合同法的规定;合同法没有规定的,应适用民法通则的规定。例如,关于保险利益问题,我国《海商法》就没有任何规定,但是投保人或被保险人对保险标的必须具有保险利益,则是各国法律所公认的。因此,在海上保险合同涉及到保险利益问题时,必须依照“保险法”的有关规定进行确认。如果我国法律就海上保险事宜没有具体规定时,可以适用国际海上保险惯例。

三、涉外海上保险合同的法律适用

如前所述,海上保险具有国际性,对于某一具体的含有涉外因素的海上保险合同而言,应适用我国法还是外国法,则是首先要解决的问题,即要明确合同的准据法。准据法是被海上保险冲突规范所援引,用来具体确定当事人之间权利与义务的法律。我国海商法在涉外关系的法律适用一章中也明文规定,首先是中华人民共和国缔结或参加的国际条约同本法有不同规定的,适用国际条约的规定;但是,中华人民共和国声明保留的条款除外。中华人民共和国法律和中华人民共和国缔结或参加的国际条约没有规定的,可以适用国际惯例。合同当事人可以选择合同适用的法律。合同当事人没有选择的,适用于与合同有最密切联系的国家的法律。

目前,国际上尚没有调整海上保险的国际条约,因此,海上保险合同的准据法取决于保险当事人的意愿。如果海上保险合同中订明适用的法律,则应以合同订明的法律为准。我国海上保险业务实践中所采用的中国人民保险公司制定的远洋船舶保险条款规定了法律适用条款，英国货物保险条款和船舶保险条款均订有适用英国法律和惯例的规定。如果合同中未订明适用的法律，在我国则适用于与合同有最密切联系的国家的法律。

复习思考

一、单项选择题

1.从法学的角度看，保险是一种(　　)。

A.合同行为　　B.经济制度

C.风险转移机制　　D.保险行为

2.(　　)不属于财产保险。

A.财产保险　　B.人寿保险

C.责任保险　　D.保证保险

3.保险起源于(　)。

A.保证保险　　B.财产保险

C.责任保险　　D.海上保险

4.根据保险标的的不同，可以将保险分为(　)。

A.商业与社会保险　　B.财产与人身保险

C.责任与保证保险　　D.A+B+C

5.在世界上影响最大的一部海上保险法是(　)。

A.中国海商法　　B.英国海商法

C.中国海上保险法　　D.英国 1906 年海上保险法

二、多项选择题

1.根据保险的实施形式不同，可以将保险分为(　)。

A.原保险　　B.再保险

C.自愿保险　　D.法定保险

2.保险的基本作用有(　)。

A.补偿损失　　B.分散风险

C.融通资金　　D.保证安全

3.海上保险的特点为(　)。

A.承保风险的综合性　　B.承保标的的流动性

C.承保对象的多变性　　D.统一性

4.海上保险按保险标的分类，分为(　)。

A.船舶保险　　B.货物保险

C.航程保险　　D.定值保险

5.海上保险按保险价值分类，分为(　)。

A.船舶保险　　B.货物保险

C.不定值保险　　D.定值保险

三、判断题

1.海上保险仅承保由于海上风险造成的财产损失。

2.商业保险的特点是非强制性和盈利性。

3.定值保险是指保险双方当事人约定保险金额,并把它订立在保险合同内的保险。

4.在海上保险法律适用上,首先应适用我国海商法,其次适用保险法的规定。

5.英国劳合社是一家国际著名的保险公司。

四、简答题

1.什么是保险、海上保险?保险有哪些作用?

2.海上保险具有哪些特征?

3.海上保险有哪些基本分类?

4.简述海上保险的法律适用。

项目二　海上货运保险的投保

学习目标

1.熟练掌握 PICC 保险产品。

2.海上货物运输保险险别的选择。

3.保险金额与保险费的计算。

4.客户投保。

项目任务

任务一　熟练掌握 PICC 保险产品

任务描述:熟练掌握中国人民保险公司海上运输货物保险的各种条款具体内容,并能在实际业务中正确选择保险产品。

一、海上运输货物保险的含义

1.海上运输货物保险的含义

海上运输货物保险(Marine Cargo Insurance)是指以海上运输中的各种货物为保险标的的一种海上保险类型。保险人对于货物在海上运输途中因海上风险,包括货物在陆上风险而导致的损失给予赔偿。保险人的承保责任期间不局限于海上航程,还包括与海上航程有关的陆上航程,从发货人的仓库至收货人的仓库。本章的海上运输主要指远洋运输货物,不包括内河和沿海运输的货物。我国内河和沿海运输的货物有专门的水路货物运输保险条款。

2.海上运输货物保险"货物"的含义

货物的概念有其特殊的涵义,一般来说,货物主要指国际贸易货物。我国海商法规定,"货物,包括活动物和由托运人提供的用于集装货物的集装箱、货盘或者类似的装运器具"。作为海上运输货物保险标的的货物,在实务中除包括国际贸易货物外,还包括一些非国际贸易货物,如对外经济援助物资、展览品、艺术品等。另外货物的运费、保险费和货物的预期利润也一并作为货物保险标的给予承保。

二、海上运输货物保险的险别

我国海上运输货物保险的主要保险产品指中国人民保险公司海洋运输货物保险条款所规定的,该条款是中国人民保险公司(PICC)于 1985 年 1 月 1 日修订的,最新修订版本是 2009 年,本教材以最新版本为准。其中的保险产品共分为三大类:基本险、附加险和特种货物保险。每类又可分为若干种险别。

1.基本险（Basic Insurance Coverage）

基本险又称主险,为我国海上运输货物保险的主要险别。这种险别可以单独承保,无须附加在某种险别项下。主险包括:

（1）平安险（FPA）

（2）水渍险（WA）

（3）一切险（AR）

The clear distinction among the clauses F.P.A., W.P.A. and All Risks is of great practical significance. It may help exporters choose the right coverage. Products should be insured in the appropriate category.

2.附加险（Additional Insurance Coverage）

附加险指被保险人在投保了主险的基础上附加承保的一种险别。附加险不能单独投保。附加险又分为普通附加险、特别附加险和特殊附加险。

（1）普通附加险（General Additional Risks）

普通附加险又称一般附加险。我国海上运输货物保险承保的普通附加险共11种。投保了一切险,无须再加保普通附加险,因为一切险已将其责任包括在内。

（2）特别附加险（Special Additional Risks）

目前,我国特别附加险主要有六种险别,不属于一切险责任范畴,不能单独投保,必须附于主险下。

（3）特殊附加险（Specific Additional Risks）

特殊附加险包括战争险和罢工险,同特别附加险一样,不属于一切险责任范畴,不能单独投保,必须附于主险下。

3.主险与附加险的关系

（1）主险可以单独投保,附加险不能单独投保,必须在投保一主险下才能投保附加险。

（2）主险条款与附加险条款存在抵触时,以附加险条款为准。

（3）附加险条款没有规定时,适用主险条款的有关规定。

4.特种货物保险

特种货物保险是专为运输特殊货物而设置的,目前这种专门的保险只有两种:海上运输冷藏货物保险和海上运输散装桐油保险。

三、海上运输货物保险基本险条款（PICC Ocean Marine Cargo Clauses）

1.海上运输货物保险基本险的承保范围

海上运输货物保险基本险分为平安险、水渍险和一切险三种,我国海上货物运输保险单没有将每一种险别单列,而是一起列在保险单背面,被保险人投保时,必须注意要注明约定的是哪一种险别,以免引起争执。

（1）平安险（Free from Particular Average, FPA, total or constructive total loss）

平安险采用列明风险的方式,保险人只对以下列明的风险造成的损失负赔偿责任。

①自然灾害（Natural Calamities）

被保险货物在运输途中由于恶劣气候、雷电、海啸、地震、洪水自然灾害造成整批货物的全部损失或推定全损。当被保险人要求赔付推定全损时,须将受损货物及其权利委付给保险人。被保险货物用驳船运往或运离海轮的,每一驳船所装的货物可视作一个整批。推定全损是指被保险货物的实际全损已经不可避免,或者恢复、修复受损货物以及运送货物到原订目的地的费用超过该目的地的货物价值。

本项下特指自然灾害造成的货损,而且只负责赔偿全损,部分损失不赔。整批是指同一保险单证项下的全部货物。被保险货物用驳船运往或运离海轮的每一驳船所装的货物可视为一个整批。推定全损是指被保险货物的实际全损已经不可避免,或者恢复、修复受损货物以及运送货物到原订目的地的费用超过该目的地的货物价值。

②意外事故(Fortuitous Accidents)

由于运输工具遭受搁浅、触礁、沉没、互撞、与流冰或其他物体碰撞,以及失火、爆炸等意外事故造成货物的全部或部分损失。

意外事故造成的全部损失和部分损失都赔付。失火、爆炸不需要一定发生在运输工具上。

③自然灾害和意外事故的混合

在运输工具已经发生搁浅、触礁、沉没、焚毁意外事故的情况下,货物在此之前后又在海上遭受恶劣气候、雷电、海啸、等自然灾害所造成的部分损失。

如船遇大风浪,海水进入舱内货物受损,船舶又发生碰撞,船舱进水,因无法加以区分,所以造成的部分损失也赔,解决货物部分损失究竟是自然灾害还是意外事故造成争执的问题。保险人在有限制条件的情况下,也承担海上自然灾害造成的货物部分损失。

④装卸货物(Loading and Discharging Cargo)

在装卸或转运时由于一件或数件整件货物落海造成的全部或部分损失。

货物指的是整件货物,即进行包装的、完整的一件货物。如,每六辆一箱封装的自行车即为一整件,而箱内的某一辆自行车则不能算为一整件。部分损失系指整件货物落海,经努力抢救,捞起一部分,损失一部分。

⑤施救费用(Suing and Laboring Charges)

施救费用是指被保险人对遭受承保责任内危险的货物采取抢救、防止或减少货损的措施而支付的合理费用,但以不超过该批获救货物的保险金额为限。

保险人对于货物施救费用的赔偿最高不超过保险金额。如一个集装箱货物落海,货物保险金额为10000美元,打捞整理费用共为15000美元,保险人只负担10000美元的施救费用。

⑥避难港费用(Charges in Port of Refuge)

运输工具遭遇海难后,在避难港由于卸货所引起的损失,以及在中途港或避难港由于卸货、存仓以及运送货物所发生的特别费用。

本项下的特别费用主要是指货物的续运费用,它必须是合理必要的。

⑦共同海损(General Average)

保险人承保共同海损的牺牲、分摊和救助费用。

共同海损的牺牲是指由共同海损措施所直接造成的货物在形态上的灭失或损坏;共同海损分摊是指由共同海损措施而受益的货物应予分摊的共同海损数额;救助费用是指被保险人应支付的救助报酬。

货物保险人对货物共同海损分摊的赔偿责任,在货物的保险金额低于货物的共同海损分摊价值时，保险人按照保险金额同分摊价值的比例赔偿共同海损分摊。

⑧船舶互碰责任（Both to Blame Collision）

运输合同订有“船舶互碰责任”条款，根据该条款规定应由货方偿还船方的损失。

船舶互撞责任条款通常出现在海上运输货物合同和租船合同中，其条文较长，文义难懂，中心意思是要求货主补偿本船承运人原本根据运输合同对本船货损免责，但又被迫承担他船应对本船货损所负的赔偿责任的部分赔偿。本条款的目的是针对美国保护货主利益的规定，为了保护承运人的利益加在运输合同中的，通过此条款承运人可以从货主那里要到他间接赔偿给货主损失的金额。在保险条款中加入此条款的意思，就是保险人给予被保险人充分保障。对于被保险人按照运输合同的规定退还给承运人的金额，保险人给予被保险人赔偿。

◇ **典型案例** ◇

甲乙两船发生碰撞事故，给甲船上的货主造成10万元的损失。假定双方各负50%的责任，根据美国法的规定，甲乙双方对货主的损失负连带责任，甲根据运输合同对货主不负赔偿责任。乙尽管只有50%的责任，却要全额赔偿货主的损失10万元。乙可以向甲追偿50%的责任，即5万元。这样甲间接赔偿给货主5万元。根据运输合同的船舶互碰责任条款，货主要退还给甲5万元。如果货主投保的话，这5万元可以从保险人那儿得到补偿。货主从保险人那儿取得100%的货物损失赔偿，却要对本船承运人承担50%的补偿责任。货主由于保险人行使代位求偿权而损失一半的货损，所以保险人承担赔付责任。如图2-1所示。

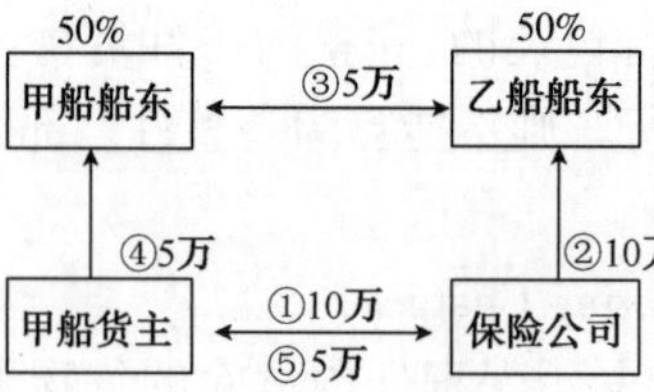

图2-1　船舶互碰责任

以上是对平安险具体条款的概述，平安险对于自然灾害造成的货物的全损负责赔偿，对于自然灾害造成的货物的部分损失不负责赔偿。对于意外事故造成货物全损或部分损失都负责赔偿。平安险的保险责任范围要比水渍险和一切险小，保费也要低。一般来说适用于投保低值、裸装的大宗货物。

◇ **典型案例** ◇

有批玻璃制品出口，由甲乙两船分别承运，货主投保平安险。甲船在航行途中与他船发生碰撞事故，玻璃制品因而发生部分损失；而乙船却在途中遇到恶劣气候，在暴风雨的袭击下，船舶激烈颠簸，玻璃制品相互碰撞也发生部分损失。保险人对前者要赔，后者不赔。

(2)水渍险(With Particular Average, total loss and partial loss from natural calamities)

水渍险同平安险一样,也是采用列明风险的形式,对列明风险造成的货损负责任。

①承保范围

除包括平安险的各项责任外,还承保被保险货物由于恶劣气候、雷电、海啸、地震、洪水等自然灾害所造成的部分损失。由此可见,水渍险的承保范围要大于平安险的承保范围,即在平安险的范围再加上因自然灾害造成的货物部分损失也负责给予赔偿。

②水渍险与平安险的区别

两种险别的区别是显而易见的,平安险对完全由于自然灾害造成的货物部分损失不予赔偿,水渍险对因自然灾害造成的货物部分损失也负责给予赔偿。

如前例,如果货主投保水渍险,保险人对于暴风雨造成的乙船货损也负责给予赔偿。

(3)一切险(All Risks, the most comprehensive coverage, including 11 types of general additional coverage)

一切险对于前两种险别而言,承保的范围最广,保障最大。一切险看起来似乎采用一切险减除责任的方式,但实际上还是列明风险的形式。

①一切险的承保范围

一切险除包括上列平安险和水渍险的各项责任外,还负责被保险货物在运输途中由于外来原因所致的全部或部分损失。由此可见,一切险的承保范围要大于水渍险和平安险的承保范围。具体来说,一切险的承保范围是平安险的承保范围、水渍险的承保范围和一般附加险的总和。如图 2-2 所示。

- 一切险
  - 水渍险
    - 平安险
      - 1.2.3.4.
      - 5.6.7.8.
    - 9.自然灾害造成的部分损失
  - 10.外来原因造成的损失

图 2-2　一切险的承保范围

◈ 拓展阅读 ◈

No additional risk can be purchased to insure goods independently. Since the scope of cover of general additional risks is already included into that of All Risks, it is not necessary for the goods to be insured by additional risks if it is insured by All Risks.

②外来原因的理解

从条文的规定来看,对于货物保险实践中经常使用的一切险条款所指的外来原因包括的范围,保险条款并未作明确规定。正是由于不确定的词语,双方当事人对此的理解产生了争执,导致纠纷的发生。

作为货物保险合同的一方当事人被保险人来说,他们认为一切险应是承保除保险条款列名的除外责任之外的任何外来原因所致的风险造成的损失。一切险应等于平安险+水渍险+一切外来原因所致的风险造成的损失。外来原因是一个广泛的含义,不应是一个狭义的含义。只要不在除外责任之内的原因造成的货损,保险人都应给予赔偿。保险人认为一切险仅承保平安险、水渍险和11种普通附加险。把外来原因框架为狭窄涵义,仅指11种普通附加险,除此之外的任何外来原因所造成的损失概不负责。所以对投保一切险的货物在非11种普通附加险的原因导致的损坏概不负责,拒绝赔偿。保险人出于保护自己利益的角度考虑对此做出有利于保险人的解释,从而形成了所谓的我国保险行业惯例。随后的司法实践中有的法院也认定一切险承保范围。包括平安险、水渍险和11种普通附加险,外来原因仅指11种普通附加险。

◇ **拓展阅读** ◇

While the cargo traveling to another country, it is likely to encounter various perils which may cause the goods to suffer loss of one kind or another. Marine risks in connection with cargo in transit can be classified into two types: perils of the sea and extraneous risks. Perils of the sea are caused by natural calamities and fortuitous accidents; the latter, by various extraneous reasons, including general extraneous risks and special extraneous risks.

2.海上运输货物保险的除外责任

海上运输货物保险的除外责任(Exclusions of Marine Cargo Insurance)是指保险人按照海上运输货物保险合同的约定,对货物损害不负赔偿责任的范围。海上保险人的除外责任取决于法律的规定和合同的具体约定。依照我国海商法的规定,对于被保险人故意造成的损失,保险人不负赔偿责任。另外,除非合同另有约定,保险人对于下列原因造成的损失,保险人也不负赔偿责任;航行迟延、交货迟延或者行市变化;货物的自然损耗、本身的缺陷和自然特性;包装不当。海上保险人的除外责任在合同中都包括了法定的除外责任。下列是我国海上运输货物保险条款中除外责任的具体条款规定。

(1)被保险人的故意行为或过失所造成的损失

对于被保险人的故意造成的货损不赔,是一项法定的免责事宜,任何种类的保险合同都做出同样的规定。此外,被保险人的过失造成的货损,保险人也不负责赔偿,对被保险人是比较苛刻的。

◇ **典型案例** ◇

一批货物投保一切险,从中国到马来西亚。收货人在目的港委托运输报关行代理提货,由于报关行将提货单丢失,被人冒领。收货人向保险公司以提货不着为由索赔。保险方认为提货不着是收货人代理人丢失提单所致。收货人代理人丢失提单的过失应视为被保险方的过失,属于保险条款除外责任。

(2)属于发货人责任所引起的损失

货物的损失是由于发货人没有尽到职责造成的,如货物的包装不当或标志不清等。

(3)在保险责任开始前,被保险货物已存在的品质不良或数量短差所造成的损失

对于保险人而言,在保险责任开始前货物已经存在的损失当然是不赔偿的,如货物在装

船前已经受损或者短缺。

(4)被保险货物的自然损耗、本质缺陷、特性以及市价跌落、运输延迟所引起的损失和费用

◇ 典型案例 ◇

货主为一批全棉衬衫的出口货物投保一切险,货到后发现变质,经检验认为衬衫残损的原因是货物在运输途中遭雨淋湿变质变黄的。保险公司经调查发现,凡是变黄的地方都是缝线部位接触的地方,表明衬衫变黄是缝合用的棉线引起的,是产品本身的缺陷所致。

(5)本公司海洋运输货物战争险条款和货物运输罢工险条款规定的责任范围和除外责任

3.海上运输货物的保险期限

保险期限(Duration of Marine Cargo Insurance)是指保险人承担货损风险责任的期间,保险人只对保险责任期间内因承保风险所致的损失负担赔偿责任。

(1)正常情况下的责任起讫(仓至仓条款 warehouse to warehouse)

我国保险条款规定,本保险负“仓至仓”责任,自被保险货物运离保险单所载明的起运仓库或储存处所开始运输时生效,包括正常运输过程中的海上、陆上、内河和驳船运输在内,直至该项货物到达保险单所载明目的地收货人的最后仓库或储存处所或被保险人用作分配、分派或非正常运输的其他储存处所为止。如未抵达上述地点,以货物在最后卸货港全部卸离海轮后满 60 天为止。如在上述 60 天内被保险货物需转运到非保险单所载明的目的地时,则以该项货物开始转运时终止。

按照条款的规定,在正常运输情况下,保险人的责任起讫以“仓至仓”为依据,对于在此期间因承保原因造成的货损,保险人负责赔偿。对于非责任期间造成的货损,保险人不负赔偿责任。因此,开始点与终止点对于保险双方当事人是非常重要的。

◇ 拓展阅读 ◇

The insured goods are covered from the time when they leave the warehouse at the place named in the policy for the commencement of the transit and continue to be covered until they are delivered to the final warehouse at the destination named in the policy, but the policy provides an overriding time limit of 60 days after the completion of discharge of the insured goods from the seagoing vessel at the final port of discharge. On the expiration of that time limit of 60 days the cover ceases to protect the goods even though they have not reached the final warehouse.

①保险责任开始

海上货物保险人的责任自被保险货物运离保险单所载明的起运仓库或储存处所开始运输时生效。货物必须运离出仓库,对于在仓库内的货损,如仓库装车过程中的货物损失风险,保险人不予负责。货物一经运离上述发货人的仓库,保险责任即告开始,保险公司按照

货物所保的险别规定的责任范围予以负责。货物在装运前存放在港区码头仓库待运期间，如果发生损失，保险公司应予以负责。

◈ 典型案例 ◈

某船从美国休斯敦装运501t油脂到汉堡，这些油脂是从一个油罐通过泵打入船舱的。船到卸货港。却只卸下374t货。经调查发现，货物短少的原因是由于储存油脂的罐与另外两个储存罐是相通的，装船时一部分油脂打入了船舱，另一部分却打入了另外两个储存罐。买方向保险公司索赔。美国纽约最高法院判这一部分货物并未离开储存处所开始运输，因此这部分货物保险期间也未开始，保险公司亦无须负赔偿责任。

◈ 典型案例 ◈

货物在仓库中装上一辆卡车，卡车很长，一部分在货仓外，一部分在货仓内，由于时间太晚了，卡车还未装满，因此决定不装了，卡车也就退回到仓库里，准备第二天再接着装和堆放，结果晚上卡车上的货物被偷了。法院判货物并未离开仓库开始运输，保险公司不赔。货物未装船，或不是此批货物，未装在规定的船上，都可能因风险未开始而不赔。

②保险责任终止

在海上货物运输实务中，不同的货物所抵达目的地地点是不同的。正是由于被保险货物抵达地点不同，保险人对于保险责任的终止做出了不同的规定。

a.货物到达保险单所载明目的地收货人的最后仓库或储存处所或；

b.被保险人用作分配、分派或非正常运输的其他储存处所为止；

c.如未抵达上述地点，以货物在最后卸货港全部卸离海轮后满60天为止；

d.如在上述60天内，货物转运到非保险单所载明的目的地时，则以该货物始转运时终止。

◈ 典型案例 ◈

货物出口到比利时的布鲁塞尔，投保一切险。船于10月3日到达比利时的安特卫普港，货物在10月5日全部卸离船，堆放在码头仓库内。假定以后出现下面几种情况：一是货物未被运往保险单所载明目的地即布鲁塞尔收货人仓库：二是货物被收货人于11月20日运抵布鲁塞尔收货人仓库；三是被收货人于10月15日分散转运各地，其中1/3仍被运往布鲁塞尔收货人仓库。那么，第一种情况下，保险责任到12月4日便告终止；在第二种情况下，保险责任于11月20日终止；在最后一种情况下，保险责任则在10月15日开始分散转运时终止。

尽管保险单上对保险责任期间做出规定，海上货物保险实践中对于如何认定收货人的最后仓库或储存处所并不容易，尤其是收货人在保险单载明的目的港没有自己的仓库，而是将货物储存在港口、码头、海关等临时性运输仓库中，此类仓库是否可以看作收货人的最后仓库或储存处所。对此的解释应是：如果收货人在目的港没有自己的仓库，而是租用港口、码头、海关等临时性运输仓库储存货物，此类仓库应视为被保险人的最后仓库，货物一经运入这些仓库，保险责任即告终止；如果收货人并没有租用这类仓库，则不能视为最后仓库，被保险人提货后运往内地时，则保险责任终止于保险人提货并开始转运时；如果被保险人在目的港有自己的仓库，则保险责任终止于货物运至被保险人的仓库，货物在港口、码头、海关等临时性运输仓库储存时，保险人的责任不能终止。

◈ 拓展阅读 ◈

The insured goods are covered from the time when they leave the warehouse at the place named in the policy for the commencement of the transit and continue to be covered until they are delivered to the final warehouse at the destination named in the policy, but the policy provides an overriding time limit of 60 days after the completion of discharge of the insured goods from the seagoing vessel at the final port of discharge. On the expiration of that time limit of 60 days the cover ceases to protect the goods even though they have not reached the final warehouse.

◈ 典型案例 ◈

中国轻工业品进出口总公司诉中国平安保险公司海运货物保险合同纠纷案。在该案中，被保险货物从国外进口卸至天津港码头仓库内受到特大海潮袭击，货物被海水浸泡，受损严重。双方当事人就是否属于保险人的责任期间引发争执并诉至法院。天津海事法院经审理并认为：被告保险责任终止的条件是直至被保险货物到达保险单所载明目的地收货人的最后仓库或储存处所或被保险人用作分配、分派或非正常运输的其他储存处所为止。该批货物所处地点属港口作业区，而非被保险人的最后仓库，原告在提货前无法实施对货物的分派、分配或转运。因此，保险人对在港口仓库和库场的货物仍负有保险责任。法院判决被告赔偿原告保险货物损失等共计1141121.93美元。被告不服一审判决，上诉于天津高级人民法院。在二审法院的调解下，双方达成协议，平安保险公司赔付货损的93%结案。

(2)非正常情况下的责任起讫

由于被保险人无法控制的运输迟延、绕道、被迫卸货、重新装载、转载或承运人运用运输契约赋予的权限所做的任何航海上的变更或终止运输契约，致使被保险货物运到非保险单所载明目的地时，在被保险人及时将获知的情况通知保险人，并在必要时加交保险费的情况下，本保险仍然继续有效，保险责任按下列规定终止。

①被保险货物如在非保险单所载明的目的地出售，保险责任到交货时为止，但不论任何情况，均以被保险货物在卸载港全部卸离海轮后满60天为止。

②被保险货物如在上述60天期限内继续运往保险单所载原目的地或其他目的地时，保险责任仍按"仓至仓"条款的规定终止。

(3)保险责任期间与保险利益的关系

如前所述，被保险人对被保险货物必须具有保险利益，没有保险利益，即便是在保险人的责任期间内发生的货损，保险人也不予赔偿。因此，保险责任期间还受制于保险利益。被保险人在保险人责任期间还必须对保险标的具有保险利益。

◈ **典型案例** ◈

宁波五矿进口线材货物，投保一切险。船方签发提单记载为9950.44t，根据大副收据记载称，根据船舶水尺测定为9586.63t。船舶抵港后商检测定为9520.40t，相差469.45t，价值为142182.22美元。如按船舶水尺测定为9586.63t，相差48.84t，价值为14896.20美元。宁波海事法院一审判决，短少属保险合同约定的一切险责任范围内，故保险人应对运输过程中造成的短量承担赔偿责任。保险人不服判决上诉，浙江高级人民法院判决，保险人只负48.84t线材的价款。提单倒签，不能作为已装船的货物实际重量的证据。其他短少属于原装短少，不在承保范围。

(4)海运进口货物国内转运期间保险责任扩展条款

保险人同意将"海洋运输货物保险条款"规定的保险责任期限扩展如下：

保险货物运至海运提单载明的我国卸货港后，如需转运至国内其他地区，保险人按"海洋运输货物保险条款"规定的保险险别(战争险除外)，继续负责转运期间的保险责任，直至所保货物运至卸货港货物转运单据上载明的国内最后目的地

①经收货单位提货后运抵其仓库时终止，或

②自货物进入承运人仓库或堆场当日零时起算满30天终止。

以上(1)、(2)两项，以首先发生的一项为准。卸货港等待转运期间的保险责任，以货物全部卸离海轮当日零时起算满60天终止。如货物不能在60天内转运，收货或接货单位可在60天满期前开列不能转运的货物清单，申请展延保险期间。保险人可根据具体情况决定是否同意展延和确定展延的日期。如同意展延，展延期限最长不能超过60天。在期限届满120天之后，如仍要求继续展延，经保险人同意后，每30天为一期按保险人规定加费。转运货物在卸货港存放满60天或经展延保险期间届满而未继续办理保险责任展延申请的，收货或接货单位应即在港口进行检验。如发现货物有短缺或残损，应在保险责任终止之日起10天内通知本公司港口机构进行联合检验。保险人仅对在港口检验确定的货物损失负保险责任。

保险人对所有散装货物(如散装油类、粮、糖、矿石、矿砂、废钢铁、废轮胎等)以及化肥,古巴糖,活牲畜,新鲜果菜所负的保险责任,一律按“海洋运输货物保险条款”的规定在卸货港终止,不负责国内转运期间的保险责任。

本条款系本保单约定的货运险条款(以下简称“主险条款”)的附加险条款。本条款与本保单约定的主险条款的任何条文有抵触时,以本条款为准;本条款未尽事宜,以主险条款为准。

注意:“仓至仓”条款不能自动扩展责任至国内收货人最后目的地。

(5)进口集装箱货物运输保险特别条款

为适应集装箱货物保险的需要,中人保制定了进口集装箱货物运输保险特别条款:

①进口集装箱货物运输保险责任按原运输险保单责任范围负责,但保险责任至原保险单载明的目的港收货人仓库终止。

②集装箱货物运抵目的港,原箱未经启封而转运至内地的,其保险责任至转运目的地收货人仓库终止。

③如集装箱货物运抵目的港或目的港集装箱转运站,一经启封开箱,全部或部分箱内的货物仍需继续转运内地时,被保险人或其代理人必须征得目的港保险公司同意,按原保险条件和保险金额办理加批保费手续后,保险责任可至转运单上标明的目的地收货人仓库终止。

④集装箱在目的港转运站,收货人仓库或经转运至目的地收货人仓库,被发现箱体有明显损坏或铅封被损坏或灭失,或铅封号码与提单、发票所列的号码不符时,被保险人或其代理人应保留现场,保存原铅封,并立即通知当地保险公司进行联合检验。

⑤凡集装箱箱体无明显损坏,铅封完整,经启封开箱后,发现内装货物数量规格等与合同规定不符,或因积载或配载不当所致的残损不属于保险责任。

⑥进口集装箱货物残损或短缺涉及承运人或第三人责任的,被保险人有义务先向有关承运人或第三人取证,进行索赔和保留追索权。

⑦装运货物的集装箱必须具有合格的检验证书,如因集装箱不适货而造成的货物残损或短少不属保险责任。

4.海上保险中被保险人的义务

我国海上运输货物保险合同对于被保险人的义务(Duty of the Insured)做了如下规定:

被保险人应当按照以下规定的应尽义务办理有关事项,如因未履行规定的义务而影响保险人利益时,本公司对有关的损失,有权拒绝赔偿。

(1)及时提货的义务

当被保险货物运抵保险单所载明目的地以后,被保险人应当及时提货,当发现被保险货物遭受任何损失时,应即向保险单上所载明的检验、理赔代理人申请检验,如发现被保险货物整件短少或有明显残损痕迹,应即向承运人、受托人或有关当局(海关、港务局)索取货损货差证明。如果货损货差是由于承运人、受托人或其他关方面的责任所造成的,应以书面方式向他们提出索赔,必要是还需取得延长时效的认证。如未履行上述规定义务,保险人对有关损失不负赔偿责任。

这里实际上包括几项义务,即作为被保险人要及时提货的义务;货损失时申请报检报验的义务;如是第三方的责任,有向第三责任方追偿的义务。我国海商法规定,被保险人应当向保险人提供必要的文件和其所需要知道的情况，并尽力协助保险人向第三人追偿。货物及船舶保险单也都做出同样的规定。

(2)合理施救的义务

对遭受承保责任内危险的货物，被保险人和保险人都可迅速采取合理的抢救措施，防止或减少货物的损失，被保险人采取此项措施，不应视为放弃委付的表示，保险人采取此项措施，也不得视为接受委付的表示。

对由于被保险人未履行上述义务造成的扩大的损失，保险人不负赔偿责任。

(3)通知义务

被保险人的通知义务主要指如有遗漏或风险发生变更，如航程变更、中途绕航使保险人原来承担的风险责任增加，作为被保险人负有通知保险人的义务。保险合同规定，"如遇航程变更或发现保险单所载明的货物、船名或航程有遗漏或错误时，被保险人应在获悉后立即通知保险人并在必要时加交保险费，本保险才继续有效"。

(4)提供必要单证的义务

在向保险人索赔时，必须提供下列单证：保险单正本、提单、发票、装箱单、磅码单、货损货差证明、检验报告及索赔清单。如涉及第三者责任，还须提供向责任方追偿的有关函电及其他必要单证或文件。

被保险人未履行前款约定的单证提供义务，导致保险人无法核实损失情况的，保险人对无法核实的部分不承担赔偿责任。

(5)在获悉有关运输契约中"船舶互撞责任"条款的实际责任后，应及时通知保险人。否则，保险人对有关损失不负赔偿责任。

5.赔偿处理

保险人收到被保险人的赔偿请求后，应当及时就是否属于保险责任做出核定，并将核定结果通知被保险人。情形复杂的，保险人在收到被保险人的赔偿请求并提供理赔所需资料后30日内未能核定保险责任的，保险人与被保险人根据实际情形商议合理期间，保险人在商定的期间内做出核定结果并通知被保险人。对属于保险责任的，在与被保险人达成有关赔偿金额的协议后10日内，履行赔偿义务。

6.索赔期限

我国海上运输货物保险条款的最后一条是关于索赔期限的规定，即"本保险索赔时效，从保险事故发生之日起计算，最多不超过2年。"

索赔期限是指被保险人在保险标的发生损失后，向保险公司提出索赔的有效期限。作为被保险人一定要在索赔时效内向保险人提出，否则及易失去获得赔偿的机会。

我国海商法规定，根据海上保险合同向保险人要求保险赔偿的请求权，时效期间为2年，自保险事故发生之日起计算。要注意的是索赔时效不同于诉讼时效，被保险人不能认为只要在两年内向保险人提出索赔就万事大吉了，必须在两年向法院提出诉讼，才能不丧失胜诉权。

四、海上运输货物保险的附加险条款

海上运输货物保险的附加险分为普通附加险、特别附加险和特殊附加险三种类型。附加险在我国是不能单独投保,必须在投保基本险以后才能加保。

1.普通附加险条款(General Additional Risks)

我国海上货物运输保险普通附加险共 11 种。

(1)偷窃、提货不着险(TPND Theft,Pilferage and Non-Delivery Clause)

偷窃、提货不着险主要承保被保险货物遭受下列损失:

①偷窃行为所致的损失;

②整件提货不着;

③根据运输契约规定船东和其他责任方免除赔偿的部分。

该险要求被保险人必须及时提货,对于第一项损失,必须在提货后 10 天之内申请检验。对于第二项损失,必须向责任方取得整件提货不着的证明,否则保险人不负赔偿责任。另外,要区分偷窃与抢劫行为,偷窃多指暗中进行的小偷小摸,而抢劫则是公开的、使用暴力手段的劫夺。本附加险是不保后者的。提货不着是指货物的全部或整体未能在目的地交给收货人。

(2)淡水雨淋险 (Fresh Water and/or Rain Damage Clause)

保险人负责赔偿被保险货物直接遭受雨淋或淡水造成的损失。雨淋、淡水包括雨水、冰雪、船上淡水舱水管漏水以及船汗等。保险人对此项损失的赔偿要求货物包装外部要有雨水或淡水痕迹或有其他证明,还要求被保险人必须及时提货,提货后 10 天之内申请检验。这里要区分淡水与海水的区别,对于前者,水渍险与平安险是不保的。

(3)短量险(Shortage Clause)

保险人对被保险货物在运输过程中,因外包装破裂或散装货物发生数量散失和实际重量短缺的损失负责赔偿。保险人仅负责货物数量短少和重量短缺的损失,对货物的正常途耗是不赔偿的。在包装货物没有破损情况下的短量保险人是不赔的,因为属于原来的短少。对于散装货物要扣除正常途耗,不能把正常途耗当作重量短缺。

(4)混杂、玷污险 (Intermixture and Contamination Clause)

保险人对被保险货物在运输过程中,因混杂、玷污所致的损失,负责赔偿。如布匹、纸张等货物在运输途中被油类或其他物质玷污而造成的损失。

(5)渗漏险 (Leakage Clause)

保险人对被保险货物在运输过程中,因容器损坏而引起的渗漏损失,或用液体储藏的货物因液体渗漏而引起的货物腐败等损失,给予赔偿。如用盐渍盛装在木桶内的肠衣和坛装的酱菜、乳腐一类腌制食品因渗漏而发生腐烂或变质的损失。

(6)碰损、破碎险 (Clash and Breakage Clause)

保险人对被保险货物在运输过程中因震动、碰撞、受压造成的破碎和碰撞损失,负责赔偿。主要是对外来因素所致碰损、破碎损失承担赔偿责任。

(7)串味险 (Taint of Odour Clause)

保险人对被保险食用物品、中药材、化妆品原料等货物在运输过程中,因受其他物品的影响而引起的串味损失,负责赔偿。

(8)受潮受热险(Sweat and Heating Clause)

保险人对被保险货物在运输过程中因气温突然变化或由于船上通风设备失灵致使船舱

内水气凝结、发潮或发热所造成的损失，负责赔偿。

(9)钩损险（Hook Damage Clause）

保险人对被保险货物在装卸过程中因遭受钩损而引起的损失，以及对包装进行修补或调换所支付的费用，均负责赔偿。

(10)包装破碎险（Breakage of Packing Clause）

保险人对被保险货物在运输过程中，因搬运或装卸不慎、包装破裂所造成的损失，以及为继续运输安全所需要对包装进行修补或调换所支付的费用，均负责赔偿。

(11)锈损险（Rust Clause）

保险人对被保险货物在运输过程中发生的锈损，负责赔偿。

2.特别附加险（Special Additional Risks）

(1)交货不到险（Failure to Deliver Clause）

本保险自货物装上船舶时开始，不论由于任何原因，如货物不能在预定抵达目的地的日期起六个月以内交讫，保险人同意按全损予以赔付，但该货物之全部权益应转移给保险人。

被保险人保证已获得一切许可证。所有运输险及战争险项下应予负责的损失，概不包括在本条款责任范围之内。

(2)进口关税险（Import Duty Clause）

如到达目的港后，因遭受本保险单责任范围以内的损失，而被保险人仍须按完好货物完税时，保险人对该项货物损失部分的进口关税负赔偿，但以不超过受损的保险价值____%为限。

(3)舱面货物险（On Deck Clause）

本保险对被保险货物存放舱面时，除按本保险单所载条款负责外，还包括被抛弃或风浪冲击落水在内。

(4)拒收险（Rejection Clause）

保险人对被保险货物由于在进口港被进口国的政府或有关当局拒绝进口或没收予以负责，并按照被拒绝进口或没收货物的保险价值赔偿。

在被保险货物起运后，进口国宣布实行任何禁运或禁止，保险人仅负责赔偿运回到出口国或转口到其他目的地因而增加的运费。但最多不得超过该批货物的保险价值。

本保险的终止，自被保险货物卸离海轮存入卸货港的仓库时为止。或者

①被保险货物在目的港卸离海轮满 20 天终止；

②被保险货物已被进口国的政府或有关当局允许进口时为止。以先发生者为准。

被保险人保证：被保险货物的生产、质量、包装和商品检验必须符合产地国和进口国的有关规定；被保险货物备有一切必需的有效的进口特许证或许可证。

除外责任：

①违反上述第四条中的任何一款；

②市价跌落；

③被保险货物记载的错误、商标或标记的错误、贸易契约或其他文件发生的错误或遗漏；

④违反产地国政府或有关当局关于出口货物的有关规定；

⑤被保险货物在起运前,进口国已经宣布实行禁运或禁止。

在发生本保险承保的损失时,被保险人应立即通知保险人,并按照保险人的要求采取一切可能的措施。保险人与被保险人对被拒绝进口或没收货物采取的一切措施都不应视为接受赔偿或放弃索赔的表示。

(5)黄曲霉毒素险(Aflatoxin Clause)

黄曲霉毒素是一种致癌毒素,发霉的花生、油籽、大米等可能含有这种毒素。本保险对被保险货物,在保险责任有效期内,在进口港或进口地经当地卫生当局检验证明,因含有黄曲霉毒素,并且超过了进口国对该毒素的限制标准,必须拒绝进口、没收或强制改变用途时,保险人按照被拒绝进口或被没收部分货物的保险价值或改变用途所造成的损失,负责赔偿。

本条款不负责由于其他原因所致的被有关当局拒绝进口或没收或强制改变用途的货物的损失。

(6)出口货物到香港或澳门存仓火险责任扩展险(Fire Risk Extension Clause for Storage of Cargo at Destination Hong Kong, including Kowloon or Macao)

专门适用于我国出口到港澳的货物并在我驻港银行办理押汇的货物存放仓库期间因火灾而遭受的损失,而设计的一种特殊保险条款。

两个条件,一是货物到达目的地是在港澳地区,二是在我港澳银行办理押汇的。押汇,卖方把运送给买方的货物装船后,将货运单证作为抵押品,开出以买方为付款人的汇票,即以此汇票向出口银行贴现,先期取得货款。

3.特殊附加险(Specific Additional Risks)

(1)海上运输货物战争险(War Risk Clause)

海上运输货物战争险是海上运输货物保险的一种特殊附加险,被保险人不能单独投保,只有在投保了海上运输货物保险基本险之一的基础上,经过投保人与保险人协商并经保险人同意后方可加保。本条款系海上运输货物保险条款的附加条款,本条款与海上运输货物保险条款中的任何条文有抵触时,均以本条款为准。

①海上运输货物战争险的责任范围(Scope of Cover)

a.直接由于战争、类似战争行为和敌对行为、武装冲突或海盗行为所致的损失。

b.由于上款引起的捕获、拘留、扣留、禁止、扣押所造成的损失。

c.各种常规武器,包括水雷、鱼雷、炸弹所致的损失。

d.本条款责任范围引起的共同海损的牺牲、分摊和救助费用。

②海上运输货物战争险的除外责任(Exclusion)

a.由于敌对行为使用原子或热核制造的武器所致的损失和费用。

b.根据执政者、当权者,或其他武装集团的扣押、拘留引起的承保航程的丧失和挫折而提出的任何索赔。

③海上运输货物战争险的责任期限(Duration)

保险责任自被保险货物装上保险单所载起运港的海轮或驳船时开始,到卸离保险单所载明的目的港的海轮或驳船时为止。如果被保险货物不卸离海轮或驳船,本保险责任最长期限以海轮到达目的港的当日午夜起算满15天为限,海轮到达上述目的港是指海轮在该港区内一个泊位或地点抛锚、停泊或系缆,如果没有这种泊位或地点,则指海轮在原卸货港或地点或附近第一次抛锚、停泊或系缆。如在中途港转船,不论货物在当地卸载与否,保险责任以该海轮到达该港或卸货地点的当日午夜起满15天为止,在装上续运海轮时恢复有效。

a.保险期间为“船至船”,即承保船舶在水面的风险,自货物装上船舶时开始至目的港卸离船舶时为止。

b.货物未卸离船舶,延长至船到港后的15天为限。起算时间以海轮在该港区内一个泊位或地点抛锚、停泊或系缆,如果没有这种泊位或地点,则指海轮在原卸货港或地点或附近第一次抛锚、停泊或系缆开始计算。

c.货物在中途港转船,货物不论卸否,也不得超过15天。保险人对卸于岸上等待转运的货物,只要不超过15天,保险人给予负责。

d.船舶在非目的港终止航程时,保险人的责任同前。

e.航线的改变时,被保险人要及时通知保险人,加交保费,合同有效。

注意:战争险的保险责任起讫仅限于水面危险。

◈ 典型案例 ◈

某公司出口某货物,投保一切险加战争险,该船抵达目的港开始卸货时,当地发生武装冲突,部分船上货物及部分已卸到岸上的货物被毁。问:保险公司如何赔偿?

(2)海上运输货物罢工险(Strike Risk Clause)

本条款称为“货物运输罢工险条款”,系各种货物运输保险条款的附加条款。本条款与各种货物运输保险条款中的任何条文有抵触时,以本条款为准。

①海上运输货物罢工险的责任范围(Scope of Cover)

a.被保险货物由于罢工者、被迫停工工人或参加工潮、暴动、民众斗争的人员的行动或任何人的恶意行为所造成的直接损失。

b.由于上述行动或行为所引起的共同海损牺牲、分摊和救助费用。

②海上运输货物罢工险的除外责任(Exclusion)

罢工险只负责被保险货物因罢工而造成的直接损失,间接损失除外。本保险对在罢工期间由于劳动力短缺或不能履行正常职责所致的保险货物的损失,包括因此而引起的动力或燃料缺乏使冷藏机停止工作所致的冷藏货物的损失不负赔偿责任。

③海上运输货物罢工险的责任期限

货物罢工险未就保险人的责任期限做出具体的规定,因此与海上运输货物保险基本险的责任期限是一致的,即“仓至仓”责任期间,不同于战争险条款中对责任起讫仅限于水面上的规定。

如已加保了战争险,如再需加保罢工险,保险人一般不再加收保费。如仅要求加保罢工险,则按战争险费率交付保费。

任务二　海上运输货物保险的险别选择

任务描述:能够根据INCOTERMS、UCP600、货物特性及运输要求等正确选择保险产品。

海上运输货物保险的险别有多种形式，不同的险别所获得的保险保障是不同的，被保险人交付的保险费也是不同的，被保险人获得保险保障越大，支付的保险费越高。所以对于被保险人来说，在投保时选择恰当的保险险别是非常重要的。就被保险人的利益来说，既要考虑能获得所需的保险保障，又要恰当节省保险费的支出。因此，被保险人要根据货物的种类、性质、特点、包装情况、运输工具的方式、运输路线以及港口等不同情况来选择保险险别。保障范围最广的不一定是最好的保险，投保符合实际需要的保险，才是最好的保险。

同时，为保障自身利益及顺利结算，投保时还要考虑国际贸易术语解释通则和跟单信用证有关保险的规定。

一、根据货物及运输要求选择

1.货物的种类与性质

货物的种类及其性质是考虑投保险别的首要因素。例如粮油食品类货物，这类货物一般都会有水分，经长途运输，水分减少就会短量，水分增加就会发生霉烂。投保时可以选择在水渍险的基础上加保短量险和受潮受热险，也可以投保一切险。再如轻工业品类货物的最大特点就是易破碎，因此，应在平安险或水渍险的基础上加保破碎险。

2.包装情况

一般来说，货物的包装方式和包装材料会直接影响到货物的毁损。目前非大宗货物都是装在集装箱内运输的，在一定情况下减少因包装问题带来货物的损毁。即使这样，但仍无法避免运输途中的损害。因此，投保人应该根据货物包装的情况来选择险别。

3.运输距离和路线

运输方式有多种形式，包括海运、空运、陆运、多式联运等形式。在海上保险中，则肯定是通过海上运输形式运输货物。所以主要考虑的是运输的距离和路线等问题。运输距离越长，风险自然就越大。不同的运输路线，被保险货物承担的风险同样也不同。例如出口货物到日本与出口到北美洲相比，两者在距离上和风险上是不能等同的。

4.港口情况

港口的情况对于选择保险险别也是有影响的。在世界的某些港口，装卸效率低，野蛮装卸使得货物容易受损，需要投保一切险。有些港口偷窃现象十分严重。当货物卸离海轮后堆放在码头，等待运送到其他地方仓库时，货物被偷窃机会增多，这就需要投保“偷窃提货不着险”。当货物出口到经常下雨的地区，就应加保“淡水雨淋险”。总之，根据货物起运港或卸货港的实际情况选择合适的险别投保是十分重要的。

5.合同的规定

被保险人在选择保险险别时，不但要考虑以上因素，更重要的是依据贸易合同的规定来投保。例如，在CIF贸易合同下，如果合同规定投保一切险加保战争险，作为卖方的被保险人不能考虑节省费用而选择较低保障的保险险别。同样，假如合同没有明确规定，根据INCOTERMS 2010的规定，被保险人可以选择最低的险别投保。

二、符合《UCP600》关于保险单据的规定

以信用证方式结算国际贸易，应当遵循《跟单信用证统一惯例》(2007年修订本)，国际

商会(The International Chamber of Commerce, ICC)第 600 号出版物(Uniform Customs and Practice for Documentary Credits, 简称 UCP)到银行结汇所提交有关保险单据,要符合 UCP600 的规定。

1.UCP600 对货物保险单证的规定

Article 28 Insurance Document and Coverage

第二十八条保险单据及保险范围

(1) An insurance document, such as an insurance policy, an insurance certificate or a declaration under an open cover, must appear to be issued and signed by an insurance company, an underwriter or their agents or their proxies.

保险单据,例如保险单或预约保险项下的保险证明书或者声明书,必须看似由保险公司或承保人或其代理人或代表出具并签署。

Any signature by an agent or proxy must indicate whether the agent or proxy has signed for or on behalf of the insurance company or underwriter.

代理人或代表的签字必须标明其系代表保险公司或承保人签字。

(2) When the insurance document indicates that it has been issued in more than one original, all originals must be presented.

如果保险单据表明其以多份正本出具,所有正本均须提交。

(3) Cover notes will not be accepted.

暂保单将不被接受。

(4) An insurance policy is acceptable in lieu of an insurance certificate or a declaration under an open cover.

可以接受保险单代替预约保险项下的保险证明书或声明书。

(5) The date of the insurance document must be no later than the date of shipment, unless it appears from the insurance document that the cover is effective from a date not later than the date of shipment.

保险单据日期不得晚于发运日期,除非保险单据表明保险责任不迟于发运日生效。

(6)

①The insurance document must indicate the amount of insurance coverage and be in the same currency as the credit.

保险单据必须表明投保金额并以与信用证相同的货币表示。

②A requirement in the credit for insurance coverage to be for a percentage of the value of the goods, of the invoice value or similar is deemed to be the minimum amount of coverage required.

信用证对于投保金额为货物价值、发票金额或类似金额的某一比例的要求,将被视为对最低保额的要求。

If there is no indication in the credit of the insurance coverage required, the amount of insurance coverage must be at least 110% of the CIF or CIP value of the goods.

如果信用证对投保金额未作规定,投保金额须至少为货物的 CIF 或 CIP 价格的 110%。

When the CIF or CIP value cannot be determined from the documents, the amount of insurance coverage must be calculated on the basis of the amount for which honour or negotiation is requested or the gross value of the goods as shown on the invoice, whichever is greater.

如果从单据中不能确定 CIF 或者 CIP 价格,投保金额必须基于要求承付或议付的金额,或者基于发票上显示的货物总值来计算,两者之中取金额较高者。

③The insurance document must indicate that risks are covered at least between the place of taking in charge or shipment and the place of discharge or final destination as stated in the credit.

保险单据须标明承包的风险区间至少涵盖从信用证规定的货物监管地或发运地开始到卸货地或最终目的地为止。

(7) A credit should state the type of insurance required and, if any, the additional risks to be covered. An insurance document will be accepted without regard to any risks that are not covered if the credit uses imprecise terms such as "usual risks" or "customary risks".

信用证应规定所需投保的险别及附加险(如有的话)。如果信用证使用诸如"通常风险"或"惯常风险"等含义不确切的用语,则无论是否有漏保之风险,保险单据将被照样接受。

(8) When a credit requires insurance against "all risks" and an insurance document is presented containing any "all risks" notation or clause, whether or not bearing the heading "all risks", the insurance document will be accepted without regard to any risks stated to be excluded.

当信用证规定投保"一切险"时,如保险单据载有任何"一切险"批注或条款,无论是否有"一切险"标题,均将被接受,即使其声明任何风险除外。

(9) An insurance document may contain reference to any exclusion clause.

保险单据可以援引任何除外责任条款。

(10) An insurance document may indicate that the cover is subject to a franchise or excess (deductible).

保险单据可以注明受免赔率或免赔额(减除额)约束。

2.L/C 中有关保险条款示例

(1) INSURANCE POLICY OR CERTIFICATE IN THREE COPIES MADE OUT TO APPLICANT, COVERING INSTITUTE CARGO CLAUSES (A), AND INSTITUTE WAR CLAUSES (CARGO), INCLUDING WAREHOUSE TO WAREHOUSE UP TO FINAL DESTINATION AT OSAKA FOR AT LEAST 110% OF CIF VALUE, MARKED PREMIUM PREPAID AND SHOWING CLAIMS IF PAYABLE IN JAPAN .

(2) INSURANCE POLICIES OR CERTIFICATE IN TWO FOLDS, COVERING F.P.A/W.A/ALL RISKS AND WAR RISKS FOR 120 PCT OF CIF INVOICE VALUE, AS PER CIC DATED 1/1/1981.

(3) 2/2 SETS OF ORIGINAL INSURANCE POLICY OR CERTIFICATE, BLANK ENDORSED, COVERING ALL RISKS AND WAR RISKS FOR 110% INVOICE VALUE, SHOWING CLAIMS PAYABLE IN INDIA。

三、INCORTERMS 有关保险规定

海上运输货物保险已成为国际贸易不可缺少的一部分,国际商会制定的国际贸易术语

解释通则对货物保险及风险转移都做出了相应的规定。因此，需要了解贸易术语下，办理保险的义务是在买方还是在卖方；货物风险由卖方转移给买方的地点如何规定；货物的保险费由谁来支付等相关问题。

Incoterms（International Commercial Terms）是国际商会制定的关于贸易术语解释的国际规则，最早于1936年颁布，历经多次修订与补充进而不断发展与完善，最新版本Incoterms 2010更是集合了众多国家业内外人士的提议，四易其稿，并于2011年1月1日生效。

1.Incoterms 2000 中有关保险规定

（1）FOB 术语

FOB术语下，在装货港船舷转移风险，买方办理保险业务，买方支付保险费。值得注意的是，卖方也需要对风险转移前的货物投保。如未投保，对于货物从卖方仓库运往码头的途中因意外而致货物受损，买卖双方均不能向保险人索赔。因为，卖方对装船前的货物有保险利益，对装船后的货物无保险利益。而买方对装船前的货物无保险利益，对装船后的货物有保险利益。

（2）CIF 术语

CIF到岸价，卖方办保险，装货港船舷转移风险，卖方支付保险费。值得注意的是，卖方办理保险业务是合同中规定的一项义务。除合同另有规定外，卖方只需按货物保险条款中最低责任的保险险别投保。最低保险金额须为CIF+10%，并以合同规定货币投保。

（3）CFR 术语

买方办理保险业务，在装货港船舷转移风险，买方支付保险费。值得注意的是，卖方也需要对风险转移前的货物投保。如未投保，对于货物从卖方仓库运往码头的途中因意外而致货物受损，买卖双方均不能向保险人索赔。因为，卖方对装船前的货物有保险利益，对装船后的货物无保险利益。而买方对装船前的货物无保险利益，对装船后的货物有保险利益。

2.Incoterms 2010 中有关保险规定的变化点

Incoterms 2010的修订是在经济全球化进程不断加快、运输方式的转变等背景下出台的，加之伦敦保险协会制定的协会货物运输保险条款（即ICC保险条款）在2008年做出修订，并于2009年1月1日生效，新版ICC保险条款扩展了保险责任起讫期，并对保险公司引用免责条款增加了一些条件性的限制。众所周知，在国际贸易中ICC保险条款是使用较为普遍的货物运输保险条款，因此，这些新的条款也需要在Incoterms 2010中加以体现。

Incoterms 2010在涉及运输和保险合同的A3/A4条款中罗列了有关保险责任的内容，原本它们属于内容比较泛化而且有着比较泛化标题“其他义务”的A10/B10款。在这方面，为了阐明当事人的义务，对A3/A4款中涉及保险的内容做出修改。

四、我国海运进出口货物保险的基本做法

在国际贸易实务中，由于买卖双方采用的贸易术语不同，有些进出口货物是按带保险条件的CIF成交，也有些进出口货物是按不带保险条件的FOB或CFR成交，由于保险的对象不同，进出口货物保险的做法也有所不同。凡买卖合同规定由我方办理货物运输保险时，应

按有关规定向中国人民财产保险公司或其他保险公司办理投保手续。

1.我国海运出口货物保险的基本做法

出口货物如按FOB或CFR价格条件成交,应由买方办理投保手续,我国出口方无需办理货物运输保险。如按CIF条件成交,应由我国出口方及时进向有关保险公司逐笔办理运输投保手续。其具体做法是,根据买卖合同或信用证的规定,在备妥货物后和确定装船出运时,按规定格式填制投保单。

被保险人投保申报的情况必须属实,投保险别、币制与其他条件必须和信用证上所列保险条件的要求相一致,投保险别和条件要和买卖合同上所列保险条件相符合。投保后发现投保项目有错漏,要及时向保险公司申请批改,如保险目的地变动、船名错误以及保险金额增减等。

保险公司审查后如同意承保,便出立保险单(或其他保险凭证),以作为其接受保险的正式凭证。该凭证是出口方向银行议付货款所必备的单证之一,也是被保险人索赔和保险公司理赔的主要依据。

在保险人出立保险单后,投保人如果需要更改险别、运输工具、航程、保险期限的扩展和保险金额等,应向保险公司或基授权的代理人提出批改申请。保险公司或其授权的代理人如接受这项申请,应立即出立批单,作为保险单的组成部分。此后,保险公司即按批改的内容负责。

参照国际保险市场的一般习惯做法,中国人民财产保险公司承保出口货物的保额一般也按CIF价再加成10%来计算,即按CIF发票金额的110%计算。这项保险加成可作为买方的期得利润和有关费用看待。由于不同货物、不同地区、不同时期的期得利润不一,因此,如买方要求保险加成超过10%,也可酌情考虑。

2.我国海运进口货物保险的基本做法

我国进口货物如按CIF条件成交,应由卖方办理货物运输保险事宜。如按FOB或CFR条件成交,由国内各进口方负责向有关保险公司办理保险。为了简化保险手续,通常各进口方同保险公司签订海运进口货物预约保险合同。凡不带保险条件成交、且批量的进口货物,按这种预约保险合同办理保险比较有利于投保人。

根据海运进口货物预约保险合同的规定,投保人在得悉每批货物起运时,应将船名、开航日期及航线、货物品名及数量、保险金额等项内容,书面定期通知保险公司,即作为向保险公司办理了投保手续,保险公司就应对此负自动承保的责任,如果投保人未按预约保险合同规定办理投保手续,则货物发生损失时,保险公司不负赔偿责任。

根据预约保险合同规定,我国进口货物的保险金额,原则上一般按CIF价计算。

任务三　保险金额与保险费的计算

任务描述:能够在不同价格术语条件下计算保险金额与保险费。

一、保险金额的确定

海上运输货物保险的保险金额,是保险人对被保险人承担货物损失赔偿责任的最高限额。在保险实际业务中，通常是以货物的价值、预付运费、保险费和预期利润的总和作为计算保险金额的标准，即货物的 CIF 价格加预期利润。预期利润一般是在货物 CIF 价格基础上加成 10%。

$$保险金额=CIF+(CIF\times10\%)=CIF\times110\%$$

例如，出口货物的 CIF 价为 12000 美元，加成 10%投保，其保险金额为：

$$保险金额=12000\times110\%=13200 美元$$

二、货物保险费率的确定

货物保险费是由保险公司在货物的损失率和赔付率的基础上，根据不同的运输工具、不同的目的地、不同的货物和不同的险别，按进出口货物分别制订出来的费率表来确定的。

我国海上运输货物保险费率一般由基本费率（包括一般货物的基本险费率和指明货物基本险费率）、附加费率和老船加费费率构成。

保险费率=一般货物基本险费率+指明货物基本费率+附加险费率+老船加费费率

1.一般货物基本险费率

一般货物费率适用于所有货物，按险别分为平安险、水渍险和一切险三种。同一种险别，因货物运抵目的地所在州、国家和港口的不同，费率有所不同。例如表 2-1 中所列的货物保险费率。

货物保险费率表

表 2-1

洲别	目的地	平安险（%）	水渍险（%）	一切险（%）
亚洲	中国香港、中国澳门、中国台湾、日本、韩国	0.08	0.12	0.25
	约旦、黎巴嫩、巴林、阿拉伯联合酋长国、菲律宾	0.15	0.20	1.00
	巴基斯坦、印度、孟加拉、马来西亚			1.50
	尼泊尔、阿富汗、也门			2.50
	泰国、新加坡等其他国家			0.60
欧洲、美国、加拿大、大洋洲		0.15	0.20	0.50
中、南美洲		0.15	0.25	1.50
非洲	埃塞俄比亚、坦桑尼亚、赞比亚、毛里求斯、布隆迪、象牙海岸、贝宁、刚果、安哥拉、佛得角群岛、卢旺达	0.20	0.30	2.50
	加拿利群岛、毛里塔尼亚、冈比亚、塞内加尔、尼日利亚、利比里亚、几内亚、乌干达			3.50
	其他			1.00

2.指明货物基本险费率

指明货物基本险费率仅适用于特别指明的货物，也就是因为这类货物损失率高而特别从一般货物中挑选出来，另外规定一个较高的费率。特别指明货物包括8大类货物，即粮油食品及土畜产类、轻工品类、纺织品类、五金矿产类、工艺品类、机械设备类、化工品类和危险品类。凡属于指明货物，在计算费率时，应算出一般货物费率，然后再加上这项加费。

3.附加险费率

被保险人如需要投保附加险，则需根据具体加保的险别加费。如投保战争险、特别附加险、罢工险等均需另行加费。罢工险如和战争险一起加保，之按战争险费率收取，不另加收。

4.老船加费费率

老船加费费率是针对船龄在15年以上的老船所载运的进口货物而制定的。此项加费的费率因所运货物、船龄、船旗不同而有所不同。例如，表2-2所示的老船加费费率表。

老船加费费率表　　表2-2

货物	一般货物		散装煤、焦炭、可可、咖啡、棉花、化肥、糖、植物油、牛油和脂肪、粮食、油轮装载的果仁油子及其副产品（如子饼）		水泥、鱼粉、麻、糖蜜、矿砂、精矿、废铁及高密度货物，黑色金属和有色金属货物 如：钢梁、角钢、钢条、生铁等，冷冻货物	
国旗／船龄	悬挂（F）款中国国旗的船舶（%）	悬挂其他国家国旗的船舶（%）	悬挂（F）款中国国旗的船舶（%）	悬挂其他国家国旗的船舶（%）	悬挂（F）款中国国旗的船舶（%）	悬挂其他国家国旗的船舶（%）
油轮 11～15年船龄	—	—	0.1875	0.1250	0.3750	0.2500
16～20年船龄	0.1875	0.1250	0.2813	0.1875	0.5625	0.3750
21～25年船龄	0.375	0.2500	0.5625	0.3750	1.1250	0.7500
凡以C&F价格条件进口的货物，船龄在15-25年者，按上述老船加费费率表加收保费。						
F：哥斯达黎加、塞浦路斯、多米尼加、希腊、洪都拉斯、黎巴嫩、利比里亚、马尔代夫、马耳他、摩洛哥、尼加拉瓜、巴拿马、新加坡、索马里						

三、保险费的计算

货物保险费是以保险金额为基准，乘以该批货物的保险费率计算出来的。

保险费＝CIF×110%×保险费率＝保险金额×保险费率

例如，出口货物的CIF价为12000美元，投保一切险，费率为0.5%，则保险费为：

保险费＝12000×110×0.5%＝66美元

1.CIF 价的计算

(1)不加成投保的 CIF 价的计算公式

因为　CFR=CIF-I=CIF-CIF×R=CIF(1-R)

所以 CIF=CFR/(1-R)

如:出口货物,发票价为 11000 美元,运费为 934 美元,投保一切险,费率为 0.5%

CIF=11934/(1-0.5%)=11934÷99.5%=11994

(2)加成投保的 CIF 价的计算公式

CIF=CFR/(1-R×加成)

如:出口货物,发票价为 11000 美元,运费为 934 美元,投保一切险,费率为 0.5%

CIF=11934/(1-0.5%×110%)=11934÷99.45%=12000

2.CFR 价的计算

CFR 价下买方要求卖方代为保险,如何计算保险费。

如出口货物 CFR 价为 11934 美元,买方要求改在我国投保一切险,加成 10%,保险费率为 0.5%。

I=CIF×加成×保险费率=(CFR/(1-R×加成))×加成×保险费率

I=12000×110%×0.5%=66 美元

3.按 CIF 价求 CFR 价

CFR=CIF-(CIF×保险加成×保险费率)

如出口成交 CIF 价为 12000 美元,来证要求由对方自行办理,价格相应为 CFR 价,按 0.5%费率计算。

CFR=12000-(12000×110%×0.5%)=12000-66=11934

四、保险费率常用表

为了避免换算时烦琐计算程序,保险公司制订了一份保险费率常用表(表 2-3),只要按表中费率常数乘以 CFR 价格,即可算出 CIF 价格。

保险费率常用表　　表 2-3

费　率	常　数	费　率	常　数
0.4	1.004419	0.7	1.007760
0.5	1.005530	0.8	1.008878
0.6	1.006644	0.9	1.02009999

如前所述 CFR 价为 11934 美元,保险费率为 0.5%,查表计算 11934 乘以 1.005530 等于 12000 美元。

任务四　客 户 投 保

任务描述:在前三个任务训练的基础上,能够完成海上运输货物保险的投保,并能独立、正确地填写投保单据。

一、海上保险合同的当事人与关系人

1.保险人

(1)保险人的概念

保险人(Insurer or Underwriter)又称承保人,是指与投保人订立保险合同,并承担赔偿或者给付保险金责任的保险公司。保险人是保险合同的一方当事人,依法享有收取保险费的权利和承担赔偿或给付保险金的义务。在保险合同中具体写明保险人名称的全称,以明确其作为合同一方当事人的身份,为将来一旦发生损失,作为赔偿方承担保险责任的依据。海上保险实务中,保险人的名称一般都是事先印就在保险合同上的。

(2)组织形式

保险人的组织形式一般为企业法人,绝大多数国家是不许个人经营保险业务的。我国保险法规定保险公司应当采取股份有限公司或国有独资公司。在我国设立保险公司,必须经过保险监督管理机构的批准,且注册资本最低限额为人民币2亿元,保险公司的注册资本必须为实缴货币资本。未经中国保监会批准,任何单位、个人不得在中国境内经营或者变相经营商业保险业务。

(3)业务范围

保险公司的业务范围为财产保险业务和人身保险业务。根据我国保险法的规定,同一个保险公司不得同时兼营这两种保险业务,但短期健康险和意外伤害险可以除外。短期健康险和意外伤害险虽然是人身保险业务,但属于短期保险,与财产保险同样具有补偿性,目前许多国家和地区都允许财产保险公司和人身保险公司同时经营这两项业务。

(4)保险人的行为准则

根据我国保险法的规定,保险公司及其工作人员在保险业务活动中不得有下列行为:

①欺骗投保人、被保险人或受益人;

②对投保人隐瞒与保险合同有关的重要情况;

③阻碍投保人履行本法规定的如实告知义务,或者诱导其不履行本法规定的如实告知义务;

④承诺向投保人、被保险人或受益人给予保险合同之外的保险费回扣或其他利益;

⑤故意编造未曾发生的保险事故进行虚假理赔,骗取保险金。

2.投保人

(1)投保人的概念

投保人(Applicant)又称要保人,是指与保险人订立保险合同,并按照保险合同负有支付保险费义务的人。投保人是保险合同的另一方当事人,可以是法人,也可以是自然人。投保人依法享有获得损失赔偿或给付保险金的权利和支付保险费的义务。

(2)投保人须具备的条件

首先投保人必须具有相应权利能力和行为能力,否则所订立的保险合同无法律效力。其次投保人应当对保险标的具有保险利益,没有保险利益不能向保险人投保。

3.被保险人

(1)被保险人的概念

被保险人(Insured or Assured)是指其财产或者人身受保险合同保障,享有保险金请求权的人,投保人可以为被保险人。根据我国海商法的规定,被保险人就是投保人。

(2)投保人与被保险人的区别

投保人即可能是被保险人,也可能不是被保险人。投保人为自己利益而定立保险合同时是投保人,保险合同订立后其为被保险人。投保人为他人利益而定立保险合同时是投保人,但不是被保险人。

(3)海上保险中被保险人的义务

①支付保险费的义务

在海上保险业务中,交付保险费是被保险人最主要、最基本的义务。被保险人必须按照约定的时间、地点、方法交付保险费。我国海商法规定,除合同另有约定外,被保险人应当在合同订立后立即支付保险费;被保险人支付保险费前,保险人可以拒绝签发保险单证。对于货物保险合同转让时尚未支付保险费的,被保险人和合同受让人负连带支付责任。

②通知的义务

被保险人的通知义务包括两个方面:

一是危险增加时的通知义务。主要指风险发生变更,如航程变更、中途绕航使保险人原来承担的风险责任增加,作为被保险人负有通知保险人的义务。我国保险法规定,在合同有效期间内,保险标的危险程度增加的,被保险人按照合同约定应当及时通知保险人,保险人有权要求增加保险费或者解除合同。被保险人未履行通知义务的,因保险标的危险程度增加而发生的保险事故,保险人不承担赔偿责任。

二是出险时的通知义务。按照我国海商法的规定,一旦保险事故发生,被保险人应当立即通知保险人,未通知影响保险人利益时,保险人有权对有关损失拒绝赔偿。被保险人的通知义务对于保险人来说是非常重要的,因为它关系到保险人的切身利益。保险人在获悉保险标的发生事故后,可以及时采取必要措施,以防止损失的扩大及确定损失的范围和事故的性质,以及向有关责任方进行追偿的权利得到保护。

③施救义务

我国海商法和保险法都规定保险事故发生后,被保险人应采取必要的措施防止或减少保险标的的损失。被保险人如果不履行这一义务时,保险人对扩大的损失有权拒绝赔偿。被保险人如果履行这一义务时,对因此而支出的费用,保险人在保险标的损失赔偿之外另行支付,但最多不超过保险金额。

被保险人的施救义务就是要求被保险人在合同期间要像没有投保时一样,谨慎地采取措施保护已经投保的财产,不能因为已经保险而采取消极的措施,放任保险标的受损。

④告知义务

被保险人的告知义务是一项重要的法定义务,被保险人必须履行如实告知义务。我国海商法规定,合同订立前,被保险人应当将其知道的或者在通常业务中应当知道的有关影响保险人据以确定保险费率或者确定是否同意承保的重要情况,如实告知保险人。

⑤遵守保证的义务

保证是被保险人对保险人的一项许诺,无论保证的事项对于承保风险是否重要,被保险人都必须严格遵守保证。我国海商法规定,被保险人违反合同约定的保证条款时,应当立即书面通知保险人。保险人收到通知后,可以解除合同,也可以要求修改承保条件、增加保费。

⑥协助追偿的义务

我国海商法规定 ,被保险人应当向保险人提供必要的文件和其所需要知道的情况,并尽力协助保险人向第三人追偿。货物及船舶保险单也都做出同样的规定,这是为了保护保险人代位求偿权的有效行使。

⑦防灾防损的义务

我国保险法明确规定了被保险人负有遵守有关规章、防灾防损、维护保险标的安全的义务。维护保险标的的安全,可以减少或者避免保险事故的发生,减少保险人和被保险人的损失。防止灾害事故的发生,也符合保险人和被保险人的共同利益。如果投保人或被保险人未按照约定履行其对保险标的安全应尽的责任的,保险人有权要求增加保险费或者解除合同。

4.受益人

(1)受益人的概念

受益人(Beneficiary)是指人身保险合同中由被保险人或者投保人指定的享有保险金请求权的人,投保人、被保险人可以为受益人。

(2)受益人的资格

受益人的资格一般不受任何限制,任何自然人、法人或其他组织都可以成为受益人。

受益人通常在人身保险合同中出现,他只享有权利,不承担任何义务。

5.保险代理人

(1)保险代理人的概念

保险代理人(Insurance Agent)是根据保险人的委托,向保险人收取代理手续费,并在保险人的授权的范围内代为办理保险业务的单位或个人。保险代理人包括专业保险代理机构、兼业保险代理机构和个人保险代理人三种类型。

(2)责任承担

保险代理人是保险人的代理人,因此保险代理人在代理权限内的责任及后果都由保险人承担,保险代理人不承担责任。保险代理人为保险人代为办理保险业务,有超越代理权限行为,投保人有理由相信其有代理权,并已订立保险合同的,保险人应当承担保险责任;但保险人可以依法追究越权的保险代理人的责任。我国《保险公司管理规定》第 65 条第二款规定,保险机构对其保险代理人在展业过程中出现的虚假陈述、误导等损害被保险人利益的行为,依法承担责任。

投保人有理由相信其有代理权是指以下情形:行为人持有保险公司工作证、空白保险合同、盖有保险公司印鉴的收据等;行为人原为保险公司代理人并与投保人签订保险合同的,后行为人丧失代理权而保险人未及时通知投保人,行为人又以保险公司代理人身份与投保人进行了续期保险费收取等业务活动的;保险公司的委托授权文件对代理人的授权不明的;其他使相对人有理由相信行为人有代理权的情况。对于上述证件、文件如果系伪造、变造的则除外。

6.保险经纪人

(1)保险经纪人的概念

保险经纪人(Insurance Broker)是基于投保人的利益,为投保人与保险人订立保险合同提供中介服务,并依法收取佣金的单位。保险经纪包括直接保险经纪和再保险经纪。直接保险经纪是指保险经纪公司与投保人签订委托合同,基于投保人或被保险人的利益,为投保人与保险人订立保险合同提供中介服务,并按约定收取中介费用的经纪行为。再保险经纪是指保险经纪公司与原保险人签订委托合同,基于原保险人的利益,为原保险人与再保险人安排再保险业务提供中介服务,并按约定收取中介费用的经纪行为。

(2)保险经纪人的地位

保险经纪人是客户利益的代表,代表了投保人和被保险人的利益。保险经纪人是为投保人和被保险人订立保险合同提供中介服务的单位,并不以自己或者投保人的名义与保险人订立保险合同。保险经纪人因过错给投保人和被保险人造成损失的,承担赔偿责任。保险经纪人的佣金通常由保险人支付。

(3)业务范围

保险经纪人的业务范围通常包括为被保险人提供咨询服务;办理投保手续;代办检验索赔等。

7.保险公估人

保险公估机构(Surveyor of Notary)是指依照《保险法》等有关法律、行政法规,经中国保险监督管理委员会批准设立的,接受保险当事人委托,专门从事保险标的的评估、勘验、鉴定、估损、理算等业务的单位。未经中国保监会批准,任何单位和个人不得在中华人民共和国境内以保险公估机构名义从事保险标的的评估、勘验、鉴定、估损、理算等业务。

保险公估机构因自身过错给保险当事人造成损害的,应当依法承担相应的法律责任。保险公估与司法公证不同,保险公估不具有法律上的效力,只能作为当事人双方确定损失程度和赔偿金额的依据。

二、投保应遵循的基本原则

根据我国保险法的规定,从事保险活动应当遵守的基本原则主要有:遵守法律、行政法规的原则,尊重社会公德原则,遵循自愿原则,遵循诚实信用原则。海上保险合同除了要适用这些基本原则外,由于其本身的特点,还应适用于一些特殊的原则。

1.最大诚信原则

根据我国保险法第五条的规定,保险活动当事人行使权利、履行义务应当遵循诚实信用原则。我国有关法律中没有最大诚信原则(Principle of Utmost Good Faith)的明文规定,但学术界普遍认为海上保险基于其本身的特点,要求的是最大诚信原则。其基本精神就是保险合同双方当事人在订立和履行保险合同的整个过程中必须诚实守信,本着最大的诚意恪守信用,如实告知所有重要情况,不得欺骗和隐瞒,并保证履行合同规定的义务。任何一方不遵守这个原则,另一方可解除合同。英国海上保险法明文规定:A contract of marine insurance is a contract based upon the utmost good faith and,if the utmost good faith be not observed by either party,the contract may be avoided by the other party.由此可见,最大诚信原则不仅适用于被保险人,同样也适用于保险人,不能片面地认为仅适用被保险人。

(1)从被保险人的角度看

①被保险人的告知义务(Disclosure)

a.告知的概念

告知指的是被保险人在投保时将其所知道或者应当知道有关保险标的的重要情况告诉保险人。我国海商法规定,合同订立前,被保险人应当将其知道的或者在通常业务中应当知道的有关影响保险人据以确定保险费率或者确定是否同意承担的重要情况,如实告知保险人。我国保险法以及英国海上保险法也都做出同样的规定,所谓重要情况是指有关影响保险人据以确定保险费率或者确定是否同意承保的事项。

b.告知的类别

被保险人告知的类别分为无限告知义务和询问告知义务。无限告知义务是指无论保险人询问与否,被保险人都负有告知义务。我国海商法和英国海上保险法均要求被保险人负无限告知义务。询问告知义务是指保险人询问,被保险人才负有告知义务。保险人未询问的事宜,被保险人无此义务。因此,告知义务之范围,依保险人提出询问之范围为限。我国保险法第十六条规定"订立保险合同,保险人就保险标的或者被保险人的有关情况提出询问的,投保人应当如实告知"。可见,我国保险法采用询问告知义务。

c.不告知的法律后果

根据我国海商法的规定,如果由于被保险人的故意,未将有关影响保险人据以确定保险费率或者确定是否同意承保的重要情况如实告知保险人,保险人有权解除合同,并不退还保险费。合同解除前发生保险事故造成损失的,保险人不负赔偿责任。

不是由于被保险人的故意,未将有关影响保险人据以确定保险费率或者确定是否同意承保的重要情况如实告知保险人的,保险人有权解除合同或者要求增加保险费。保险人解除合同的,对于合同解除前发生保险事故造成的损失,保险人应当负赔偿责任;但是,未告知或者错误告知的重要情况对保险事故的发生有影响的除外。

根据我国保险法第十六条规定,投保人故意或者因重大过失未履行前款规定的如实告知义务,足以影响保险人决定是否同意承保或者提高保险费率的,保险人有权解除合同。

前款规定的合同解除权,自保险人知道有解除事由之日起,超过30日不行使而消灭。自合同成立之日起超过2年的,保险人不得解除合同;发生保险事故的,保险人应当承担赔偿或者给付保险金的责任。这是2009年保险法新增解除权的限制,是借鉴英美法上的禁止反言制度、国外惯例增设的"不可抗辩原则"。

投保人故意不履行如实告知义务的,保险人对于合同解除前发生的保险事故,不承担赔偿或者给付保险金的责任,并不退还保险费。

投保人因重大过失未履行如实告知义务,对保险事故的发生有严重影响的,保险人对于合同解除前发生的保险事故,不承担赔偿或者给付保险金的责任,但应当退还保险费。

保险人在合同订立时已经知道投保人未如实告知的情况的,保险人不得解除合同;发生保险事故的,保险人应当承担赔偿或者给付保险金的责任。

保险事故是指保险合同约定的保险责任范围内的事故。

◈ 典型案例 ◈

"TONYBEST"船告知义务争议案。原告香港某船务有限公司向被告某保险公司投保船舶一切险,在投保和续保时,原告和其保险经纪人未将船舶的实际状况(船舶机器及压载舱管系有严重缺陷)告知被告。在一次航行中,"TONYBEST"船装载货物从中国至吉大港途中搁浅。之后,船舶又先后四次搁浅,终因机舱大量进水,船舶沉没。经调查,"TONYBEST"船多次搁浅并最终沉没的主要原因是:船舶压载管严重锈蚀,阀门无法关闭,无法排出压载水;机舱只有一台发电机可以工作,其他设备也处于严重磨损状态;船舶机器缺乏备件。这些缺陷在续保甚至第一次投保前就已存在,船长、轮机长已将这些缺陷告知船舶管理人。

法院意见:海上保险的一个重要原则是最大诚信原则。任何一方当事人违反最大诚信原则,另一方即可宣告合同无效。根据该原则,被保险人在保险合同订立之前应向保险人披露有关保险标的的所有重要情况,并履行自己的保证。本案中,"TONYBEST"船压载系统无法排放压载水,机舱只有一台发电机,其他设备也存在缺陷,应该认为是必须在订立合同时如实披露的重要情况。原告在订立本合同时没有披露这些情况,违反了最大诚信原则,保险公司有权宣告该合同无效,有权拒赔。

告知义务的免除:

我国海商法规定,保险人知道或者在通常业务中应当知道的情况,保险人没有询问的,被保险人无需告知。因此,被保险人的告知义务在下列情况下可以免除:

a.保险人知道的情况;

b.在通常业务中,推定保险人应当知道的情况;

c.保险人已经申明不需要告知的情况;

d.减轻风险的任何情况;

e.属于多余的明示或默示的任何条款。

保险人不能以被保险人未如实告知上述所说的事项为理由提出抗辩。

②被保险人应遵守保证(Warranty)

a.保证的概念

保证是指被保险人对保险人做出的承诺,即担保对某一事项做或不做,或者担保某一事项的真实性。保险合同是建立在诚信基础之上的,保险人无法直接控制被保险的船舶或货物的具体活动过程,所以要求被保险人对合同规定的某些义务做出履行的承诺,或者要求被保险人对所述的某些事项保证其真实性。

b.保证的特点

保证是被保险人对保险人的一项许诺,无论保证的事项对于承保风险是否重要,被保险人都必须严格遵守保证。被保险人违反合同约定的保证条款时,应当立即书面通知保险人。保险人收到通知后,可以解除合同,也可以要求修改承保条件、增加保险费。保证可以是明示,也可以是默示。

c.保证与告知的不同

被保险人告知义务的履行是在海上保险合同订立前，是法律规定的合同订立前的义务，可以称谓合同前义务；被保险人的保证义务的履行是在整个合同期间。告知仅须实质上的正确，保证必须严格遵守。

d.保证的种类

保证分为明示保证和默示保证。明示保证是指保险单明文规定被保险人必须遵守的保证事项。默示保证是指保险单未做明文规定，但依法律或习惯被保险人必须遵守的事项。如船舶适航的默示保证；船舶不得绕航的默示保证；航海合法的默示保证。

(2)从保险人的角度看

保险人的说明义务：对于保险人而言，最大诚信原则主要表现在保险人的说明义务。

我国2009年保险法第十七条规定"订立保险合同，采用保险人提供的格式条款的，保险人向投保人提供的投保单应当附格式条款，保险人应当向投保人说明合同的内容。

对保险合同中免除保险人责任的条款，保险人在订立合同时应当在投保单、保险单或者其他保险凭证上做出足以引起投保人注意的提示，并对该条款的内容以书面或者口头形式向投保人作出明确说明；未作提示或者明确说明的，该条款不产生效力。"

保险人对是否履行了明确说明义务承担举证责任。保险合同中免责条款本身，不能证明保险人履行了说明义务。

同时第十九条规定"采用保险人提供的格式条款订立的保险合同中的下列条款无效：

免除保险人依法应承担的义务或者加重投保人、被保险人责任的；排除投保人、被保险人或者受益人依法享有的权利的。"

这是为保护投保人的利益而设立的专门规定。

2.保险利益原则

成为投保人的条件为除具有相应的民事权利能力和行为能力，更重要的一点是投保人对保险标的要具有保险利益，否则所签投保合同无效。

保险利益原则(Principle of Insurable Interest)是海上保险，也是一般财产保险的一项重要的基本原则。被保险人有无保险利益对于订立和履行保险合同至关重要，保险利益决定保险合同的效力问题，也是保险人履行保险责任的前提。被保险人对保险标的不具有保险利益的，保险合同无效，因此也就不能从保险人那儿得到赔偿。

(1)保险利益的概念

保险利益是海上保险乃至整个保险业的一个重要原则，那么什么是保险利益呢？从立法规定本身来看，国际上对保险利益的概念基本有两种立法方式；一种是定义式，即在立法中对保险利益概念进行定义，凡符合这一定义的，认为是具有保险利益。在财产保险之中，保险利益的概念多采用定义式；二是列举式，在立法时，对具有和符合保险利益的情况一一列举，只要属于所列的情形，便被认为是具有保险利益。在人身保险中，保险利益的概念多采用列举式。

如我国保险法第三十一条规定"投保人对下列人员具有保险利益：

本人；

配偶、子女、父母；

前项以外与投保人有抚养、赡养或者扶养关系的家庭其他成员、近亲属；

与投保人有劳动关系的劳动者。首次明确雇主可以成为雇员的投保人。

除前款规定外，被保险人同意投保人为其订立合同的，视为投保人对被保险人具有保险利益。订立合同时，投保人对被保险人不具有保险利益的，合同无效。"

我国海商法没有关于保险利益的具体规定，依照我国保险法的规定，保险利益是指投保人或者被保险人对保险标的具有的法律上承认的利益。英国1906年海上保险法规定：

"Subject to the provisions of this Act, every person has an insurable interest who is interested in a marine adventure. In particular, a person is interested in a marine adventure where he stands in any legal or equitable relation to the adventure or to any insurable property at risk therein, in consequence of which he may benefit by the safety or due arrival of insurable property, or may be prejudiced by its loss, or by damage thereto, or by the detention thereof, or may incur liability in respect thereof."

凡与海上冒险有利益关系的人，即认为有保险利益。对某项海上冒险或对于海上危险之中任何对保险的财产具有某种普通法或衡平法上关系的人，如果对该项财产的安全或按期抵达享有的利益，或者该项财产发生灭失、受到损害，延误受损或负有责任，即认为具有利益关系而具有保险利益。

(2)保险利益的意义

保险利益在海上保险乃至整个保险业中占有重要地位，是保险的一项重要原则。有无保险利益对保险合同是否有效，投保人和被保险人能否获得相关损害赔偿起着至关重要的作用。海上保险乃至整个保险业之所以引入保险利益是有其重要意义的。

首先是为了避免赌博行为的发生，规定保险利益起到遏制赌博行为的作用。赌博是有悖于社会利益和社会公共秩序的不良行为，广为各国法律所禁止。英国海上保险法第四条第一款明文规定，以赌博为目的而订立的海上保险契约，应为无效。在我国赌博行为是违法行为，我国严禁赌博行为。由于保险合同是一种射幸合同或者说是一种机会性合同，保险赔偿是以发生承保范围内的保险事故为前提条件。而保险事故是否发生则是不确定的，保险标的是否受损也是不确定的。从本质上讲，保险含有赌博性质。为了避免保险中赌博现象的发生，保障保险业的健康发展，各国保险法律都规定了保险利益原则，即投保人或被保险人对保险标的要具有保险利益。无保险利益，保险合同无效，从而避免发生无利益方的赌博行为。

其次是为防止道德危险，确定保险利益原则可以有效地防止和消除道德危险。所谓道德危险是指投保人或被保险人投保的目的不是为了获得保险保障，而是为了图谋保险赔款或者保险金，从而在订立保险合同后，不是积极防止保险事故的发生，而是希望、促使其发生，损害保险标的或在保险事故发生时人为扩大损失程度的行为，甚至故意制造保险事故。在这个目的的促使下，如不规定投保人对保险标的要具有保险利益，则很容易产生道德危险。因此，保险利益原则的确立，消除了道德危险产生的根源，可以有效地防止道德危险的发生。

最后是为了控制保险金额，防止投保人或被保险人从中获利。保险利益原则是体现海上保险赔偿原则的一个重要原则。被保险人在发生保险事故后，向保险人请求损害赔偿的范围,应以保险标的的保险利益为限,即不能超过以保险标的的保险价值所体现的保险利益。保险价值是指保险标的的实际价值,保险金额不能超过保险价值,超过保险价值的,超过部分无效。

为此,我国保险法第十二条明文规定,财产保险的被保险人在保险事故发生时,对保险标的应当具有保险利益。投保人对保险标的不具有保险利益的,保险合同无效。英国1906年海上保险法第六条规定,在标的物发生灭失时,被保险人必须享有保险利益。

(3)保险利益的构成要件

①必须是合法利益

海上保险合同是一种民事法律行为,因此,被保险人与保险标的之间的利害关系,必须为法律认可并受法律保护的利益。如果被保险人以违法的利益投保,则保险合同无效。

例如:被保险人对非法进口货物不具有保险利益。

◇　典型案例　◇

被保险人就进口1万t钢材向保险人投保,船舶中途进水沉没而致货物全损,被保险人向保险人索赔遭拒绝,诉至法院。法院终审判决认为:本案所涉及保险标的进口钢材属核定公司或申领进口许可证后方可经营进口。被保险人并非核定经营钢材进口的公司,也没有申领进口许可证,故其进口钢材的行为不合法。被保险人对非法进口的钢材不可能享有法律上承认的利益,因而无保险利益可言。被保险人以非法进口的钢材为保险标的与保险人所签订的保险合同依法应确认为无效。被保险人无权依据该无效的保险合同向保险人索赔。据此判决:驳回被保险人的诉讼请求。

②必须是确定的、可以实现的利益

被保险人对于保险标的上的利益必须是一种确定的、并可以实现的利益。已经确定的利益是指已经存在的利益,如船舶所有人对船舶的所有权和使用权等。可以实现的利益是指将来可以得到的利益,如对货物的预期利润。

③必须具有经济上的利益

保险利益必须具有经济上的利益是指可以用货币计算的经济利益,即能够用金钱来衡量的利益。保险不能赔偿被保险人遭受的非经济上的损失,如精神创伤、刑事处罚、政治上的打击等不能构成。投保人对因下列事由产生的经济利益具有保险利益:物权;合同;依法应当承担的民事赔偿责任等。

④必须与被保险人有利害关系的利益

与被保险人有利害关系是指被保险人对保险标的有利益关系,保险标的受损,则被保险人经济上受到损失。按照英国海上保险法的规定,如果对某项财产的安全或按期抵达享有的利益,或者某项财产发生灭失、受到损害,延误受损或负有责任,即认为具有利益关系。

(4)保险利益的种类

①现有利益

现有利益是指投保人或被保险人对保险标的现在存有的,并可以继续存在的利益。如船东对其所有的船舶享有的利益。

②期待利益

期待利益是指现有利益产生未来可获得的利益。这种期待利益不是凭空产生的利益,应以合同或法律为依据而产生的。如货物的预期利益,船员的工资报酬等。

③责任利益

责任利益是指因合同责任或侵权责任,对他人负有民事赔偿责任关系而产生的责任利益。

(5)保险利益具有的时间

被保险人对保险标的必须具有保险利益,引起的问题是,被保险人应当何时具有保险利益。是在订立保险合同时应当具有保险利益呢?还是在发生损害时具有保险利益呢?英国海上保险法律规定,保险标的发生损失时,被保险人必须对其具有保险利益。"The assured must be interested in the subject-matter insured at the time of loss though he need not be interested when the insurance is effected."我国海商法在海上保险章节中并没有对保险利益做出规定,2009年保险法做出这样的规定:人身保险的投保人在保险合同订立时,对被保险人应当具有保险利益。财产保险的被保险人在保险事故发生时,对保险标的应当具有保险利益。对于特定的国际海上运输货物保险而言,投保时可以无保险利益,但发生保险事故时,货物发生损失,被保险人必须对其具有保险利益。财产保险合同订立时,被保险人对保险标的具有保险利益但保险事故发生时不具有保险利益的,保险人不承担保险责任;财产保险合同订立时被保险人对保险标的不具有保险利益但发生保险事故时具有保险利益的,保险人应当依法承担保险责任。这样与国际贸易术语中风险转移问题能更好地衔接。

在特殊情况下,订立合同时,保险标的已发生损失或灭失,虽然被保险人已无保险利益和风险,但他并不知情,只要属于承保范围,保险人应当给予赔偿。

(6)具有保险利益的当事人

船舶所有人对船舶、到付运费;货主对货物、预期利润、预付运费;海上保险人、船长船员、船舶承租人、集装箱所有人都可以对特定的保险标的具有保险利益。不同投保人对同一保险标的具有保险利益的,可以在各自保险利益范围内投保。

三、投保流程

(1)投保人在备齐货物并确定出运日期后(通常为收到船公司的装货单S/O,即配舱清单),在起运前向保险公司填制一式两份的"海运出口货物投保单",并提供信用证或合同、发票等有效的单证申请投保。

(2)保险公司根据有关规定,经审核后如果同意承保则在"海运出口货物投保单"上签署"同意承保"字样,将其中一联退还给投保人,并收取保费,保险公司随后出具正式保险单(实务中有的保险公司会要求投保人预填制保险单,并将保险单送交保险公司确认签署),保险合同即告成立。

(3)在保险期限内如发生航程变更或保险单所载明的货物、船名或航程有遗漏或错误时,投保人应在获悉后立即通知保险公司,并在必要时加缴保险费,该保单才继续有效。

四、投保单的缮制

投保单(APPLICATION FOR INSURANCE)是保险公司印制的一种供办理投保手续的业务单据。

投保人办理投保,提出投保申请时,通常要填制投保单。投保单一般是保险人根据不同险种事先设计好内容格式,由投保人在投保时填写。投保人应根据贸易、运输、货物的实际情况和信用证的要求,明确投保的险别,提出相关的保险要求,并告知货物装运等情况,保险人据此作为风险衡量、保费计算,保险合同订立的依据。

投保人在提交填制完备的投保单时,要随附信用证(如有)、配舱回单、商业发票等,保险公司以此为依据出具正式的保险单,因此投保人必须正确、认真地填写投保单。

投保单的格式较多,不同的保险公司可能有不同的格式,但基本内容差不多,现以 PICC 货物运输保险投保单为例。

(1)被保险人(Insured),按可保利益的实际有关方进行填写。由买方或卖方投保的则分别填写其规范名称。如果信用证另有规定,按来证要求办理。

(2)发票号(INVOICE NO.)填写该投保货物的发票号码。

(3)合同号(CONTRACT NO.) 填写该批投保货物的合同号。

(4)信用证号(L/C NO.) 按该批货物的信用证填写。

(5)发票金额(INVOICE AMOUNT) 填写发票上注明的货物价值。

(6)投保加成(PLUS) 按照合同或信用证的相关规定来填写。按照惯例保险金额一般为 CIF 价加一成(10%)。一般保险公司不会接受过高的保险加成,正常情况下人保不接受超过 30%的投保加成。在 CIF 条件下,如果交易磋商过程中买方提出了过高的投保加成,则要先征得保险公司同意才可答应。

(7)标记号码/唛头(MARKS&NOS)填写运输标志,并与货物外包装上的实际标志相一致。也可填写 AS PER INVOICE NO.XXX 。若无唛头,则填 N/M 。

(8)数量(QUANTITY)此处填写的是运输包装的数量和包装种类。裸装货物填写计价数量。

(9)货物描述/品名(DESCRIPTION OF GOODS)填写货物详细名称,但无须注明具体型号。如品名繁多,可使用商品的统称。该栏目应该与提单上该项内容保持一致。

(10)保险金额(AMOUNT INSURED)按合同或信用证的相关规定填写。保险金额一般为 CIF 价值的 110%,也可根据相关规定加二成或三成。若发票价格为 CFR 或 FOB,应将运费、保险费加上后再计算加成,算出保险金额。

(11)起运日期(DATE OF COMMENCEMENT) 填写运输单据签发日期也可填"AS PER B/L"。

(12)装载运输工具(PER CONVEYANCE) 海运时填写船名、航次,若需转船则须注明第二程船船名。铁路、航空运输填写班次或航次。

(13)起运港、转运港及目的港(FROM…VIA…TO…) 按 L/C、S/O、合同或其他运输单据填写。

（14）提单号（B/L NO.）填写投保货物的提单号码，即船公司在配舱回单上加注的号码。

（15）赔付地及币别（CLAIM PAYABLE AT）按照 L/C 或合同的相关规定填写。保险公司一般都在保险目的地支付赔款。如果要求在保险目的地之外的地方给付赔款，应在此栏注明。除非信用证或合同有相反的规定，保险赔付使用的货币与信用证或合同所载货币一致。在此栏填写赔付地后用 IN 标明赔付币种。例如 CLAIM PAYABLE AT SEATTLE, USA IN USD。

（16）承保险别（CONDITIONS）严格按买卖合同或 L/C 规定的险别及适用文本、生效日期填写。Covering All Risks and War Risks as per Ocean Marine Cargo Clauses & Ocean Marine Cargo War Risks Clauses of The People's Insurance Company of China dated 1/1/2009.

（17）投保人（签名盖章）APPLICANT'S SIGNATURE。投保人在此处要签字盖章并注明地址、电话。

（18）投保日期（DATE OF APPLICATION）向保险公司投保的日期，不应迟于船舶开航日期。

（19）本公司自用（FOR OFFICE USE ONLY）由保险公司处理业务时填写。

货物运输险投保单

APPLICATION FOR TRANSPORTATION INSURANCE

收件人（Attn.）：

被保险人： Insured：

本投保单由投保人如实填写并签章后作为向本公司投保货物运输保险的依据，本投保单为该货物运输保险单的组成部分。

兹拟向中国 xxx 保险公司投保下列货物运输保险： Herein apply to the Company for Transportation Insurance of following cargo： 请将保险货物项目、标记、数量及包装注明此上。 Please state items, marks, quantity and packing of cargo insured here above.	请将投保的险别及条件注明如下： Please state risks insured against and conditions：

保险金额： Amount Insured：	
装载运输工具 Per Conveyance S.S.	
发票或提单号 Invoice No. or B/L No.	开航日期 Slg. on or abt.
自： From：	至： To：
保险费： Premium：	费率： Rate：
备注： Remarks：	

投保人兹声明所填上述内容属实，对贵公司就货物运输保险条款及附加条款(包括责任免除部分)的说明已经了解，同意按照该条款投保货物运输保险。		
投保人签章： Name/Seal of Proposer：	送达地址： Address：	
联系人地址： Address：	电话： Tel：	日期： Date：

项目实践

投保单填写

根据以下内容，帮助客户填写一份投保单：

1.投保人：青岛机器进出口公司(Qingdao Machinery Import & Export Corporation)

2.地址：青岛河南路 28 号，邮政编码：266000，电话：0532-45636987

3.保险人：中国人民保险公司青岛分公司(People's Insurance Company of China，Qingdao Branch)

4.保险标的：37″彩虹牌彩电(37″CAIHONG Brand Color TV set)

5.数量：6000 台

6.起运港：Qingdao

7.目的港:Los Angeles
8.途径港:Singapore
9.开航日期:2014.7.22
10.商标号:SD-P512347
11.CIF 价格成交,USD400.00/ 台
12.CIF 价格加成 10%投保一切险,费率:0.8%
13.提单号:B/L SH-T568744
14.船名:港湾号
15.保单号码:SH-M564892132568
16.信用证号码:579/9866

财产保险股份有限公司
Property & Casualty Company Limited
货物运输保险投保单
APPLICATION FORM FOR CARGO TRANSPORTATION INSURANCE

1.被保险人名称: Name of the Insured:	
2.发票号码: Invoice No: 提单号码: B/L No:	合同号码: Contract No: 信用证号码: L/C No:
3.投保险别: Coverage:	
4.装载运输工具: Per Conveyance:	
5.启运日期: Date of Commencement:	年 月 日 Month Day Year

6.自 经 至

From Via To

7.请如实告知下列情况,如情况相符请在括号内打[P]:

Please inform the following conditions, if yes, please put a check mark in the brackets:

①货物种类:袋装[ ]散装[ ]冷装[ ]液体[ ]活动物[ ]机器/汽车[ ]危险品等级[ ]

Goods: Bag /Jumbo Bulk Refer Liquid Live Animal Machine / Auto Dangerous Class

②集装箱种类:普通[ ]开顶[ ]框架[ ]平板[ ]冷藏[ ]

Container:Ordinary Open Frame Flat Refrigerator

③运输工具:海轮[ ]飞机[ ]驳船[ ]火车[ ]汽车[ ]

By Transit:Ship Plane Barge Train Truck

8.如为船舶运输,则提供船舶状况:

If transported by ship, please provide the conditions of the ship:

船舶登记号码 船名 船籍 船级 船龄 国际安全认证

Ship Reg. № Name Reg. Classification Age ISM Certified

Yes/No

9.发票金额: 投保加成(%):

Invoice Value: Plus(%):

10.被保险项目及保险金额:

Insured Items and Sums Insured:

标 记 Marks & Numbers	包装及数量 Packing & Quantity	保险货物项目 Descriptions of Goods	保险金额 Sums Insured

11.总保险金额:

Total Sum Insured:

12.赔款偿付地点:

Claims Payable at/in:

投保人兹声明所填上述内容属实，同意以本投保单作为订立保险合同的依据；对贵公司就货物运输保险条款及附加条款(包括责任免除部分)的内容及说明已经了解，同意签署正式保险单；发生保险事故时，投保人未按规定交付保险费，保险人不负责赔偿责任。

I(the Applicant) do hereby declare that the above contents are truly filled in, and agree the conclusion of insurance contract based on this application form. I have understood the Company's explanation on the clauses(including exclusions) of Cargo Transportation Insurance and its additional clauses, and I agree to conclude formal insurance contract. In case of damage, if the Insured have not paid the premium in accordance with the agreed method, the Insurer should not liable for any loss.

投保人(签章) 日期：
Applicant's Signature / Seal Date:

地址：
Address:

电话：
Telephone:

以下内容由保险公司填写：
For Office Use Only :

经办人(签名)：____________
核保人(签名)：____________

费率及保险费：
Rate and Premium: ______________________________

免赔率：
Deductible:
____

特别约定：
Special Agreements:
____

项目三　海上货物运输保险人承保

学习目标

1.掌握海上货物运输保险合同的订立过程及其法律性质。

2.明确海上货物运输保险合同的变更、转让及终止条件，了解实务中具体操作流程及相关文书的制作。

3.掌握海上货物运输保险合同的证明及相关保险单据种类及其法律作用。

项目任务

任务一　海上保险合同的认知

任务描述：了解保险人收到投保人填写的货物运输保险投保单后，对投保单进行审核的过程及注意事项；知道海上货物运输保险合同的法律特征；了解海上货物运输保险合同的主要内容。

一、保险人承保及注意事项

海上运输货物保险承保是指保险人收到投保人填写的货物运输保险投保单后，对投保单进行审核的过程。保险人在审核客户填写的投保单，会做出两种选择，一种是接受投保人的投保要求，根据投保单内容，签订保险合同，并出具保险单，完成承保全过程。另一种选择是拒绝投保人的投保要求，并向投保人说明保险人不能承保的理由。前一种情况双方即形成了合同关系，成为海上保险合同当事人。

保险人接受承保时，应从以下 8 个方面加以考虑：

1.食品类保险标的

比如袋装、罐装、坛装等食品。罐类食品有铁罐装和玻璃罐装两种。罐头食品经常发生的损失有：铁罐因沾水、受潮使罐头外皮发生锈损。商标标签纸受污渍影响装潢美观，挤压造成罐头凹瘪。承保一切险时及综合险时，应将锈蚀、凹瘪、变形、渗漏等为除外责任。

2.化工类保险标的

比如原油、成品油等。包括石油、汽油、柴油、及化工原料等。这些商品大部分是用散舱运输的，容易发生短量和玷污的损失，此外用铁桶、铁听、塑料桶和玻璃瓶装的液体化工品，容易发生渗透损失。所以，承保时散装货物一般保平安险或水渍险及基本险为宜，桶装的保一切险及综合险时，必须设定免赔率，为保额的百分比。

3.粮谷类保险标的

比如粮食、籽仁、豆类、花生仁、饲料等商品。这类商品含有一定的水分，经过长途运输水分会蒸发,或者因为气温的变化造成发汗、发热的损失。此类商品运输包装通常有两种情况:一种是袋装, 另一种散装。按照运输习惯都有一定数量的运输损耗,在承保一切险或综合险时,应设定免赔率。同时,发酶、虫损、结块、黄曲霉素责任除外,通常此类商品保平安险、水渍险、基本险为宜。

4.玻璃制品、陶瓷类保险标的

比如玻璃、热水瓶、灯泡、日用陶、瓷器、瓷砖等。此类商品的包装好坏,对损失率高低影响很大。一种是包装较精细,如用塑料泡沫衬垫包装或专用泡沫包装按商品形状定型包装;另一种包装较粗糙, 有纸箱包装。此类商品损失主要是破碎。在承保一切险、综合险时, 应设定免赔率, 为保额的百分比。

5.五金类保险标的

比如钢筋、铁皮、铁块、卷钢等。此类货品主要是散装,并时常放在舱面上。承保一切险时,保单上注明锈损险责任除外, 并且以捆、箍、匝等为标准计算是否短量, 不以货物的重量为计算标准。如果货物放在舱面上,应向保险公司申报, 并在承保平安险、水渍险的基础上扩展舱面险, 负责货物被抛弃或风浪冲击落海的损失。承保货物舱面险时, 费率应在基础费率上增加费率, 大概为0.1%。

6.油脂类保险标的

比如食用动、植物油。这种商品在运输途中,因为容器破裂会造成渗漏, 也会因玷污杂质而产生玷污损失。此类货物包装的方式有两种:一种是散装,另一种是桶装。由于油脂本身沾在舱壁和在装卸过程中消耗都可能发生短量,在承保一切险、综合险时, 应设定免赔率。

7.成套设备保险标的

这类设备都是系列的生产线, 情况比较复杂, 可以承保一切险及综合险, 加贴重置条款。但是旧设备一般都是二手货, 承保一切险, 很难确定是原有的损坏还是运输途中遭受的损失, 因此, 承保水渍险及基本险为宜。

8.其他

如果保险标的是藤、柳、竹、生蒜、皮革制品(如皮手套)等货物承保一切险时,发酶责任除外;在卸货港口仓库或场地终止保险责任的, 如客户要求投保我国内一段的运输保险时,经申请我公司同意后, 根据不同商品承保一切险另加费 0.1%~0.25%之间;大宗进口货物只承保港至港责任;进口货物国外一程由外国保险公司承保, 但内陆段由国内保险公司承保,货物必须在港口进行拆箱检验后, 再决定承保与否。

二、海上保险合同的概念

1.海上保险合同的定义

海上保险合同(Contract of Marine Insurance)是保险合同的一种特殊形式,为了调整有关海上保险合同当事人权利义务关系,各国法律都对保险合同和海上保险合同的概念做出明确的规定。根据我国保险法的规定,“保险合同是投保人与保险人约定保险权利义务关系的契约。”根据我国海商法的规定,“海上保险合同,是指保险人按照约定,对被保险人遭受保险事故造成保险标的的损失和产生的责任负责赔偿,而由被保险人支付保险费的合同。”

英国1906年海上保险法第一条对海上保险合同所下的定义为："海上保险合同是保险人按照合同规定的承保范围对被保险人遭遇海上损失时，即当其遭遇海上风险而发生损失时，承担赔偿的合同。"

A contract of marine insurance is a contract whereby the insurer undertakes to indemnify the assured, in manner and to the extent thereby agreed, against marine losses, that is to say, the losses incident to marine adventure.

2.保险事故

对于保险事故的含义，我国海商法进一步明确规定，"保险事故是指保险人与被保险人约定的任何海上事故，包括与海上航行有关的发生于内河或者陆上的事故。"

海上保险事故实际上是指保险人承保的风险，如自然灾害、船舶碰撞、战争与罢工等风险。我国法律将风险当作保险事故来使用。根据我国海商法的规定，保险事故的具体范围可以由双方当事人约定，不但包括海上可能发生的事故，还包括内河或陆上可能发生的事故，这里主要指的是海上货物运输保险。

三、海上保险合同的法律特征

海上保险合同是财产保险合同的一种类型，具有一般商业保险合同的特征：

1.海上保险合同是一种赔偿性质的合同

我们从海上保险合同的定义可以看出，海上保险合同是一种赔偿性合同（Contract of Indemnity）。保险人负责赔偿被保险人由于承保事故所遭受的损失，使被保险人恢复到未受损前的经济地位，保险的目的就是赔偿被保险人的经济损失。要注意的是保险人的赔偿责任仅指金钱上的赔偿责任，保险人不负恢复原状或归还原物的责任。

2.海上保险合同是一种射幸合同

射幸合同（Contract upon Speculation）是指一种碰运气的机会性合同，在订立合同时，一方当事人的给付义务并未确定，一方当事人支付的代价所买到的只是一个机会。可能是一本万利，也可能是毫无所得。

海上保险合同是一种典型的射幸合同，在合同订立时，海上保险合同中的被保险人支付保险费的义务是确定的，保险人支付赔偿金的义务则是不确定的，完全取决于保险事故是否发生。如果发生保险事故，被保险人可以从保险人那儿得到远远超过其所支付的保险费的赔偿金额。如果未发生保险标的的损失，保险人则无须支付赔偿金，被保险人则丧失所交的保险费，不能要求保险人退还。

3.海上保险合同是一种附意（格式）合同

附意合同（Contract of Adhesion）是指一方当事人实际上只限于服从、接受或拒绝对方当事人提出的条件而成立的合同。即一方当事人提出合同的主要内容，而另一方只能做出取与舍的决定，要么接受，要么拒绝不签合同，一般无商量余地，格式合同一般都是附意合同。

海上保险合同中的保险条款，一般是保险人单方拟订和事先印备的，形成标准的格式合同，被保险人通常都是被动的接受。即使有时需要对个别保险条款作某些修改，通常这些修改也是由保险人做出的。

4.海上保险合同是一种双务有偿合同

合同从一方履行义务是否应从对方获得相应报酬划分有偿还是无偿；根据合同的双方

是否都承担义务划分双务和单务，大部分合同都是双务有偿合同。

海上保险合同是保险人与被保险人订立约定相互间保险权利和义务的协议，双方当事人都承担义务，被保险人有支付保险费义务，保险人有赔付的义务。双方有偿的体现是保险费与保险赔款的对价交换，尽管从某种意义上讲是一种非等价的交换。

四、海上保险合同的主要内容

根据我国海商法第217条的规定，海上保险合同主要包括以下内容：保险人名称、被保险人名称、保险标的、保险价值、保险金额、保险责任和除外责任、保险期间、保险费。

根据我国保险法的规定，保险合同除应当包括上述内容外，还包括保险金赔偿或给付办法，违约责任和争议处理，以及订立合同的日期等内容。海上保险实践中，以上各项内容都包括在海上保险单内。另外，被保险人和保险人可以在规定的保险合同事项外，就与海上保险有关的其他事项做出约定，这些约定同样构成海上保险合同的内容。在保险合同有效期内，被保险人和保险人经协商同意，也可以变更保险合同的有关内容。

1.保险标的

(1)保险标的含义

保险标的(Subject Matter Insured)是保险合同中双方当事人约定的保险保障对象。我国保险法规定，保险标的是指作为保险对象的财产及其有关利益或者人的寿命和身体。作为财产保险的保险标的是财产及其有关利益或责任。海上保险标的指的是海上保险所承保的财产或有关利益和责任。

(2)保险标的的分类

保险标的可以分为以下几种情形：

①有形财产，如船舶、货物，集装箱等；

②无形财产，如责任，对第三人的责任、保险人的责任；

③利益，如工资、运费、货物预期利润。

(3)海上保险标的

根据我国海商法的规定，下列各项可以作为保险标的。

①船舶

根据我国海商法第3条的规定，船舶是指海船和其他海上移动式装置，但是用于军事的、政府公务的船舶和20t以下的小型船艇除外。船舶包括船舶属具。海上保险实践中，船舶包括哪些项目取决于保险合同的具体规定，不同类型的船舶保险合同对此规定不一致。如船上燃料和物料在涉外船舶保险条款中列入船舶的范畴，而在沿海内河船舶保险条款则不属于船舶的范畴。

②货物

货物的概念有其特殊的涵义，一般来说，货物主要指国际贸易货物。我国海商法规定“货物，包括活动物和由托运人提供的用于集装货物的集装箱、货盘或者类似的装运器具。”作为海上运输货物保险标的的货物，在实务中除包括国际贸易货物外，还包括一些非国际贸易货物，如对外经济援助物资、展览品、艺术品等。

③船舶营运收入(包括运费、租金、旅客票款)

指的是船舶经营人对其的收入进行投保。

④货物预期利润

指的是货主对于货物的期得利益,可以单独投保。但在海上货物保险实践中,一般同货物一起投保,采用投保加成方法,即以货物 CIF 价格加一成投保。

⑤船员工资和其他报酬

指船员对其工资和应得的报酬等。

⑥对第三人的责任

指的是被保险人依法对第三人应承担的民事损害赔偿责任。如船舶保险中的碰撞责任,货运代理人责任等。

⑦由于发生保险事故可能受到损失的其他财产和产生的责任

例如,海运集装箱、代理人的代理费、经纪人的佣金等。

⑧保险人可以将上述保险标的的保险进行再保险,除合同另有约定外,原被保险人不得享有再保险的利益。再保险是指将原保险的保险责任再行投保的保险,可以说是分保或保险之保险。原保险人对于自己承保的赔偿责任可以以再分保的形式转移给其他的保险人,以降低其风险。对于再保险合同而言,是保险人与保险人之间订立的一份保险合同,仅在原保险人和再保险人之间产生保险权利义务关系,原被保险人不能向再保险人提出赔偿请求。

2.保险价值

(1)保险价值的含义

保险价值(Insured Value)是指保险合同双方当事人约定的保险标的的价值,也可以说是保险标的的实际价值。它是确定保险金额的依据,保险金额不能超过保险标的的价值,但可以低于保险标的的价值。保险价值同时又是保险人确定保险赔偿的基础,发生保险事故后,保险人赔偿的最高限额为保险价值,对于超出保险价值的部分,保险人不予赔偿。

(2)保险价值的确定

保险价值应是保险标的所应有的实际价值,从理论上讲保险价值应等于保险标的的实际价值。由于受各种因素的影响,被保险人很难准确测定保险标的的实际价值,尤其是船舶的实际价值受国际航运市场影响而变化不定,船舶价值,有建造价、合同价、账面价、市场价等,很难精确。所以,保险标的的保险价值一般是由保险人与被保险人双方议定。我国海商法也规定,保险标的的保险价值由保险人与被保险人约定。

(3)保险价值未确定的计算

如果保险双方当事人对保险标的的价值未做约定时,根据我国海商法的规定,保险标的的保险价值按照下列规定计算:

①船舶保险价值

船舶保险价值,是保险责任开始时船舶的价值,包括船壳、机器、设备的价值,以及船上燃料、物料、索具、给养、淡水的价值和保险费的总和。

②货物的保险价值

货物的保险价值,是保险责任开始时货物在起运地的发票价格或者非贸易商品在起运地的实际价值及运费和保险费的总和。

③运费的保险价值

运费的保险价值，是保险责任开始时承运人应收运费总额和保险费的总和。

④其他保险标的的保险价值

其他保险标的的保险价值，是保险责任开始时保险标的的实际价值和保险费的总和。

(4)保险价值与保险标的价值的关系

理论上讲保险价值应等于保险标的的实际价值，但实际上很难准确。所以，双方当事人约定一个价值以作为保险标的的实际价值，因此保险价值可能等于或大于或小于保险标的的实际价值。如果约定的保险价值大于保险标的的实际价值，保险人不能仅赔保险标的的实际价值。从司法解释来看，保险人以约定的保险价值高于保险标的的实际价值为由不承担保险责任的，应不予支持。

(5)保险价值仅适用财产保险合同

保险价值的规定只适用在财产保险中，不适用于人身保险，因为人身保险合同的保险标的是人的身体或寿命，没有确定的价值，不存在确定保险价值的问题。

3.保险金额

(1)保险金额的含义

依我国保险法的规定，保险金额(Insured Amount)是指保险人承担赔偿或给付保险金责任的最高限额。保险金额在海上保险合同中具有重要意义，它既是计算保险费的依据，也是双方当事人享受权利承担义务的重要依据。

(2)保险金额的确定

保险金额根据保险价值来确定，不能超过保险标的的保险价值。在海上保险实践中，同保险价值的确定一样，一般由双方当事人在合同中约定实际投保的保险金额。

(3)保险金额与保险价值的关系

保险金额根据保险价值来确定，可以等于或低于保险价值。如果被保险人按保险价值等值投保，也就是说保险金额等于保险价值，称为足额保险或全额保险；如果被保险人按保险价值中的部分投保，也就是说保险金额低于保险价值，称为不足额保险。对于不足额保险，在保险标的发生部分损失时，保险人按照保险金额与保险价值的比例负赔偿责任。

2009年保险法第54条规定“保险金额不得超过保险价值。超过保险价值的，超过部分无效，保险人应当退还相应的保险费。”

我国海商法规定，保险人赔偿保险事故造成的损失，以保险金额为限。保险金额低于保险价值的，在保险标的发生部分损失时，保险人按照保险金额与保险价值的比例负赔偿责任。例如，船舶的保险价值为1000万元，被保险人投保的保险金额为800万元，船舶发生部分损失为10万元，保险人赔付8万元，而不是10万元。如果被保险人投保的保险金额超过保险价值，也就是说保险金额高于保险价值，称为超额保险。保险人对于超过部分不予赔偿。我国海商法规定，保险金额不得超过保险价值；超过保险价值的，超过的部分无效。

4.保险责任和除外责任

(1)保险责任

保险责任(Coverage)是指保险人按照海上保险合同的约定，所应承担的保险标的的损害赔偿的责任范围，这是保险人的主要义务。保险人的赔偿责任范围取决于保险合同的约定，不同的保险合同,不同的保险险别都有不同保险责任的具体规定。一般来说,保险人的承保责任分为两种方式:一种方式是一切险减除外责任,只要不是除外责任造成的损害,保险人都负责赔偿,如英国协会货物保险条款(A)险,承保的风险便是一切险减除外责任;另一种方式是列明风险责任,保险人仅对列明的风险造成的损害负责赔偿,非列明的风险造成的损失是不予赔偿的。对于一切险的概念,在我国船舶保险和货物保险条款中所体现的几乎与列明风险责任类似,并不是承保所有的风险,保险人也仅对列明的风险造成的保险标的的损失负责任,而不是一切险减除外责任。

(2)除外责任

除外责任(Exclusions)是指保险人按照海上保险合同的约定,对标的物损害不负赔偿责任的范围。保险人的除外责任取决于法律的规定和合同的具体约定。

依照我国海商法的规定,对于被保险人故意造成的损失,保险人不负赔偿责任。另外,除非合同另有约定,保险人对于下列原因造成的损失,保险人也不负赔偿责任;航行迟延、交货迟延或者行市变化;货物的自然损耗、本身的缺陷和自然特性;包装不当;船舶不适航;船舶的自然磨损或者锈蚀。

这里要注意的是,根据我国保险法的规定,保险合同中规定有关保险人责任免除条款的,保险人在订立保险合同中应当向投保人明确说明,未明确说明的,该条款不产生效力。这是为保护投保人的利益而设立的专门规定。明确说明应当理解为,指保险人在与投保人签订保险合同时,对于保险合同中所约定的有关保险人责任免除条款,应当在保险单上或者其他保险凭证上对有关免责条款做出能够足以引起投保人注意的提示,并且应当对有关免责条款的内容以书面或口头形式向投保人做出解释。保险人对是否履行了明确说明义务承担举证责任。保险合同中免责条款本身,不能证明保险人履行了说明义务。我国《保险公司管理规定》第 64 条规定,保险机构对保险合同中的除外责任或者责任免除、退保及其他费用的扣除、现金价值、犹豫期等事项应当采取明确的方式特别提示。

5.保险期间和保险费

(1)保险期间

保险期间(Duration of Insurance Coverage)是指保险人所承担的保险责任从开始到终止的时间。在此期间发生的承保风险造成的保险标的损害,保险人承担赔偿责任。如果不是在保险期间,即便是承保风险造成的保险标的损害,保险人也不承担赔偿责任。不同的保险合同对保险期间的规定是不同的。

(2)保险费

保险费(Premium)是指被保险人按约定向保险人交纳的金额,作为换取保险保障的对价。保险费是根据保险费率计算出来的,保险费是保险金额与保险费率的乘积。保险费由纯保费和附加保费构成,纯保费是保险人用于赔付给被保险人或受益人的保险金,它是保险费的最低界限;附加保费是由保险人所支配的费用,由营业费用、营业税和营业利润构成。

保险费的交付时间由保险合同约定,如果合同没有约定,按照我国海商法的规定,被保险人应当在合同订立后立即支付保险费。

◈ 拓展阅读 ◈

The insurance premium is payable to the insurer when he issues the insurance policy or certificate. The premium charge for the insurance policy is calculated according to the risks involved.

任务二　海上保险合同的订立、转让、终止

任务描述：能够熟练掌握海上货物运输保险合同的订立阶段；合同变更的内容及实务中保险合同变更手续的具体办理流程及单据的填写要求；知道海上保险合同转让和终止的条件及实务中操作要求并能独立完成相关任务。

一、海上保险合同的订立和变更

1.海上保险合同的订立

我国合同法规定，任何合同的订立都必须经过要约和承诺阶段。被保险人购买保险，实际上就是与保险人签订保险合同。订立海上保险合同是保险人与被保险人的双方法律行为，保险合同的订立过程，是保险人与被保险人意思表示趋于一致的过程。海上保险合同同其他合同一样，其订立程序经过要约与承诺两个步骤。我国海商法规定，被保险人提出保险要求，经保险人同意承保，并就海上保险合同的条款达成协议后，合同成立。这一条规定表述了保险合同的成立必须具备投保人的要约和保险人的承诺两个要件。

(1)要约

海上保险合同的要约是指当事人一方即被保险人根据需要向保险人提出订立海上保险合同的要求或建议。被保险人提出保险要求是一种订约提议，即为要约。实务中，被保险人提出保险申请，填写投保单，就是订立海上保险合同所需的要约。

(2)承诺

海上保险合同的承诺是指当事人一方即保险人表示完全接受被保险人提出订立合同的提议的表示。保险人接受提议表示同意承保，即为承诺。实务中，保险人承诺的方式有书面、口头或其他方式，如在投保单上签章，接受被保险人支付的保险费等。

我国民法通则对合同成立做出的规定涉及以下几个方面：一是主体合格；二是当事人意思自治；三是合同的约定不违反法律、行政法规和社会公共秩序。在具体订立合同时，必须经过要约和承诺，才能使得合同成立，保险合同也不例外。同意承保，并就合同的条款达成协议，保险合同成立。保险人应当及时向投保人签发保险单或者其他保险凭证，并在保险单或者其他保险凭证中载明当事人双方约定的合同内容。

(3)海上保险合同的成立时间

我国海商法规定，被保险人提出保险要求，经保险人同意承保，并就海上保险合同的条款达成协议后，合同成立。可见，海上保险合同自保险人承诺之时起成立，并不是以保险单签发为合同成立时间。

(4)海上保险合同成立的法律意义

海上保险合同成立后,双方当事人就受合同的约束。海上保险合同的成立对于判断合同是否存在;认定合同是否有效;判定有关当事人应当承担什么样的责任有着重要意义。

(5)海上保险合同成立的基本原则

确定海上保险合同成立的标准应是以保险人的承诺之时为依据,它不以签发保单为必备条件;不以被保险人交纳保险费为前提;不受保险责任期间的限制。

◈ **典型案例** ◈

国内某公司出口货物到日本,在货物装船后且起航前,向保险公司办理投保,双方为此达成协议,因下班时间已到,约定第二天签发保单。当天晚上,船上发生火灾,货物被毁,保险人能否以尚未签发保单为由拒赔呢?显然不能。

2.海上保险合同的变更

海上保险合同的变更是指海上保险合同成立后,由于某些原因发生一些变化而产生变更合同的要求。海上保险合同的变更包括主体和内容的变更。合同主体的变更,一般是指合同的转让。合同内容的变更主要是指保险标的的变更,保险风险的变更,保险责任的变更。被保险人和保险人任何一方如果要求变更合同的内容,必须经过对方的同意。我国保险法规定,在保险合同有效期内,投保人和保险人经协商同意,可以变更保险合同的有关内容。变更保险合同的,应当由保险人在原保险单或者其他保险凭证上批注或者附贴批单,或者由投保人和保险人订立变更的书面协议。在海上保险实务中,保险人出具保险批单,这是保险公司应投保人的要求而对保险单等进行增删内容而出具的一种凭证。他具有变更、补充原保险单的作用。批单是保险单不可分割的部分。

二、海上保险合同的解除

海上保险合同的解除是指合同未履行或未全部履行的情况下,终止合同的效力。从时间上看,海上保险合同的解除包括保险责任开始前的解除和保险责任开始后的解除。从权利上看,有约定解除和违约解除。从当事人上看,包括保险人的解除和被保险人的解除。

1.保险责任开始前的解除

海上保险合同成立后,保险人的保险责任开始前,依据我国海商法的规定,被保险人可以要求解除合同,保险人应当退还保险费,被保险人应向保险人支付手续费。法律赋予被保险人在保险责任开始前可以任意解除合同,但不允许保险人单方面任意解除合同。

2.保险责任开始后的解除

对于保险责任开始后的解除,我国海商法第227条规定“除合同另有约定外,保险责任开始后,被保险人和保险人均不得解除合同。根据合同约定在保险责任开始后可以解除合同的,被保险人要求解除合同的,保险人有权收取自保险责任开始之日起至合同解除之日止的保险费,剩余部分予以退还;保险人要求解除合同,应当将自合同解除之日时起至保险期满之日止的保险费退还被保险人。”第228条规定“虽有本法第227条规定,货物运输和船舶的航次保险,保险责任开始后,被保险人不得要求解除合同。”

根据以上法律规定,如果合同有约定,双方均可以解除合同;如果合同无约定的,双方均不可以解除合同;但不管有无约定,就货物运输和船舶的航次保险而言,被保险人不得要求解除合同。要注意的是,仅适用对于货物运输和船舶的航次保险,对其他的保险种类不适用。而且适用特定的时间阶段,保险责任开始后适用,不适用保险责任开始前。另外适用特定的合同主体,即被保险人,对保险人不适用。

三、海上保险合同的转让

海上保险合同的转让(Assignment of Marine Insurance)指被保险人将其合同转让给第三人,而由受让人取代被保险人地位的法律行为。我国海商法对海上货物运输保险合同和船舶保险合同的转让做出了不同的具体规定。

1.货物保险合同的转让

我国海商法规定,“海上运输货物保险合同可以由被保险人背书或其他方式转让,合同的权利和义务随之转移。合同转让时尚未支付保险费的,被保险人和合同受让人负连带支付责任。”法律主要明确了海上运输货物保险合同转让的主体、方式、权利义务归属,以及拖欠保费等问题。

海上运输货物保险合同转让的主体为被保险人,由于国际贸易和海上运输货物的特殊性,法律并未规定保险合同必须经过保险人的同意方可转让。转让的方式是被保险人背书或其他方式,主要随提单的转让而转让,不论在货物灭失前或灭失后,均可转让。保险合同的权利义务的归属随之转让,原合同关系即消灭,前提是被保险人已支付了保险费。保险费未付时,被保险人和合同受让人负连带支付责任。

2.船舶保险合同的转让

船舶保险合同的转让不同于海上运输货物保险合同的转让。我国海商法规定,“因船舶转让而转让船舶保险合同的,应当取得保险人的同意。未经保险人同意而转让,船舶保险合同从船舶转让时解除;船舶转让发生在航次之中,船舶保险合同至航次终了时解除。”

由此可见,船舶保险合同的转让必须经过保险人的同意方可转让,保险人不同意而转让船舶保险合同,则合同从船舶转让时解除。如果船舶转让发生在航次之中,船舶保险合同至航次终了时解除。保险费应自解除之日起至保险期间届满之日止退还被保险人。

四、海上保险合同的终止

海上保险合同的终止(Termination of Marine Insurance)是指合同效力的解除,双方当事人不再受合同的约束。

1.自然终止

自然终止又称届期终止,是指海上保险合同规定的保险期限届满时,保险合同即告终止。这是保险合同终止的最基本、最常见的终止原因。如船舶定期保险,1 年到期后保险合同便终止。如果是续保,则是新的保险合同的成立及开始。

2.协议终止

协议终止是指双方当事人在保险合同中达成的协议,在某些特定情况下任何一方可以随即注销终止合同。实务中,一般都给予保险人在一定的情况下终止合同的权利。例如,我国船舶战争险保险条款规定,保险人有权在任何时候向被保险人发出注销战争险的通知,在发出通知后第 7 天期满时生效。

3.义务履行终止

义务履行终止是指保险人按照合同规定履行赔偿全部保险金额的义务后,保险合同即行终止。要注意的是,在船舶定期保险中,若船舶发生数次事故所造成的数次部分损失金额累计达到或超过保险金额,保险人仍需要负责到该保险合同期限届满时为止。若船舶发生一次事故的赔偿额达到保险金额,保险人赔付保险金额后,保险合同即告终止。我国海商法规定,“保险标的在保险期间发生几次保险事故所造成的损失,即使损失金额的总和超过保险金额,保险人也应当赔偿。但是,对发生部分损失后未经修复又发生全部损失的,保险人按照全部损失赔偿”。

4.特殊终止

特殊终止通常是指被保险人在保险合同期限内发生违背保险合同规定时,保险人可以终止合同。特殊终止包括法定解除和违约解除,保险合同可以因被保险人的欺诈行为订立的合同变为无效,从而终止保险合同的效力。保险合同也可以因被保险人违反保险合同的规定而使其终止。如被保险人故意不履行告知义务,被保险人违反保证义务等。

五、海上保险合同的解释

格式条款是当事人为了重复使用而预先拟定,并在订立合同时未与对方协商的条款。由于格式条款是由提供格式条款一方预先拟定而未与对方协商的条款,所以它毕竟不同于其他一般合同条款。因此,有其特殊的解释原则和规则。法律侧重保护相对人利益原则。在对格式条款的理解发生争议时,首先应按通常理解,即一般人的理解予以解释。在既可以对之做这样的解释,也可以对之做那样的解释的情况下,对格式条款做出不利于提供方的解释。这样做首先是因为格式条款提供方有义务使该条款具体明确,一旦就格式条款发生争议,表明格式条款提供方没有尽到应尽的义务,理应由他承担不利的后果。这样做可以防止格式条款提供方故意使格式条款含糊其辞而损害相对方的利益。其次格式条款提供方通常比相对方拥有更为雄厚的经济实力,格式条款中往往是对提供方有利的居多,法律规定对发生争议的条款做出有利于相对方的解释,是为了平衡双方当事人的利益。

1.法律规定

2009 年保险法第三十条规定“采用保险人提供的格式条款订立的保险合同,保险人与投保人、被保险人或者受益人对合同条款有争议的,应当按照通常理解予以解释。对合同条款有两种以上解释的,人民法院或者仲裁机构应当做出有利于被保险人和受益人的解释”。我国合同法第 41 条也做出类似的规定,“对格式条款的理解发生争议的,应当按照通常理解予以解释。对格式条款有两种以上解释的,应当做出不利于提供格式条款一方的解释。格式条款与非格式条款不一致的,应当采用非格式条款”。

2.通常解释

在审理保险纠纷案件中,保险人与投保人、被保险人或者受益人对保险合同的条款有争议时,人民法院应当按照通常理解予以解释,即按保险合同的有关词句、有关条款、合同的目的、交易习惯以及诚实信用原则,确定该条款的真实意思。并可以按照下列规则予以认定:书面约定与口头约定不一致时的,以书面约定为准;投保单与保险单或者其他保险凭证不一致的,以保险单或者其他保险凭证载明的内容为准;特约条款与格式条款不一致的,以特约条款为准;保险合同的条款内容因记载方式或者时间不一致的,按照"批单"优于"正文"、"后批注"优于"前批注"、"加贴批注"优于"正文批注"、"手写"优于"打印"的规则解释。

3.有利于被保险人的解释

按照通常理解予以解释,仍然有两种以上理解的,应当根据保险法第三十一条的规定解释,即通常情况下应当作有利于被保险人的解释。

保险合同是一个典型的格式合同,保险条款事先印好了,保险人在拟定条款时难免较多的考虑自身的利益。而被保险人由于专门知识的欠缺或时间上的限制等原因,往往不会对保险条款作深入细致的研究。因此,当发生争议需要对保险条款作进一步的解释时,应当从公平合理的原则出发,做出有利于被保险人而不是保险人的解释。这也是世界各国保险立法普遍奉行的原则。

任务三　海上保险单据的识别

任务描述:熟练掌握海上货物运输保险单据的种类,并能独立识别与填制保险单据。

一、保险单据(Insurance Documents)概说

保险单据是保险公司在接受投保人投保后出具的,证明保险人与被保险人之间订有保险合同的文件。它是合格的保险合同的证明,也是投保人索赔和保险公司理赔的主要依据,是一种潜在的利益凭证。按照信用证或合同的要求,保险单据还会成为结汇单据。

海洋货物运输保险单的式样十分规范,是一种格式保险单。文字采用中英文对照的形式,以适应不同的客户。但是,不管保险公司承保的保险标的是进口货物,还是出口货物,必须用英文填写相关内容,不能用汉语填写。

二、海上保险单据的形式

1.海上保险单(见附表)

海上保险单(Marine Policy)俗称大保单,是保险人与被保险人之间订立的正式的保险合同的书面凭证。主要载明保险合同双方当事人的权利义务和责任。保险单是双方当事人履行保险合同的依据,是被保险人向保险人索赔的主要凭证,也是保险人向被保险人赔偿的主要依据。在 CIF 或 CIP 合同中,出口商结汇时必须提交相关保险单据。

海上保险单(Marine Policy)也称大保单,是一种正规的保险单。这种保险单包括正面内容和背面内容。

(1)海上保险单正面内容

海上保险单的正面内容通常由双方当事人来填写,主要包括以下内容:

①保险当事人，即保险人和被保险人的全称；

②保险标的说明，主要列明有关保险标的的情况，如货物保险的货物标志、包装和数量、保险货物项目、保险金额等；

③保险费，定明应交的保费和费率的数额。一般情况下只写上“按照约定”；

④装载运输工具、开航日期、装运港、目的港等；

⑤承保的险别；

⑥事故发生后所需提供的证件和立即通知保险公司查勘的规定；

⑦赔款偿付地点；

⑧日期及保险人的签字。

(2)海上保险单的背面内容

海上保险单的背面内容通常都是事先引就的条款，主要包括以下内容：

①责任范围；

②除外责任；

③责任起讫；

④被保险人的义务；

⑤索赔期限。

2.保险凭证

保险凭证(Certificate of Insurance)是保险人发给被保险人以证明保险合同业已生效的文件，是简化的海上保险单，也称小保单，通常背面没有条款。保险凭证的地位与保险单具有同等效力和作用。未列明的内容，以正式保险单内容为准。有抵触时则以保险凭证为准。

3.联合凭证(Combined Certificate)

又称承保证明(Risk Note)，我国保险公司特别使用的、比保险凭证更为简化的保险单据。在出口商业发票上，保险公司注明保险编号、承保险别、保险金额、装载船名、开航日期等，并正式签章作为已经承保的证据，至于其他项目，均按发票上所列明者为准。

它是发票和保险单相结合的一种凭证，是最简单的保险单据。它具有与保险单相同的效力，但是不能背书转让。一般用于港澳地区中银集团银行开来的信用证项下业务。

◈ **拓 展 阅 读** ◈

When the goods are exported to Hong Kong, and some countries in Southeast Asia, the insurance company sometimes adds the coverage and insurance amount on the commercial invoice which is made out by a foreign trade company. This is a certificate which combines the invoice with the insurance policy. It is the simplest insurance certificate in use.

4.预约保险单(Open Policy)与保险声明(Insurance Declaration)

这是保险公司承保被保险人在一定时期内发运的以 CIF 价格成交的出口货物或以 FOB，CFR 价格条件成交的进口货物的保险单。

预约保险单载明保险货物的范围,险别,保险费率,每批运输货物的最高保险金额及保险费的结付办法等。凡属于预约保险范围内的进出口货物,一经起运,即自动按预约保险单所列条件承保,但被保险人在获悉每批保险货物起运时,应立即以起运通知书或其他书面形式将每批货物的名称,数量,保险金额,运输工具的种类和名称,航程起讫地点,开航日期等情况通知保险公司。优点是节省时间、防止漏保、保费低廉。

预约保险单项下货物,一经确定装船,要求被保险人立即以保险声明书的形式,将该批货物的名称、数量、保险金额、船名、起讫港口、航次、开航日期等通知保险人,银行可将保险声明书当作一项单据予以接受。

◇ **拓展阅读** ◇

This type of policy is of great importance for export business, it is convenient method for insuring the goods where a number of consignments of similar export goods are intended to be covered. An open policy covers these shipments, as soon as they are made, under the previous arrangement between the insured and the insurance company.

5.保险批单(见附表)

保险批单(Endorsement)是指在保险单已经出立后,因保险内容有变化或不符合信用证/合同的要求,保险公司应被保险人的要求而签发批改内容,对保险单等进行增删内容而出具的一种凭证。他具有变更、补充原保险单的作用,批单是保险单不可分割的部分,批单原则上必须粘贴在保险单上并加盖骑缝章。批单的效力优先于保险单。

◇ **拓展阅读** ◇

After insurance has been taken out, if the insured wants to replenish or change the contents of the policy, he may apply to the company for the same. After agreement by the company, another certificate which indicates the relative amendment will be issued. This certificate is called endorsement.

保险公司在签发批单时,先将批单上的项目一一列明,然后再将批改的措辞打上。批单的内容视情况而定,出立批单通常有一定的措辞格式。如更改包装种类的措辞为:It is hereby noted that the goods covered under this policy are packed in cases and not in bales as originally stated. Other terms and conditions remain unchanged。更改船名的措辞为:It is hereby noted that the name of the ship carrying the goods insured under this policy should be s/s "…" and not as originally stated. Other terms and conditions remain unchanged.

6.暂保单

暂保单(Binder or Cover Note)是保险经纪人或代理人在正式保单签发前出具给被保险人的一种临时保险凭证。暂保单具有和正式保单同等的法律效力,有效期为30天。正式保单交付时暂保单自动失效。暂保单在我国海上保险实践中很少使用,国外海上保险市场较常使用此单,为适用保险人接受保险至出具保险单这段期间而出具的被保险人已投保的保险凭证。

三、海上保险单与海上保险合同的关系

◈ **典型案例** ◈

甲公司需从大连港经水路运往广州黄埔港,人保与大连港有长期代办业务的合同关系,大连港收到货物后,即于8月28日在水陆货物承运登记单上加盖了保险印章,并通知甲公司交纳保险费。该公司已交保费。8月28日开始装船,30日开始下大雨。货物因此受损。9月3日,人保出具保险单。双方发生争议。大连海事法院审理认定:双方保险合同有效,受法律保护,合同双方当事人应严格履行合同约定的义务。自人保代办人在水陆货物承运登记单上加盖了保险印章,办理货物保险时起,保险合同即告成立。货物损害是在保险合同期内发生,且属于保险人的责任范围,应予赔偿。

四、海上保险单中常见中英文保险条款

(1)平安险加保舱面险。Covering Free from Particular Average(F.P.A) as per Ocean Marine Cargo Clauses of the People's Insurance Company of China dated(1/1/2009), INCLUDING risks ON DECK.

(2)水渍险加保战争险。Covering With Average(W.A) and War Risks as per Ocean Marine Cargo Clauses and Ocean Marine Cargo War Risks Clauses of the People's Insurance Company of China dated(1/1/2009).

(3)一切险加保战争险。Covering All Risks and War Risks as per Ocean Marine Cargo Clauses and Ocean Marine Cargo War Risks Clauses of the People's Insurance Company of China-dated(1/1/2009).

(4)散装桐油险加保战争险。Covering loss or damage arising from shortage, leakage, contamination and isomerization as per Clauses for Wood Oil in bulk attached, Including War Risks as per Ocean Marine Cargo War Risks Clauses of the People's Insurance Company of China dated (1/1/2009).

(5)冷藏货物水渍险。Covering With Average(W.A) including damage arising from Breakdown of refrigerating machinery as per Clauses for Frozen Products(W.A) Of the People's Insurance Company of China dated(1/1/2009).

(6)...risks clauses of the P.I.C.C. subject to C.I.C. 根据中国人民保险公司的保险条款投保……险

(7)marine insurance policies or certificates in negotiable form, for 110% full CIF invoice covering the risks of War & W.A. as per the People's Insurance Co. of China dated 1/1/1976. with extended cover up to Kuala Lumpur with claims payable in (at) Kuala Lumpur in the currency of draft (irrespective of percentage) 作为可议付格式的海运保险单或凭证按照到岸价的发票金额110%投保中国人民保险公司2009年1月1日的战争险和基本险,负责到吉隆坡为止。按照汇票所使用的货币在吉隆坡赔付(无免赔率)。

(8) insurance policy (certificate) … Name of Assured to be showed: A.B.C.Co. Ltd.保险单或凭证作成以A.B.C.有限公司为被保险人

(9) W.A. this insurance must be valid for period of 60 days after the discharge of goods 水渍险在货物卸船后60天有效

(10) insurance policy issued or endorsed to order … for the face value of invoice plus 10% covering including war with 15 days after arrival of goods at destination, only against FPA and T.P.N.D. 按发票面值加10%投保战争险,货物到达目的地后15天有效,仅负责平安险和盗窃提货不着险的保险单开给或背书给……

(11) marine insurance policy including "both to blame" collision clauses and fully covering the shipment 海运保险单包括负责船舶互撞条款和全部货载

(12) insurance … including deviation clauses 保险包括绕航条款

中国人民保险公司

PICC The People's Insurance Company of China

总公司设于北京一九四九年创立

Head Office: BEIJING Established In 1949

海洋货物运输保险单

MARINE CARGO INSURANCE POLICY

发票号码(INVOICE No)2011CHFG-201/2

合同号(CONTRACT No)2011CHFG-201 保险单号次

信用证号(L/C No) POLICY No PYYE201140039312585698

被保险人(INSURED): JIANGHANG INTERNATIONAL FORWARDING CARRIED OUT.LTD.

中国人民保险公司(以下简称本公司)根据被保险人的要求,极其所缴付约定的保险费,按照本保险单承保险别和背面所载条款与下列特别条款承保下述货物运输保险,特签发本保险单。

THIS POLICY OF INSURANCE WITNESSES THAT THE PEOPLE'S INSURANCE COMPANY OF CHINA (HEREINAFTER CALLED "THE COMPANY"), AT THE REQUEST OF THE INSURED AND IN CONSIDERATION OF THE AGREED PREMIUM PAID BY THE INSURED, UNDERTAKES TO INSURE THE UNDERMENTIONED GOODS IN TRANSPORTATION SUBJECT TO THE CONDITIONS OF POLICY AS PER THE CLAUSES PRINTED OVERLEAF AND OTHER SPECIAL CLAUSES ATTACHED HEREON.

标记 MARKS & NUMBERS	数量及包装 QUANTITY	保险货物项目 DESCRIPTION OF GOODS	保险金额 AMOUNT INSURED
N/M	200 PIECES	ROSEWOOD FUNITURE	USD1100000

总保险金额

TOTAL AMOUNT INSURED: US DOLLARS ONE MILLION ONE HUNDRED THOUSAND ONLY.

保费 装载运输工具

PREMIUM:USD2000 PER CONVEYANCE: YUEJIN V30

开航日期 自 经 至

DATE OF COMMENCEMENT FROM GUANGZHOU, CHINA VIA SINGAPORE TO SIDNEY

承保条件(CONDITIONS):

COVERING ALL RISKS AS PERCENT OCEAN MARINE CARGO CLAUSES OF THE PEOPLE'S INSURANCE COMPANY OF CHINA DATED 1/1/1981.

所保货物，如发生本保险单项下可能引起索赔的损失或损坏，应立即通知本公司下述代理人查勘。如有索赔，应向本公司提交保险单正本(本保险单共有 份正本)及有关文件。如一份正本已用于索赔，其余正本则自动消失。(In the event of loss damage which may result in a claim under this Police, immediate notice must be given to the Company's Agent as mentioned hereunder. Claims, if any, one of the Original Policy which has been issued in Original(s) together with the relevant documents shall be surrendered to the Company, If one of the Original Policy has been accomplished, the others to be void.)

中国人民保险公司 广州 分公司
PICC GUANGZHOU BRANCH

赔款偿付地点(CLAIM PAYABLE) NEW YORK

Authorized Signature:

出单日期(ISSUING DATE):05/08/2011

中 保 财 产 保 险 有 限 公 司
The people's insurance (Property) Company of China, Ltd.

发票号码
Invoice No.

保险单号次
Policy No.

海 洋 货 物 运 输 保 险 单
MARINE CARGO TRANSPORTATION INSURANCE POLICY

被保险人:
Insured: --

中保财产保险公司(以下简称本公司)根据被保险人的要求,及其所缴付约定的保险费,按照本保险单承担险别和背面所载条款与下列特别条款承保下列货物运输保险,特签发本保险单。

This policy of Insurance witnesses that The People's Insurance (Property) Company of China, Ltd. (hereinafter called "The Company"), at the request of the Insured and in consideration of the agreed premium paid by the Insured, undertakes to insure the under mentioned goods in transportation subject to the conditions of this Policy as per the Clauses printed overleaf and other special clauses attached hereon.

保险货物项目 Description of Goods	包装　单位　数量 Packing　Unit　Quantity	保险金额 Amount Insured

承保险别
Conditions

货物标记
Marks of Goods

总保险金额：
Total Amount Insured: ______

保费
Premium ______

载运工具
Per conveyance S.S ______

开航日期
Slg. On or abt ______

起运港
From ______

目的港
To ______

所保货物，如发生本保险单项下可能引起索赔的损失或损坏，应立即通知本公司下述代理人查勘。如有索赔，应向本公司提交保险单正本（本保险单共有　　份正本）及有关文件。如一份已用于索赔，其余正本则自动失效。

In the event of loss or damage which may result in a claim under this Policy, immediate notice must be given to the Company's agent as mentioned hereunder. Claims, if any, one of the Original Policy which has been issued in Original (s) together with the relevant documents shall be surrendered to the Company, if one of the Original Policy has been accomplished, the others to be void.

中保财产保险有限公司
THE PEOPLE'S INSURANCE (PROPERTY) COMPANY OF CHINA, LTD.

赔偿地点
Claim payable at ______

日期
Date ______

在
at ______

地址
Address:

香港民安保险有限公司

THE MING AN INSURANCE CO., (H.K.) LTD.

批 单 日期

ENDORSEMENT Date: ________________

批单号码 保险货物

Endorsement No ________________ Insured Interest: ________________

保单号码 保险金额 船名

Policy No ________________ Sum Insured ________________ S.S ________________

被保险人

Name of Insured ________________

____

It is hereby noted and agreed that the amount insured under this Certificate should read instead of originally stated.

It is further noted and agreed that the Name Of Insured under this Certificate should be read instead of as originally tated.

In consideration of the above, an additional premium, as arranged, is hereby charged to the insured.

Other Terms, Clauses and Conditions remain unchanged.

For and on behalf of

THE PEOPLE'S INSURANCE CO.OF CHINA

THE MING AN INSURANCE CO., (H.K.) LTD,

....

Authorized Signatory

项目实践

实践一 保险单的缮制

一、海上货物运输保险单的填写要求

(1)被保险人名称

如果买方为被保险人，一般说来，保险责任从货物装上运输工具开始；如果卖方为被保险人，一般说来，保险责任则从保险单载明的起运地运出时开始。

(2)货物名称、数量

(3)包装及标志

(4)保险金额

这是指保险核定的金额。如果以 CIF 价格成交的货物，投保金额可加成 10%。如以 FOB 或 CFR 价格成交，必须先换算成 CIF 价格，然后加上 10%确定保险金额。FOB 价格或 CFR 价格换算成 CIF 价格的公式如下：

CIF=(FOB 价格+运费)/(1-(1+加成率)*保险费率)

CFR 价格换算成 CIF 价格的公式如下：

CIF = CFR 价格/(1-(1+加成率)*保险费率)

(5)装运工具

如果是用船舶运输，就应写明船名、吨位、建造年份、船籍、是否需要转运。

(6)开航日期

如果知道确切开航日期，则填上确切的日期；如不知道确切开航日期，则可填待定。

(7)航程或路程

写明某某港 — 某某港。如果到达目的地的路线有两条或两条以上，则要写上自某某港经某某港至某某港。

(8)提单或运单号码

提单是一种重要的海上货物运输合同的证明，它证明海上货物运输合同的成立，并表明货物已由承运人收受或装上船并据以把货物交付给收货人。

(9)保险险别及条件

按国际惯例，承保的险别必须和信用证的要求一致，必须与贸易合同上所列的保险条件相符。比如说平安险、水渍险、或一切险。

(10)赔款支付地点

进口货物的货物运输保险索赔在国内，出口货物保险以国外进口商所在地为原则。

(11)承保日期

承保日期应该在船舶开航或运输工具出发之前，比如说两天之前确定。一般说来，保险公司与投保人或被保险人确定一个起保日期，以避免产生纠纷。

(12)签名盖章

二、海洋货物运输保险单填写模拟练习

根据以下内容，填写一份保险单。

(1)投保人:青岛对外贸易进出口公司(QINGDAO foreign trade Import & Export Corporation)

(2)投保人地址:青岛市中山路 18 号，邮政编码：266000，电话：0532-85987436

(3)保险人:中国人民保险公司青岛分公司(People’s Insurance Company of China, QINGDAO Branch)

(4)保险标的:GD23GW/E0303 JIAONAN air conditioner

(5)数量:3000 pieces

(6)起运港:QINGDAO

(7)目的港:New York

(8)途径港:Singapore

(9)开航日期:2014.6.21

(10)商标号:JN-FGH5325123

(11)FOB 价格成交, USD350.00/ 台

(12)CIF 价格加成 10% 投保一切险, 费率: 0.8%

(13)提单号:B/L TY-T15945

(14)船名:GANGWAN

(15)保单号码:QD-N456321236987

(16)信用证号码:2017/6984

中国人民保险公司

PICC The People's Insurance Company of China

总公司设于北京 一九四九年创立

Head Office: BEIJING Established In 1949

海洋货物运输保险单

MARINE CARGO INSURANCE POLICY

发票号码(INVOICE No)

合同号(CONTRACT No) 保险单号次

信用证号(L/C No) POLICY No

被保险人(INSURED):

中国人民保险公司(以下简称本公司)根据被保险人的要求,及其所缴付约定的保险费,按照本保险单承保险别和背面所载条款与下列特别条款承保下述货物运输保险,特签发本保险单。

THIS POLICY OF INSURANCE WITNESSES THAT THE PEOPLE'S INSURANCE COMPANY OF CHINA (HEREINAFTER CALLED "THE COMPANY"), AT THE REQUEST OF THE INSURED AND IN CONSIDERATION OF THE AGREED PREMIUM PAID BY THE INSURED, UNDERTAKES TO INSURE THE UNDERMENTIONED GOODS IN TRANSPORTATION SUBJECT TO THE CONDITIONS OF POLICY AS PER THE CLAUSES PRINTED OVERLEAF AND OTHER SPECIAL CLAUSES ATTACHED HEREON.

标记 MARKS & NUMBERS	数量及包装 QUANTITY	保险货物项目 DESCRIPTION OF GOODS	保险金额 AMOUNT INSURED

总保险金额:

TOTAL AMOUNT INSURED: US DOLLARS ONE MILLION ONE HUNDRED THOUSAND ONLY.

保费: 装载运输工具:

PREMIUM: PER CONVEYANCE:

开航日期 自 经 至

DATE OF COMMENCEMENT FROM VIA TO

承保条件(CONDITIONS):

所保货物，如发生本保险单项下可能引起索赔的损失或损坏，应立即通知本公司下述代理人查勘。如有索赔，应向本公司提交保险单正本(本保险单共有 份正本)及有关文件。如一份正本已用于索赔，其余正本则自动消失。(In the event of loss damage which may result in a claim under this Police, immediate notice must be given to the Company's Agent as mentioned-hereunder. Claims, if any, one of the Original Policy which has been issued in Original(s) together with the relevant documents shall be surrendered to the Company, If one of the Original Policy has been accomplished, the others to be void.)

中国人民保险公司 分公司

PICC BRANCH

赔款偿付地点(CLAIM PAYABLE)　　Authorized Signature:

出单日期(ISSUING DATE):

实践二　保险单的批改

一、保险单批改的原因

保险单出具之后，如果保险金额有增减、或货物运送的目的地有更改，就会出现保险单所载项目同实际不符的情况，影响保险双方的权益，对此就需要对保险单进行批改(Modification)，以使其符合投保人的实际情况。保险批单一经签发，保险合同双方即应按照批改后的保险单来确定双方的权力义务关系。批单的效力优先于原始保单。

保险单的批改由投保人或被保险人首先提出申请，保险公司经审核无误给予确认后，方可办理批改手续，如果保险公司认为投保人的批改申请有可能扩大了风险程度或风险范围，保险人公司可以拒绝投保人提出的批改申请。保险人在进行批改时，应注意以下几个方面：

(1)凡是承保规定允许的条件和内容，可按申请批改，在必要情况下，需加收保险费。

(2)申请批改的内容如涉及到保险人所承担的保险责任，如保险金额增加、保险期限延长，则批改必须在保险标的无任何损失时或被保险人不知标的有损失时才可办理批改手续。否则保险人不接受批改申请。

(3)批改的内容应与原保险单相联系，即批单应记载原保险单的内容和对此所做的批改，并附贴在原保险单上，加盖骑缝章，防止漏洞。

(4)不论是保险公司签发的、还是代理人签发的批单，都具有同等法律效力。

(5)保险公司签发批单时，首先应将批单上的项目，如批单日期、批单号码、保单号码、被保险人名称、保险金额、船名、开航日期等一一列明，然后写上批单内容。

(6)用英语撰写批单时，不要写错英语单词，以免产生误解。

二、海洋货物运输保险批单式样

我国海洋运输货物保险的批单用中英文对照的形式加以确定，以方便本国的出口企业使用，由于有英文，同时也适用于国外企业使用。保单批改常用的英语表达示例：

1.更改包装

IT IS HEREBY NOTED THAT THE GOODS COVERED UNDER THIS POLICY ARE PACKED IN CASES AND NOT IN BALES AS ORIGINALLY STATED. OTHER TERMS AND

CONDITIONS REMAIN UNCHANGED.

2.更改船舶名称

IT IS HEREBY NOTED THAT THE NAME OF THE SHIP CARRYING THE GOODS INSURED UNDER THIS POLICY SHOULD BE S/S "GUANWAN" INSTEAD OF "HAIYA" AS ORIGINALLY STATED. OTHER TERMS AND CONDITIONS REMAIN UNCHANGED.

3.更改目的地

IT IS HEREBY NOTED AND DECLARED THAT THE FINAL DESTINATION UNDER THIS POLICY SHOULD BE "LOS ANGELES" INSTEAD OF "NEW YORK" AS ORIGINALLY STATED. OTHER TERMS AND CONDITIONS REMAIN UNCHANGED.

4.更改保险条件及险别

IT IS HEREBY NOTED THAT THIS INSURANCE IS AMENDED TO COVER ALL RISKS AS PER OCEAN MARINE CARGO CLAUSES OF PEOPLE'S INSURANCE COMPANY OF CHINA DATED 01/01/1981 INSTEAD OF LONDON INSTITUTECLAUSE(B) AS ORIGINALLY STATED.

IN CONDISIDERATION OF THE ABOVE MODIFICATION, AN ADDITIONAL PREMIUM AS ARRANGED IS CHARGEABLE TO THE INSURED. OTHER TERMS AND CONDITIONS REMAIN UNCHANGED.

5.延长码头存仓期限。

IT IS HEREBY NOTED THAT THIS INSURANCE IS NOW EXTENDED TO COVER FOR A FURTHER PERIOD OF 10 DAYS. I.E. THIS INSURANCE IS TO BE VALID FOR 10 DAYS AFTER COMPLETION OF DISCHARGE OF THE GOODS FROM THE OVERSEA VESSEL AT PORT OF DESTINATION UNLESS PREVIOUSLY WAREHOUSED BY CONSIGNEES OR PARTY AT INTEREST.

IN CONSIDERATION OF THE ABOVE CHANGE, AN ADDITIONAL PREMIUM AS ARRANGED IS PAYABLE BY THE INSURED.

OTHER TERMS AND CONDITIONS REMAIN UNCHANGED.

三、根据以下内容,用英文撰写一份保险批单。

(1)批单号次: ED-SM-12

(2)保险单或保险凭证: QD659874123582

(3)保险金额: USD800, 000

(4)船名:GANGWAN

(5)开航日期: 2014.5.25

(6)被保险人:SHENZHEN FOREIGN TRADE COMPANY, LTD.

(7)保险人:中国人民保险公司上海分公司

(8)保险费率: 依约定

(9)更改目的地:由原来的"MELBOURNE"改为"CANBERRA"

批单格式如下:

中国人民保险公司广州分公司

People's Insurance Company of China, Guangzhou Branch

批 单

ENDORSEMENT

日期：

Date：

批单号次：

End. No

保险单或保险凭证：

Policy/Certificate No

保险金额：

Amount Insured：

船名：

Conveyance(s)

开航日期：

Sailing Date：

被保险人：

Name of Insured：

保险费率：

Rate：

承保经理(Underwriting manager)

复习思考

一、单项选择题

1.保险利益是指投保人或被保险人对(　　)具有法律上承认的利益。

A.保险合同行为　　B.保险制度

C.保险风险　　D.保险标的

2.(　　)情况下,保险人按保险金额与保险价值比例负赔偿责任。

A.足额保险　　B.不足额保险

C.超额保险　　D.责任保险

3. 保险标的发生保险事故后受到严重损坏完全失去原有形体、效用的为(　　)。

A.推定全损　　B.实际全损

C.共同海损　　D.单独海损

4.告知是被保险人在投保时将其所知道有关保险标的的(　　)告诉保险人。

A.重要情况　　B.所有情况

C.一般情况　　D.业务情况

5.保险标的发生保险责任范围内的损失是由第三人造成的,被保险人向第三人要求赔偿的权利,自保险人支付赔偿之日起,相应转移给保险人是(　　)。

A.保险委付　　B.代位求偿

C.推定全损　　D.责任保险

6.(　　)是指运输工具遭遇海难后,在避难港由于卸货所引起的损失,以及在中途港或避难港由于卸货、存仓及运送货物所发生的。

A.施救费用　　B.救助费用

C.特别费用　　D.额外费用

7.受潮受热险属于(　　)承保范围。

A.平安险　　B.水渍险

C.一切险　　D.专门险

8.以下(　　)不是一切险承保范围。

A.淡水雨淋险　　B.碰损险

C.渗漏险　　D.进口关税险

9.在国际贸易中,以 CIF 条件成交的,投保人应是(　　)。

A.承运人　　B.买方

C.卖方　　D.银行

10.货物因自然灾害造成的部分损失,在(　　)险别下可以获得赔偿。

A.平安险　　B.水渍险

C.一切险　　D.B+C

二、多项选择题

1.海上保险合同的特征具体包括(　　)。

A.双务有偿合同　　B.赔偿性合同

C.格式合同　　D.实践性合同

2.海上保险合同的订立要经过(　　)阶段。

A.制订　　B.要约

C.签约　　D.承诺

3.海上保险合同的书面形式主要有(　　)。

A.保险单　　B.保险凭证

C.贸易合同　　D.暂保单

4.保险责任开始后,(　　)合同,被保险人不得要求解除合同。

A.货物运输　　B.船舶的航次保险

C.船舶的定期保险　　D.运费保险

5.近因是导致损害发生的(　　)原因。

A.最直接的　　B.时间上最近的

C.起决定作用的　　D.空间上最近的

6.海上运输货物保险承担的费用损失主要有(　　)。

A.施救费用　　B.救助费用

C.特别费用　　D.额外费用

7.不在中国人民保险公司一切险承保范围内的险别有(　　)。

A.短量险　　B.串味险

C.舱面险　　D.进口关税险

8.货物的共同海损牺牲、分摊和救助费用由(　　)险别予以承保。

A.平安险　　B.水渍险

C.一切险　　D.战争险

9.普通附加险条款包括(　　)。

A.锈损险　　B.串味险

C.舱面险　　D.钩损险

10.海上运输货物保险中被保险人的义务主要有(　　)。

A.及时提货义务　　B.施救义务

C.通知义务　　D.损失赔偿

三、判断题

1.根据我国海商法的规定,货物预期利润可以作为保险标的。

2.保险经纪人代表被保险人的利益,所以其佣金通常由被保险人支付。

3.保险委付是保险人的权利,保险代位权是被保险人的权利。

4.船舶保险合同的转让必须经过保险人的同意方可转让。

5.保险人未签发保险单给被保险人,说明保险合同尚未成立。

6.海上运输货物保险一切险条款承保所有原因造成的货物损失。

7.海上运输货物保险中,保险人对承运人的过失造成的货损不负赔偿责任。

8.银行不接受出单日期迟于运输单据上注明的货物装船日期的保险单据。

9.海上运输货物战争险下,保险人的责任期间与海上运输货物一切险相同。

10.平安险对于意外事故造成货物全损或部分损失都负责赔偿。

四、简答题

1.什么是海上保险合同？其主要特征是什么？

2.海上保险单的表现形式有哪些？

3.什么是保险利益？保险利益的构成要件有哪些？

4.如何确定保险价值？

5.阐述被保险人的告知义务。

6.简述海上运输货物平安险的承保范围？

7.海上运输货物保险的除外责任是什么？

8.海上货物运输保险中被保险人的义务有哪些？

9.普通附加险包括哪些险？

10.特别附加险包括哪些险？

五、案例分析题

1.甲公司为一批CIF出口货物向保险公司投保海上货物运输保险,在取得海上保险单后,连同提单一起转让给买方乙公司。该批货物由A轮承运。在海上航行当中,由于船舶主机发生故障加之海上风浪过大,船舶偏离航线而不幸触礁,船底划破1m长的裂缝,海水通过裂缝进入船舱,造成1舱低层的100袋货物湿损,船长为此请求救助,B打捞公司派出一拖轮将A轮安全拖至港口。船方为此支付了10万元的救助费用。请问:①甲公司能否向保险人请求赔偿,其原因何在？②船底划破1m长的裂缝属于什么性质的损失？③100袋货物水损属于什么性质的损失？④10 万元的救助费用属于什么性质的损失？⑤被保险人是否要分摊船方支付的 10 万元的救助费用？

2.A 公司为一批从日本到青岛的进口 CFR 价袋装化肥，向我国人保投保了一切险，采用我国人保海洋货物运输保险条款。货物总共为 1 万袋，保险金额为 50 万人民币。保险单上的装货港是神户，目的地港是青岛。

货物由乙公司甲船承运，在装船后船方经查对发现实际装船 9800 袋化肥，承运人应托运人的请求签发 1 万袋化肥的提单。另外，因舱内容积有限，承运人经托运人的同意将 300 袋化肥装在甲板上运输。甲船在海上运输途中遭遇特大风暴，装在甲板上的化肥被海水卷入海中遭到全损。船舶在进入中国领海后，由于船员在驾驶船舶时疏忽瞭望，与另一船发生碰撞，船舶的二舱进水，造成 100 袋化肥水湿，受损程度为 50%。甲船抵达目的港青岛卸货时，由于吊钩脱落，20 袋化肥掉入海中全损。货物全部卸入码头仓库后，因下雨仓库漏水，造成 50 袋化肥被雨水浸透全损。收货人提货并将货物运到收货人在青岛的仓库内后，因仓库管理不善发生火灾，60 袋化肥被烧毁。收货人依据货物保险单就上述货损向保险人索赔，请根据中国人民保险公司海上运输货物保险条款，回答保险人的赔偿责任。

六、计算题

甲公司按 CIF 价格条件出口一批货物，贸易合同总金额为 10000 美元，加一成投保我国海上运输货物保险一切险，保险费率为 1%，问保险金额和保险费各为多少？

七、翻译题

1.Packing requirements, Shipping instructions, Shipping marks, Shipping advice, Modes of transportation, Time of shipment, Destination, Partial shipment, Transshipment, Insurance, Risk, Average, Cover, Coverage, Open policy, Premium .

2.We shall cover insurance for 110% of the invoice value in accordance with your request.

3.Please insure FPA and against War Risk under the contract.

4.As the contract stipulates that insurance should cover 110% of the invoice value, if you desire to cover insurance for 130% instead, the extra premium should be for your account.

5.关于我方 289 号订单商品，请按发票金额的 110%投保。

6.对于我方订购的皮革，请全部投保水渍险，另加偷窃和提货不着险，污染险和雨淋险。

7.在买方支付额外保费的前提下，买方要求保险至内陆城市的要求可以接受。

8.对这种性质的货物只投保水渍险是不够的，请加保偷窃提货不着险。

项目四　英国海上货物运输保险

学习目标

1.了解英国海上货物运输保险条款六种险种的主要内容。

2.熟练掌握英国协会货物保险条款(A)险的主要条款、保险人的普通除外责任、英国协会货物保险条款(B)险、(C)险的承保范围,战争险和罢工险的承保范围。

3.能够识别英国协会货物保险单。

4.掌握PICC与ICC货物保险的主要区别点。

项目任务

任务一　英国货物保险单的识别

任务描述:了解劳合社SG保单与协会货物保险单,并能看懂协会货物保单。

一、英国货物保险单概述

劳合社SG保险单(Lloyd's SG Policy)指劳合社标准海上保险单。S表示船舶,G表示货物,该保险单是一种船舶保险和运输货物保险共同使用的保险单,既适用于承保货物,也适用于承保船舶。1779年开始在英国保险市场上采用,1795年在英国取代所有其他海上保险单,成为船舶货物运输保险合同的标准海上保险单。1906年英国海上保险法又把它列为附件,作为标准格式的保险单推行,进而成为国际海上保险单的范本,在历史上发挥过重要作用。

劳合社SG保险单主要记载:被保险人名称,保险人名称,保险期限,保险标的,保险价值与保险金额,承保的风险,保险费率,附注和备忘录等。

尽管该保险单使用长达200年,但由于历史原因,该保险单文字古老,格式陈旧,语言难懂,难以适应现代国际贸易和世界航运的需要。英国伦敦保险协会起草了新的保险条款和新的保险单。英国新的海上保险单从1982年开始使用,而劳合社SG保险单于1983年3月31日被停止使用,从而退出海上保险的历史舞台。

二、协会新海上保险单

为了达到使被保险人易于了解保险责任和实务操作简便的目的,保险人在制定新条款的同时,也制定出与之相适应的新保险单格式。新条款适用于新保险单,改变了旧条款依附于SG保险单的做法,从而彻底地抛弃了陈旧、难懂和文字晦涩的SG保险单格式。新保险单与新条款同时使用适应了现代海上保险的需要。

新保险单格式比较简单、清晰，它把 SG 保险单的详列式结构改变为空白式结构，从而消除了过去存在于 SG 保险单与旧条款之间的重复交叉、相互矛盾的现象。它是一份空白的文件，可以用于任何海上保险合同。既可以用于承保货物，也可以用于承保船舶。但它又不是一个完整的保险合同，必须与协会货物保险条款同时使用，方能构成一份完整的保险合同。

协会新保险单主要包括以下内容：

(1)保险单号码 policy number

保险单号码是保险人对其签署的保险单所编的号码，用于卷宗的检索，便于查核。

(2)被保险人 name of assured

在海上保险中，被保险人通常是卖方、买方、登记船东、光船承租人、船舶管理公司等。

(3)船名 vessel

这一栏填写载货的船舶或投保的船舶。

(4)保险航次或保险期限 voyage or period of insurance

如是船舶保险，通常为 1 年的定期保险；如是货物保险，通常为航次保险。

(5)保险标的 subject-matter insured

这一栏填写保险的对象，即货物、船舶、运费等。

(6)约定价值 agreed value(if any)

保险标的的价值由双方当事人约定填写在此栏，构成定值保险单。如果双方当事人未约定保险标的的价值，此栏空项，构成不定值保险单。

(7)保险金额 amount insured hereunder

保险金额同样由双方当事人约定，保险金额可以等于或低于保险价值，但不能高于保险价值。

(8)保险费 premium

作为获得保险人在损失发生时给予赔偿的对价，被保险人应当支付保险费。

(9)条款、批单、特别条件和保证 clauses, endorsements, special conditions and warranties

将该附加险或特别条款或批单贴在保险单上。

(10)所附条款和批单构成本保险单的一部分 the attached clauses and endorsements form part of the policy 明确所附条款和批单构成本保险单的一部分。条款适用的优先顺序为首要条款>手写的文字>打印的文字>印刷条款。

(附：协会保险单)

THE INSTITUTE OF LONDON UNDERWRITERS
COMPANIES MARINE POLICY (MAR 91)

The institute of London Underwriters

Companies Marine Policy

WE, THE COMPANIES, hereby agree, in consideration of the payment to us by or behalf of the Assured of the premium specified in the Schedule, to insure against loss, damage, liability or expense in the proportions and manner hereinafter provided. Each Company shall be liable only for its own respective proportion.

This insurance shall be subject to the exclusive jurisdiction of the English Courts, except as may be expressly provided herein to the company.

IN WITTNESS whereof the General Manager and Secretary of The Institute of London Underwriters has subscribed his name on behalf of each Company.

General Manager and Secretary
The Institute of London Underwriters

This Policy is not valid unless it bears the embossment of the Policy Department of The Institute of London Underwriters.

MAR 91

SCHEDULE
POLICY NUMBER

___

NAME OF ASSURED

___

VESSEL

___

VOYAGE OR PERIOD OF INSURANCE

SUBJECT-MATTER INSURED

AGREED VALUE (if any)

AMOUNT INSURED HEREUNDER

PREMIUM

CLAUSES, ENDORSEMENTS, SPECIAL CONDITIONS AND WARRANTIES

THE ATTACHED CLAUSES AND ENDORSEMENTS FORM PART OF THIS POLICY

COMPANIES' PROPORTION

For use by the Policy Department

of

The Institute of London underwriters

In all communications please quote the following reference	

This policy is subscribed by Insurance Companies Members of the Institute of London Underwriters 49, Leadenhall Street, London, EC3A2BE

三、英国协会货物保险 ABC 条款概述

1.英国协会货物保险条款的产生

英国最早使用的海上保险条款是劳合社 SG 保险单,其保险条款长期为世界各国奉为经典,由于历史原因,该条款已不适用发展的需要,英国于 1912 年起开始制订协会货物保险条款,将其作为 SG 保险单的附加条款。经过多次修订后,在 1963 年形成了一整套完整的海上运输货物保险标准条款,它包括平安险、水渍险和一切险三套条款,即 ICC 旧条款。由于该条款仍然依附于格式陈旧、文字古老、词义难懂的 SG 保险单,加之自身的不完备,遭到不少批评。英国伦敦协会再一次对 ICC 旧条款进行修订,1982 年 1 月 1 日推出"协会货物保险 ABC 条款",即 ICC 新条款。ICC 新条款取代了旧的平安险、水渍险和一切险,取而代之的是 ICC 的(A)、(B)、(C)三个基本险。

英国伦敦保险协会在 2008 年对 1982 年货物保险条款进行了修订,并于 2009 年正式生效,与 1982 年协会货物条款的变革相比,此次改变虽然不足以称为实质意义上的革命,但新条款扩展了保险责任起讫期,对保险公司引用免责条款做出了一些条件限制,对条款中容易产生争议的用词做出更为明确的规定,条款中的文字结构也更为简洁、严密。以下条款讲解以 2009 版本为准。

London Insurance Institute Cargo Clauses was first made in 1912. The newly revised London Insurance Institute Cargo Clauses in 2009 include 6 kinds:

目前,在我国企业以 CIF 价格条件对外出口时,有些外商也常会要求采用国际保险市场上通用的英国伦敦保险协会所制定的 ICC 条款进行投保,为了达成交易,我国出口企业一般都予以接受。因此我们有必要对 CIC 与 ICC 险别的责任范围进行比较,这样既有助于我们掌握各种险别的精神实质,也有助于我们在工作中做好投保的选择。

2.协会货物保险条款的特点

(1)无部分损失不赔或需受免赔额的限制问题

新条款不像旧条款那样一定要有免赔额(率)的规定,而是允许被保险人根据具体情况与保险人洽谈,也可以不规定免赔额(率)。新条款也没有部分损失不赔的规定,只要是在承保范围内的损失,不论是全损还是部分损失,保险人都给予赔偿。

(2)列明承保风险和除外责任,一目了然

新条款的承保责任范围和除外责任一目了然,使被保险人清楚地了解到哪些是保险人的责任范围,哪些是保险人不予承保的。具体表现在协会货物保险的(B)和(C)险中,将承保的范围一一列明,将英国《1906 年海上保险法》中规定的不保危险事故或损失都写进条款,避免了因保险责任不清而产生的争议。例如,被保险人的不法行为造成的损失、保险标的物的自然损耗、固有瑕疵等在新条款中都被列为一般除外责任。在(A)险中采用一切险减除外责任的方式,只要不是其除外责任造成的货损,保险人都将给予赔偿。

(3)整个条款结构严谨、清晰

新条款结构统一、体系完整。1963 年的协会货物保险条款有 14 条,新条款分为 8 个部分共 19 条,外加一个附注。与旧条款相比新条款增加了 5 条,分别是保险利益条款、续运费用条款、增值条款,放弃条款和英国法律与惯例条款。另外,新条款将原有的受托人条款改

为被保险人义务条款，扩大了原条款的范围。而且，新条款的三个基本险的条款除承保责任和除外责任内容有区别外，其他6个部分的内容几乎完全相同，这样，每一险别条款在结构上完全统一、体系完整。

(4)各种主险都形成独立的保险单

新条款采用(A)、(B)、(C)命名险别，以取代旧条款的一切险、水渍险，平安险等名称，避免了旧条款名称与内容不一致的弊病。尽管新条款的(A)、(B)、(C)险与旧条款的险别有类似之处，但绝不能视为是一切险，水渍险和平安险的翻版，它们之间在许多方面都有所不同。新条款为了便于被保险人明确(A)、(B)、(C)3个险别的内容，3套条款均都按其条文的性质进行分类，共分为承保范围、除外责任、保险期限、索赔事项、保险权益、防止延误、法律和惯例等8个部分，各个主险都形成独立的保险单。

(5)战争险和罢工险可作为独立险别投保

新条款允许战争险、罢工险作为独立险别来投保。新条款一共有6个险别，它们分别是：协会货物条款(A)、(B)、(C)、协会货物战争险条款、协会货物罢工险条款和恶意损害险条款。(Institute War Clause—Cargo、Institute Strikes Clause—Cargo、Malicious Damage Clause)在这些险别条款中，不仅(A)、(B)、(C)条款可以单独投保，战争险和罢工险条款也可以单独投保。战争险和罢工险条款像协会条款(A)、(B)、(C)一样具有独立完整的结构，对承保风险和除外责任均有明确的规定，因而在需要时也可征得保险人的同意，作为独立的险别投保。但恶意损害险是(B)和(C)险的附加险，不能单独投保。

除上述条款外，对于特殊的一些货物，比如冷冻食品、煤、黄麻、油等，协会还制定了专门的保险条款，以适用这些货物运输保险的需要。

任务二　掌握协会货物保险条款主要内容

任务描述：掌握ICC条款的主要内容，知道2009年条款的主要变化点。

一、英国协会货物保险条款(A)险

英国协会货物保险条款(A)险条款是承保范围最广的一种条款，相当于旧条款的一切险。其承保风险采用“一切险减除外责任”方式，而且不保项目很明确，只要不是在其除外责任外造成的货损，保险人都将给予赔偿。

1.承保风险(Risks Covered)

本项下共有3个条款，即风险条款、共同海损条款、双方有责碰撞条款。

(1)第1条风险条款(Risks Clause)

本条规定本保险承保除4、5、6、7条规定的除外责任外的一切风险所造成保险标的的灭失或损坏。

灭失或损坏是指货物的实际损失或损害，不包括经济损失。在(A)险条款中，由于承保责任范围较广，不便把全部承保风险逐项列举，于是采用了一切险减除外责任的方式，即除了“除外责任”项下所列风险所致损失保险人不负责外，其他风险所致损失均予负责。为了避免误解为承保所有的危险及损害的条款，因而规定为风险条款。

(2)第2条共同海损条款(General Average Clause)

本保险承保除4、5、6、7条或其他条文规定的除外责任外的任何原因引起的共同海损及救助费用。共同海损及救助费用的确定依运输合同、准据法和惯例理算。

该条款对共同海损牺牲和救助费用负责赔偿,但对共同海损及救助费用的产生,应是为避免承保风险的损害而造成的,如果共同海损是因除外风险责任引起的,保险人则不予负责赔偿。该条款还对共同海损理算的法律适用问题做出了规定:如果运输合同中规定了共同海损理算的地点及适用法规,可以依据该合同规定办理。如果没有规定,则按照有关适用法规及实务惯例办理。

(3)第3条双方有责碰撞条款(Both to Blame Collision Clause)

本保险负责赔偿被保险人根据运输契约上有关船舶互撞责任条款的规定,由被保险人就承保风险应承担的责任。在上述条款下由承运人向被保险人提起的索赔中,被保险人同意通知保险人,保险人有权自负费用为被保险人就此项索赔进行辩护。该条款同我国海洋运输货物保险的基本险规定一样,由货方偿还给船东的部分数额,保险人给予补偿。做为被保险人应通知保险人,保险人有权向船东进行抗辩。

2.除外责任(Exclusions)

本项下共有4个条款,这些条款分别规定了保险人不予承保的风险,对由于除外责任原因造成的货损、或费用,保险人不负责赔偿。

(1)除外条款4

本条规定了7种除外责任,保险人对这7种原因引起的损失是不负责赔偿的。

①4.1　被保险人故意行为所造成的损失和费用;

故意行为是指明知自己的行为会发生损害保险标的的结果,故意做或放任这种结果发生。被保险人是指其本人,不包括其代理或雇员。对于非被保险人的故意不法行为,例如船长、船员的恶意行为造成的货物损失,保险人须负责任,对于保险单前转让人的故意行为,保险单受让人也不能得到赔偿。

②4.2　保险标的自然渗漏、正常的短量、短重,或正常的损耗;

强调的是自然损失不赔。通常根据航运惯例判断正常的短量、短重,或正常的损耗。

③4.3　保险标的包装不固或包装不当或配载不当引起的损失或费用;

由于保险标的包装不固或包装不当或配装不当造成无法抵抗运输途中发生的通常事故而产生的损失或费用,此情况适用于:该种包装或配载是由被保险人或其受雇人完成或该种包装或配载是在本保险责任开始前完成。(本条所称的"包装",包括集装箱;本条所称的"雇员",不包括独立合同商。)

2009版条款4.3对保险标的包装不固或包装不当或配载不当做出了更为细致的规定。

首先,明确了该除外条款仅适用于下述两种情况:一是由被保险人自己或者是他的雇员去负责实施积载行为,从而可能由他自己的疏忽或者是不小心造成损失。另一种情况是在风险生效前(开始货物运输前,例如离开卖方的仓库装上卡车或火车),包装本身有缺陷这一问题就已经存在,这时就不用讨论包装缺陷是否被保险人或者他的雇员去负责。只在这两种情况出现包装有缺陷的情况下,保险人才会承担相应的保险责任。很明显,该规定缩小了关于包装的除外责任,更有利于被保险人。

其次,明确了"不固"或"不当"的标准是"无法抵挡运输途中发生的通常事故"(to withstand the ordinary incidents of the insured transit)。

再次,2009 版删除了“托盘”(lift van),因为“托盘”从法律角度或贸易角度都无法达成一个统一的定义,在未明确之前,删除这一字眼以免造成争议。最后,2009 版将“雇员”一词变为“employee”,代替了 1982 版的“servant”,明确了“雇员”并不包括“独立合同商”(independent contractor),避免产生歧义。

④4.4　保险标的的固有缺陷或性质引起的损失或费用;

保险标的的自然行为直接导致的结果。像鱼粉、黄麻和印度原煤等,常常发热自燃,风险很大。

⑤4.5　由延迟引起的损失或费用,即使该延迟由于承保风险所引起(上述第 2 条可以赔付的费用除外)。

此条款是关于“延迟除外”的规定。自 1906 年海上保险法(Marine Insurance Act1906)生效至今,关于如何认定“最近(直接)”(proximate),法律有了极大的发展和变化。对于“最近(直接)”(proximate),法院裁决并未有统一的标准,须根据个案来进行识别。既然没有统一标准,那就很难界定什么叫做“直接由延迟引起”(proximately caused by delay),所以 2009 版条款 4.5 去掉了“最近地(直接地)”(proximately)这一字眼。

⑥4.6　本保险在任何情况下不负责赔偿:由于船舶所有人、经理人、承租人或经营人破产或经济困难造成的损失或费用。此情况适用于:在保险标的装上船舶之时,被保险人知道,或者被保险人在正常业务经营中应当知道,此种破产或者经济困难会导致该航程取消。本条除外条款不适用于:当保险合同已经转让给另一方,即另一方已经受保险合同的约束购买或同意购买保险标的且善意受让该保险合同。

⑦4.7　本保险在任何情况下不负责赔偿:由于使用任何原子或核子裂变和(或)聚变或其他类似反应或放射性物质的武器或设备直接或间接造成的损失或费用。

此条款是关于“核战争武器除外”的规定。2009 版条款 4.7 有两点显著变化:一是规定“直接或间接造成”(directly or indirectly caused by or arising from),代替了 1982 版“造成”(arising from),也就是明确认定造成损失的原因无论是直接还是间接,都属于除外责任。二是规定“武器或设备”(weapon or device),代替了 1982 版“战争武器”(weapon of war),也就是扩大了武器除外责任的范围,除外的情况既包括战争武器,也包括其他非战争武器,既包括武器,也包括普通设备。随着现代局部战争、政治形势和恐怖主义的变化发展,作为保险人,很难控制在全球各个角落正常航行途中面临的战争风险,也不应为此承担无法匹配的保障,所以明确除外责任,还是与现行环境相适应的。

(2)除外条款 5

①5.1　本保险在任何情况下不负责赔偿:

a.5.1.1　被保险人在货物装船时已经知道船舶或驳船的不适航,及船舶或驳船不适合安全运输保险标的所引起的损失或费用。

b.5.1.2　集装箱或运输工具不适合安全运输保险标的,适用于:在本保险合同生效前装货已经开始,或被保险人或其雇员在货物装船时已经知道上述情况。

②5.2　上述 5.1 所说的除外条款不适用于:当保险合同已经善意转让给另一方,另一方已经受保险合同的约束购买或同意购买保险标的。

③5.3　保险人放弃船舶适航或船舶适合运输保险标的运往目的地的默示保证。

此条款是关于“不适航或不适运除外”的规定。2009 版条款 5 强调了集装箱或运输工具不适运而导致除外的情况仅适用于:装货在本保险生效前已经开始操作,或被保险人或其雇员在货物装船时已经知道上述情况。

明确若收货人根据本保险向保险人提出索赔,5.1 不适航或不适运除外规定就不再适用。可以理解为,作为善意的第三方收货人,保险人不得引用不适航或不适货进行抗辩。

1982 版条款 5.2 是附条件的弃权,即保险人放弃船舶适航和适运的默示保证,前提条件就是被保险人或其雇员不知该情况。2009 版条款 5.3 是不附任何条件的弃权,即保险人放弃船舶适航和适运的默示保证,无论被保险人或其雇员知道或不知道该情况。

在当今的水险市场上,要求被保险人保证船舶在开航时要绝对适航的默示保证规定对货方而言是既不公平,又不现实的,因为今天的货方没有办法对运载其货物的船舶进行控制,自然也没有能力去对其适航性进行保证。因此,货物运输保险合同就有必要加上一条明示条款去改变法律对此默示保证的规定,从而要求保险人放弃对货方在船舶适航与适货方面的默示保证要求。

2009 版条款 5 对保险人引用该除外条款做出了很大的条件限制,提高了对善意保单受让人的保护程度,也将会使得保险人以此条款抗辩的难度增加。

(3)除外条款 6

该条款规定,本保险决不承保因下列事项所产生的灭失、损害或费用:

战争、内战、革命、叛乱或由此引起的内乱或任何交战方之间的敌对行为;捕获、扣押、拘留、禁止或羁押(海盗除外);被遗弃的水雷、鱼雷、炸弹或其他被遗弃的战争武器。

注意:海盗行为不作为战争风险承保。

(4)除外条款 7

本保险在任何情况下不负责赔偿下列损失或费用:

①7.1　罢工者、被迫停工工人或参加工潮、暴动或民变人员;

②7.2　罢工、被迫停工、工潮、暴动或民变;

③7.3　恐怖主义行为,或与恐怖主义行为相联系,任何组织通过暴力直接实施的旨在推翻或影响法律上承认的或非法律上承认的政府的行为;

④7.4　任何人出于政治、信仰或宗教目的实施的行为。

此条款是关于“罢工和恐怖主义除外”的规定。2009 版有两点显著变化:一是对“恐怖主义”做出定义,将定义范围内的行为一并纳入恐怖主义除外责任范围。二是将任何人出于信仰或宗教目的实施的行为也纳入除外范围。故该除外条款比 82 版有所扩展。

3.保险期间(Duration)

本项下共有 3 个条款,运送条款、运输合同终止条款和航程变更条款。

(1)第 8 条运送条款(Transit Clause)

运送条款(ICC(A)1/1/2009)(注释:8.1 属于正常运输,8.2 和 8.3 属于非正常运输情况)

①8.1　按照下述条款 11 的规定,本保险责任自保险标的为了开始航程立即搬运至运输车辆或其他运输工具的目的,开始进入仓库或储存处所(本保险合同载明的地点)时生效,包

括正常运输过程,直至运到下述地点时终止:

a.8.1.1 在本保险合同载明的目的地最后仓库或储存处所,从运输车辆或其他运输工具完成卸货;

b.8.1.2 在本保险合同载明的目的地任何其他仓库或储存处所,或在中途任何其他仓库或储存处所,从运输车辆或其他运输工具完成卸货,上述任何其他仓库或储存处所是由被保险人或者其雇员选择用作:在正常运送过程之外的储存货物,或分配货物,或分派货物。

c.8.1.3 被保险人或其雇员在正常运输过程之外选择任何运输车辆或其他运输工具或集装箱储存货物;

d.8.1.4 自保险标的在最后卸货港卸离海轮满60天为止。

上述情况以先发生者为准。

此条款是关于"保险期间运送条款"的规定。2009版条款8进一步将保险责任期间向两端扩展至包括启运出库的装车、发运过程和抵达入库的卸车过程,对被保险人更有利。

从保险责任起点来看,该条款使得保险责任自保险标的开始进入仓库或储存处所时就生效,如何认定"开始进入"(first move),目的是"为了开始航程立即搬运至运输工具或其他运输工具"。也就是说条款将"开始进入"(first movement)与航程前"紧接的装货"(immedia-teloading)紧密联系起来。1982版保险责任是自货物远离仓库或储存处所时生效,一个是"进入",一个是"远离",显然2009版扩展了1982版的起点。这一改变把承保的时间延伸到在货方仓库或堆场装货,体现了对作为被保险人的货方利益进行倾斜的趋势。

从保险责任期间来说,包括正常运输过程,2009版与1982版规定一致,没有变化。

从保险责任终点来说,1982版列明有三个可能的终点,以最先发生者作为保险责任的实际终点。2009版列明有4个可能的终点,以最先发生者作为保险责任的实际终点。

对于各自列明的前两个终点,1982版强调是"运到",2009版强调是"完成卸货",显然2009版扩展了1982版的终点,对被保险人更为有利。

此外,2009版多出来的一个终点,就是"被保险人或其雇员在正常运输过程之外选择任何运输车辆或其他运输工具或集装箱储存货物",是限制被保险人或其雇员在非正常运送过程中的临时仓储问题。如果货物仍载于运输工具(例如船舶或卡车)上,但被保险人或者他的雇员决定不继续运输而是把货物储存在运输工具内时,保险合同自动终止。此规定对海上货物运输保险的"运输"性进行了强调。ICC(A)条款所承保的是货物运输中的风险,如果没有继续运输的话,保险人不会同意承担这些可能延长时间的风险赔付责任。若货物一直存放于运输工具上,则不符合货物运输保险的"运输"要求,且会使承保期限延长。而从表面上来看,由于存放是在运输工具上而并非在仓库里,此时若发生保险事故,被保险人也许会以货物还是在运输过程中为理由要求保险公司承担保险赔偿责任。为防止这一情况出现,就有必要对这种情形进行特别说明,并将其纳入到导致保险责任终止的情形中。因此,2009年新条款规定货物仍装在运输工具中,且决定不继续进行运输时,保险合同就自动终止。

最后一个终点,即货物最后卸载港全部卸离海轮后满60天为止,2009版和1982版规定一致,没有变化。

②8.2 如果,保险标的在最后卸货港卸离海轮后,但本保险责任终止前,需被转运至非保单载明的其他目的地时,本保险,在依然受条款8.1.1至8.1.4有关终止规定所制约的同

时，截止于该项保险标的开始转运之时；

③8.3 在被保险人无法控制的任何运输延迟、任何绕航，被迫卸货，重新装载、转运以及承运人运用运输合同授予的权力所作的任何航海上的变更的情况下，本保单仍然继续有效（但需要受上述条款 8.1.1 至 8.1.4 有关终止的规定和下述条款 9 的规定制约）。

（2）第 9 条运输合同终止条款（Termination of Contract of Carriage Clause）

如由于被保险人无法控制的情况，致使运输契约在非保险单载明的目的地的港口或处所终止，或者运输在按上述第 8 条规定发货前终止，本保险亦应终止，除非被保险人立即通知保险人并提出续保要求，并在必要时加缴保险费的情况下，本保险继续有效。

直至货物在该港口或处所出售和交货，或除非有特别的约定，在被保险货物抵达该港口或处所后，满 60 天为止，以先发生者为准，或如果货物在上述 60 天期限内（或任何约定的延长期限内），继续运往保险单所载明的目的地或任何其他目的地时，保险责任仍按上述第 8 条的规定终止。

（3）第 10 条航程变更条款（Change of Voyage Clause）

①10.1 当本保险责任开始后，被保险人变更目的地，应立即通知保险人，并另行商定保险费率和条件。在此费率和条件达成一致前，出现保险事故，只有在保险费率和保险条件符合合理的市场行情情况下，本保险才会仍然有效。

②10.2 当保险标的按照本保险合同的航程规定开始航行时（与条款 8.1 相一致），被保险人或其雇员对该船舶驶向另一目的地不知情，那么本保险合同仍然被视作是在本保险合同规定的航程开始时生效。

此条款是关于“航程变更”的规定。2009 版有两点变化：

一是考虑了发生航程变更后的实际操作问题，对“仍然有效”做出了一些限制。有可能被保险人虽然已经通知保险人变更情况，但确实还没有和保险人就变更后的条件最终达成一致时就出现保险事故的情况发生。这种情况下，只有在保险费率和保险条件符合合理的市场行情情况下，保单才会仍然有效。

二是规定在被保险人或其雇员不知道运输保险标的的船舶驶向非保单载明的另一目的地时，保单仍然被视为在本保险合同规定的航程开始时生效。（此项规定增加了对善意被保险人利益的保护。）

4.索赔（Claim）

本项下共有 4 个条款，包括保险利益、续运费用、推定全损、和增值条款，皆与被保险人的保险索赔有关。

（1）第 11 条保险利益条款（Insurable Interest Clause）

为了根据本保险索赔，在保险标的损失当时被保险人必须具有保险利益。被保险人有权索赔在本保险承保期间发生的损失，尽管该灭失发生于本保险合同成立之前，除非被保险人已知悉该灭失，而保险人不知情。

该条款规定被保险人必须在保险标的发生损失时具有保险利益。如果损失发生在保险合同订立前，被保险人不知情，仍要赔偿。它是保险索赔的基本原则之一。现行的协会保险条款保留传统的“无论灭失与否”条款的精神。无论灭失与否是指在签订保险合同时，保险标的因保险事故造成实际上已经灭失，只要被保险人事先不知道，保险合同仍然有效，保险人仍负责赔偿。另外双方在签订保险合同时,保险标的事实上已经安全到达目的港,只要保险人事先不知道,保险合同仍然有效,保险人不退还保险费。这一条款使保险单的效力在某种程度上溯及既往,只要保险双方都是善意的、不知情的,只要被保险人有保险利益,即使在出事后才买保险,保险人还是负责赔偿。举例:收货人有时船开航才去买保险,说不定这时船已沉没,货物已全损,但只要是被保险人不知情,善意的,事后买保险也可以认定有效。

我国海商法也有类似的规定,第二百二十四条规定,订立合同时,被保险人已经知道或者应当知道保险标的已经因发生保险事故而遭受损失的,保险人不负赔偿责任,但是有权收取保险费;保险人已经知道或者应当知道保险标的已经不可能因发生保险事故而遭受损失的,被保险人有权收回已经支付的保险费。

(2)第 12 条续运费用条款(Forwarding Charges Clause)

该条规定,对于承保的风险造成保险标的的运送在保险承保的目的地以外港口或地点终止时,保险人将对被保险人因保险标的的卸载、转运至目的地发生的正当和合理的额外费用给予赔偿。该条款认同了英国普通法中的一个重要原则:海上运输货物保险的保险人所承保的不仅仅是货物的有形财产,还包括“运送该货物的航程”。同时还提醒被保险人注意,在承运人放弃运送的情况下,如有可能,被保险人有义务为自己的利益将货物运到目的地,而保险人的责任是赔偿被保险人的这种特别费用。如果运输中断的原因是除外责任引起的,保险人则不负责赔偿。

(3)第 13 条推定全损条款(Constructive Total Loss Clause)

除非由于实际全损不可避免,或由于恢复、修复和续运保险标的至承保目的地的费用将超过其抵达时的价值,而合理地委付保险标的,推定全损不能获得赔偿。

该条款规定,只有保险标的委付是因实际全损已不可避免,或因恢复、整理及运往保险单载明的目的地费用将超过其到达目的地的价值时,保险人才对推定全损给予赔偿。

(4)增加价值条款(Increased Value Clause)

该条款是新增加的条款,主要针对货物在运输过程中由于市场变化或多次转卖后价格提高,卖方按其实际价值投保的保险金额往往低于买方期望在出售后的金额,买方因此而将货物增值的部分再向保险公司投保一份增加保险金额的保险。货主在原保险的基础上,再买一份保险来加保的情况下,为了调整保险人之间的地位所做出的新规定,并未给被保险人带来任何额外的利益。在赔偿时,保险人将原始保险的保险价值与增值保险的保险价值相加,按比例赔付。将原始保险人和增值保险人合并成为平等的共同保险人,比例赔付,比例受偿。如原始保险为 10000 美元,运输途中货物市价增加,货主到另一家保险公司加保 2000 美元。货物发生损失额为 6000 美元,第一个保险人赔付 5000 美元,而不是 6000 美元;第二个保险人赔付 1000 美元。

5.保险权益(Benefit of Insurance)

①15.1　保障被保险人,包括根据本保险合同提出索赔的人员或收货人;

②15.2　除非有特别说明,承运人或其他受托人不享受本保险的利益。

该条规定本保险不得使承运人或其他保管人受益。该条款是英国协会货物保险中使用了很多年的一个标准条款,其主要目的是保护保险人的代位求偿权,防止承运人或其他货物保管人,通过在货物运输合同或其他协议中写入一个享有保险权益的条款来摆脱对货损、货差或延迟交付货物的责任。实际上,调整国际海上货物运输的国际公约和国内法都规定承运人享有货物保险利益的条款无效。但为万无一失,规定了此条来约束被保险人不得随意答应。

2009 版此条款扩展被保险人包括收货人。

6.尽量减少损失(Minimising Losses)

本项下有两个条款,被保险人义务条款和弃权条款。

(1)第 16 条被保险人的义务条款(Duty of Assured Clause)

被保险人及其雇员或代理人对保险项下的索赔应承担如下义务:一是为避免或减少损失而应采取合理措施;二是保证保留和行使对承运人,受托人或其他第三者追偿的权利。保险人对被保险人因履行这些义务而支出的适当或合理费用给予补偿。

保险人对被保险人履行义务的开支给予补偿,所采取的措施必须合理,但不要求一定要有效果。

(2)第 17 条弃权条款(Waiver Clause)

该条款具体规定是:当保险标的发生损失时,被保险人或保险人为施救、保护或修复保险标的所采取的措施,不应视为放弃或接受委付,或影响任何一方的利益。也就是说,保险人不能把被保险人的施救行为看作是放弃委付权利,被保险人也不能把保险人做出的减少保险标的的损失的措施看作为已接受委付。

本条款的目的在于鼓励施救,不得将施救措施视作为放弃或接受保险委付。

7.避免延迟(Avoidance of Delay)

本项下只有一个条款,第 18 条合理迅速处置条款(Reasonable Dispatch Clause)

本条款要求被保险人在其力所能及的范围内,采取合理迅速的行动,避免延迟。

8.法律和惯例(Law and Practice)

第 19 条规定,本保险受英国法律和惯例调整。这部分是一个新增加的条款,主要解决保险合同法律适用问题。惯例是指海上保险惯例,应当是确定的,普遍接受的,众所周知的。

9.附注(Note)

根据条款 9 发生需要要求延长保险期限或根据条款 10 发生航程目的地变更,被保险人有义务应迅速书面通知保险人,其对本保险的权利取决于是否履行上述义务。

此条注意事项是置于协会条款的底部。它不仅是一个良好的提醒,而且表述了普通法中一条确定的规则,就是被保险人可以"续保"的先决条件是知道后应迅速通知保险人,以防止被保险人观望不报,在发生损失后才寻求续保并逃避支付附加保险费等情况。2009 版将"续保"的事件认为是"根据条款 9 发生需要要求延长保险期限"或"根据条款 10 发生航程目的地变更",更为清楚确定。

二、英国协会货物保险条款(B)险

英国协会货物保险(B)条款 与(A)条款一样,有 19 个排列顺序和名称完全相同的条款。有变化的条款有 1 和 4 条,即承保风险和除外责任不同外,其他各条与(A)条款基本一样。

1.承保风险

(1)保险标的灭失或损害可合理归因于下列危险

①火灾或爆炸。

火灾与爆炸有时很难区分,所以一起合并予以规定,省去区分的必要。

②船舶或驳船的搁浅、触礁、沉没或倾覆;

③陆上运输工具的倾覆或出轨;

④船舶或驳船或运输工具与除水以外任何外部物体的碰撞或接触;

运输工具一词较广,包括车辆、飞机、火车等。本条款承保的是运输工具与外部的碰撞,而不是内部之间的碰撞。如船上吊杆吊货碰到码头上的设施造成货损,保险人给予赔偿;船上吊杆吊货时与本船其他设备或建筑物相碰造成货损,则不予赔偿。

⑤在避难港卸货;

非共同海损情况下造成的,可按此条索赔。

⑥地震、火山爆发或雷电。

不限于海上发生,陆上运送阶段也承保。

(2)因下列原因引起的保险标的灭失或损害

①共同海损牺牲;

②抛弃或浪击落海;

③海水、湖水或河水进入船舶、驳船、运输工具、集装箱、大型海运箱或储存处所。

(3)货物在装载过程中落海或跌落造成任何整件货物的全损。

2.除外责任

除了增加一条外,其他与A条款的相应规定完全一致。

“由任何个人或数人非法行为故意损坏或故意破坏保险标的或其任何部分”。

该条款排除了一些人为事故造成的货物损失。如船长、船员的不法行为,纵火、使船舶沉没的蓄意破坏。船东为欺骗保险人故意将船凿沉、船方盗卖船上货物等。

三、英国协会货物保险条款(C)险

英国协会货物保险(C)险承保范围比(B)条款更窄,承保风险和除外责任如下:

1.承保风险

(1)保险标的灭失或损害可合理归因于下列危险

①火灾或爆炸;

②船舶或驳船的搁浅、触礁、沉没或倾覆;

③陆上运输工具的倾覆或出轨;

④船舶或驳船或运输工具与除水以外任何外部物体的碰撞或接触;

⑤在避难港卸货。

(2)因下列原因引起的保险标的灭失或损害

①共同海损牺牲;

②抛弃。

2.除外责任

(C)条款规定的除外责任与(B)条款的规定完全一致。

从上述条款的规定来看,(B)险承保的地震、火山爆发或雷电;浪击落海;海水、湖水或河水进入船舶、驳船、运输工具、集装箱、大型海运箱或储存处所;货物在装载过程中落海或跌落造成任何整件货物的全损不在(C)险的承保范围。

四、英国协会货物战争险与罢工险条款

01/01/2009 协会货物保险罢工险条款

承保危险

第 1 条　危险

除下列第 3 及 4 条除外规定以外,本保险承保被保险标的物一切灭失或毁损之危险。

1.1　因参与罢工、停工、工潮、暴动或民众骚扰人员引起者。

1.2　任何代表人或有关组织因采取以武力或暴力方式,借以直接推翻或影响不论其是否合法成立之任何政府组织的任何恐怖主义行为所致者。

1.3　任何人因政治、意识形态或宗教动机行为所致者。

01/01/2009 协会货物保险兵险条款

承保危险

第 1 条　危险

除下列第 3 及 4 条除外规定以外,本保险承保被保险标的物一切灭失或毁损之危险。

1.1　因战争、内战、革命、叛乱、颠覆,或其引起之内争,或因交战国武力所致或对抗之任何敌对行为。

1.2　因捕获扣押拘留禁止或扣留,本条款第 1 款承保危险引起者,及因上述危险或其任何威胁企图之结果。

1.3　遗弃的水雷鱼雷炸弹或其他遗弃的战争武器。

五、恶意损害险条款

协会恶意损害险条款(Institute Malicious Damage Clause)的内容为"以支付的保险费为代价,同意除外事项'由于任何个人或数人非法行为故意损坏或故意破坏保险标的或其任何部分'视为已被删除,且本保险进一步承保由恶意行为,任意行为造成的保险标的的灭失或损害,但仍须受本保险所包含的其他除外责任的制约。"

该条款可以作为(B)险和(C)险的附加条款。因为这两种险的除外责任规定不保由于任何个人或数人非法行动故意损坏或故意破坏保险标的或其任何部分的损失或费用。为此被保险人可在加付保险费的前提下,附加投保此保险。由于(A)险的保险责任已包括对被保险人以外的其他人的故意不法行为所造成的损失或费用是负责的,所以没有必要再加保恶意损害险。

复习思考

一、单项选择题

1.由于海盗行为所致的货物损失属于(　　)险承保。

A.ICC 战争险　　B.ICC(A)险

C.ICC(B)险　　D.ICC (C)险

2.英国协会货物保险条款(C)险不承保(　　)原因造成的货损。

A.火灾　　B.爆炸

C.雷电　　D.共同海损牺牲

3.ICC 险别中,不能单独投保的险别是(　　)。

A.ICC 战争险　　B.ICC 罢工险

C. ICC 恶意损害险　　D.ICC(C)险

4.在国际贸易中,以 CFR 条件成交的,投保人应是(　　)。

A.承运人　　B.买方

C.卖方　　D.银行

5.(　　)险别采用的是"非列明风险承保"的方法承保。

A.ICC(A)条款　　B.ICC(B)条款

C.PICC 平安险　　D.PICC 水渍险

二、多项选择题

1.协会货物保险条款(A)险的除外责任包括(　　)。

A.施救费用　　B.救助费用

C.战争行为　　D.罢工行为

2.不在英国协会货物保险条款(B)险的承保范围内的有(　　)。

A.海盗行为　　B.船员不法行为

C.共同海损牺牲　　D.火灾

3.英国协会货物保险条款(C)险的承保范围包括(　　)造成的货物损失。

A.船舶搁浅　　B.水陆上运输工具的倾覆

C.船员不法行为　　D.在避难港卸货

三、判断题

1.英国协会货物保险条款(A)险承保一切风险所造成保险标的的灭失或损坏。

2.罢工险的保险期限的规定与 ICC 条款完全一致,而与战争险的规定不同。

3.英国协会货物保险条款(A)险承保船长、船员的不法行为造成的货损。

4.英国协会货物保险条款(B)险的承保范围包括地震造成的货损。

5.英国协会货物保险条款(C)险仅承保意外事故造成的货物全损。

四、简答题

1.简述英国协会货物保险条款(B)险的承保范围。

2.简述英国协会货物保险条款(C)险的承保范围。

3.简述英国协会货物保险条款(A)险的普通除外责任。

4.简述英国协会货物战争险条款的承保范围。

5.简述英国协会货物罢工险条款的承保范围。

五、案例分析题

某货主为一批设备向保险人投保货物运输险,保险期间为香港至青岛,承保条件为英国协会货物保险条款(A)险。该批装在集装箱的设备到达青岛港后,堆放在港口集装箱运输有限公司仓库堆场。货主在办完所有海关手续后,用专门从济南开来的车前往堆场提货。在拆箱后用叉车卸离集装箱过程中,因叉车司机操作不当,货物受到严重损坏。货主凭保险单向保险人索赔,保险人依据保险条款拒赔。请依据英国协会货物保险条款(A)险,评述一下保险人是否要负赔偿责任。

项目五　海上船舶保险的投保与承保

学习目标

1.了解中国和英国船舶保险的主要条款以及投保与承保的手续办理。

2.熟练掌握PICC2009年中国船舶保险承保范围、除外责任、船舶碰撞责任,集装箱保险。

3.了解英国伦敦协会1983年、2002年、2009年船舶保险条款主要内容及其变化点。

项目任务

任务一　船舶保险的投保与承保

任务描述:了解船舶保险的投保与承保流程及船舶保险单的填制。

一、船舶保险的概念

1.船舶保险的含义

船舶保险(Hull Insurance)是以各种类型的船舶为保险标的的保险。船舶种类比较繁多,分为客船、货船、油轮、拖船、集装箱船等。根据我国海商法第3条的规定,船舶是指海船和其他海上移动式装置,但是用于军事的、政府公务的船舶和20t以下的小型船艇除外。船舶包括船舶属具。海上保险实践中,船舶包括哪些项目取决于保险合同的具体规定,不同类型的船舶保险合同对此规定不一致。如船上燃料和物料在涉外船舶保险条款中列入船舶的范畴,而在沿海内河船舶保险条款则不属于船舶的范畴。我国船舶保险条款规定,本保险的保险标的是船舶,包括其船壳、救生艇、机器、设备、仪器、索具、燃料和物料。

2.船舶保险的分类

船舶保险有不同的分类方法,按保险期限分为定期保险和航程保险;按保险标的分为船舶、费用、修船、停泊、建造险;按航行区域分为国际航行船舶保险和国内沿海内河船舶保险;按保险险别分为全损险和一切险及附加险;按保险条款不同分为四种类型的保险条款。

3.船舶保险条款

针对不同船舶保险的需要,中国人民保险公司制订了不同的船舶保险条款。目前使用的船舶保险条款主要有以下四套:

(1)2009年修订的“船舶保险条款”,用于从事涉外运输的船舶投保。

(2)2009年修订的“沿海内河船舶保险条款”,用于从事沿海内河运输的船舶投保。

(3)2009年修订的“船舶建造保险条款”,用于承保船舶建造过程中的风险。

(4)2009年修订的“沿海内河渔船保险条款”,用于承保从事捕鱼的船舶。

二、船舶的保险价值和保险金额

1.船舶的保险价值

船舶的保险价值(Insurable Value of Ship)是指保险合同双方当事人即船东和保险人约定的船舶的价值。船舶保险价值是确定船舶保险金额的依据,同时又是保险人确定保险赔偿的基础,发生保险事故后,保险人赔偿的最高限额为船舶保险价值。

船舶保险价值应是船舶所应有的实际价值,船舶的实际价值受国际航运市场影响而变化不定,船舶价值,有建造价、合同价、账面价、市场价等,很难精确。所以,船舶的保险价值一般是由保险人与被保险人双方议定并在保险单中注明。我国海商法也规定,保险标的的保险价值由保险人与被保险人约定。约定的船舶价值订立在船舶保险合同中,构成船舶的保险价值。

如果保险双方当事人对船舶的保险价值未做约定时,根据我国海商法的规定,船舶的保险价值应是保险责任开始时船舶的价值,包括船壳、机器、设备的价值,以及船上燃料、物料、索具、给养、淡水的价值和保险费的总和。

2.船舶的保险金额

船舶保险金额是指保险人承担赔偿责任的最高限额。船舶保险金额根据船舶保险价值确定,不能超过船舶保险价值,但可以低于船舶保险价值。对于船舶保险金额超出船舶保险价值的部分,保险人不予赔偿。船舶保险价值与船舶保险金额一致,为足额保险或全额保险;船舶保险金额低于船舶保险价值为不足额保险,被保险人要自负一部分风险,在保险标的发生部分损失时,保险人按照船舶保险金额与船舶保险价值的比例负赔偿责任。

三、船舶保险的主要特征

船舶保险是海上保险的主要险种,它具有以下特征:

(1)船舶保险主要以承保海上风险为限,为船舶在航行或停泊期间因意外事故或海上灾难造成船舶的损失提供保障。但正常风浪引起的损失以及船舶的自然耗损不在船舶保险责任范围之内。

(2)船舶保险所承担的风险相对集中,保险标的船舶的价值金额比较大。由于航海技术的发展,船舶自动化能力增强,高科技含量大幅度提高等特征,船舶所面临的风险也就越来越集中。一旦发生海难事故,损失巨大,少者数十万元,多者几百万或上千万元乃至上亿元。

(3)船舶保险承保范围广泛。从船舶保险条款中可以看出,船舶保险承保的范围比海上货物保险要广泛得多,不但承保被保险船舶本身的损失,还承保与船舶有关的无形利益、费用和责任。即便是被保险人的船长和船员的故意行为造成的被保险船舶的损害,也在保险人的承保范围之内。

(4)船舶保险的保险单不能随船舶的转让而转让。在船舶保险中,船舶保险单不像货物运输保险单那样可以随提单的转让而转让,船舶保险单的转让必须经过保险人的同意才能转让,否则是无效的。因为,船东的经营和管理船舶的水平对于船舶的安全是非常重要的。保险人在承保时,十分关注被保险人的信誉。

四、船舶保险承保业务手续

作为被保险人的船东在办理船舶投保时,应当仔细阅读船舶保险条款中规定的责任范围、索赔和赔偿手续,同时要特别关注被保险人义务以及保险人除外责任部分的内容。在确定投保并与保险公司商定好有关的保险条件后,填写《船舶保险投保单》。

根据船舶保险实务的有关规定,船东还应向保险公司提供所投保船舶的相关证书供保险人参考。对于国际航行船舶,相关证书包括:国际吨位证书、国际载重线证书、客船构造安全证书、货船构造安全证书、货船设备安全证书、国际防止油污染证书、国际散装运输危险化学品适装证书、国际散装运输液化气体适装证书、苏伊士运河、巴拿马运河吨位证书、船舶国籍证书、船体入级证书、轮机入级证书、冷藏装置入级证书等。对于国内航行船舶,相关证书包括:船舶吨位证书、船舶载重线证书、乘客定额证书、防止油污证书、船舶适航证书、船舶起重设备检验和试验证书、活动零部件检验和试验证书等。

根据最大诚信原则,保险双方均须履行如实告知的义务,所以船东应主动向保险公司披露有关重要信息,例如:船舶管理和经营情况、船舶和船员的实际情况、船舶是否出租抵押等。

投保手续办理完毕后,保险公司为被保险人出具保险单。按保险条款的规定,全部保费应在承保时付清。如保险人同意,保费也可分期交付。收到船舶保单后,被保险人应妥为保管,以便作为续保或提赔时的凭证。

任务二 认识我国船舶保险条款的种类

任务描述:了解我国不同船舶保险条款的适用范围,并能准确区分与运用碰撞与碰撞责任险。

一、我国远洋船舶保险条款

我国远洋船舶保险合同目前使用的是中国人民保险公司 2009 年 1 月 1 日修订的船舶保险条款,将船舶全损险和一切险,船舶定期保险和航程保险都并在一起罗列,使用中要加以明确承保何种险别,以及保险期间。

1.船舶保险全损险的承保范围

我国船舶全损险采用列明风险的形式,保险人承保由下列原因造成的被保险船舶的全损。对于部分损失,保险人是不予赔偿的。但对于施救费用,尽管保险单上未列明承保,依照我国海商法的规定,保险人应当给予赔偿。

(1)地震、火山爆发、闪电或其他自然灾害

本项下承保各种自然灾害造成的船舶全损。所谓自然灾害,一般是指不以人类的意志为转移的自然界破坏力量所造成的灾害。除了所列出的以外,像海上航行中可能遇到的恶劣气候、海啸和洪水等皆可归于这类自然灾害。另外,这些危险并不局限于海上。

(2)搁浅、碰撞、触碰任何固定或浮动物体或其他物体或其他海上灾害

搁浅是指船舶与水底发生意外的接触,而且停留在水底一段时间。搁浅不包括擦浅、坐浅、和抢滩。

碰撞这里显然是指船舶之间发生接触,不包括间接碰撞。触碰是指与非船舶的物体之间发生的接触,如被保险船舶与码头、浮吊、浮冰、灯标、礁石等的接触。对于物体的理解范围应是所有与船舶发生接触的物质。

国内有案例表明,某轮投保船舶保险,在航途中吸入漂浮物(芦苇、竹竿、绳索),造成主机损坏,属承保范围,保险人应予赔偿。

海上灾害又称海难,是指海上的偶然或意外事故,不包括一般风浪所致。海难包括前所述的搁浅、碰撞、触碰以及其他类似的意外事故。

(3)火灾或爆炸

火灾是指在时间上和空间上由于物体异常性燃烧所造成的损失。爆炸是指物体在瞬间发生大量能量的现象造成的损失。火灾和爆炸有时很难区分,所以并列在一起,无需区分损失到底是火灾还是爆炸引起的。

(4)来自船外的暴力盗窃或海盗行为

盗窃必须是来自外界的行为,不包括内部的盗窃。盗窃还必须要有暴力行为,它的构成不要求对人实际实施暴力,对物实施或对人相威胁足够。因此,此处盗窃的含义比较狭窄,不包括船员的秘密行窃,小偷小摸。在英国,暴力盗窃覆盖强行闯入船舶或仓库并偷窃财产的情形以及持刀的盗贼在实际偷盗船上设备和备料时未使用暴力的情形。

(5)抛弃货物

抛弃货物常常是指为了船舶和货物的安全而不得不抛弃一部分货物。中文仅指抛弃货物造成的被保险船舶的损失,而我国船舶保险英文版(Jettison)的含义,不仅指抛弃货物,而且包括抛弃船上的财产、物料、索具等。

(6)核装置或核反应堆发生的故障或意外事故

核装置或核反应堆是指船舶航行所使用的非军用的核动力发生的故障或意外事故。主要是为了适应航海科学技术的发展,满足船舶对这一方面风险保险保障的需要而设计的。

(7)本保险还承保由于下列原因所造成的被保险船舶的全损

于下列损失原因必须不是由于被保险人、船东或管理人员未恪尽职责所致的。

①装卸或移动货物或燃料时发生的意外事故。

②船舶机件或船壳的潜在缺陷。

潜在缺陷是指经合理谨慎的专业人员检查仍不能发现的缺陷。保险人承保的是潜在缺陷造成的其他部件的损失,不包括有潜在缺陷的部件本身的修理或更换费用。

③船长、船员有意损害被保险人的利益的行为。

④船长、船员和引水员、修船人员及租船人的疏忽行为。

⑤任何政府当局,为防止或减轻因承保风险造成被保险船舶损坏引起的污染,所采取的行动。但此种损失原因应不是由于被保险人、船东或管理人未克尽职责所致的。该条款的规定起源于1967年,“托利—坎塘”号油轮,在英格兰附近搁浅,造成严重污染,10万多吨油流入海中。本来可以救助,英法两国政府不容许再打捞,派飞机炸沉。为此,如果遇到沿岸国为了防止或减少污染,将船炸掉,根据本条款被保险人可以向保险人索取赔偿,而非依据船舶战争险赔偿。

2.船舶保险一切险的承保范围

船舶保险一切险(All Risks Cover)从其冠名上看似乎是采用非列明风险的方式,但实际上和全损险一样,采用列明风险的形式。一切险条款规定,本保险承保全损险所承保原因造成被保险船舶的全损和部分损失,以及碰撞责任,共同海损分摊、救助费用和施救费用。由此看来,一切险在承保全损险责任范围内的基础上,扩展到承保船舶部分损失、碰撞责任,共同海损分摊、救助费用和施救费用。

(1)碰撞责任(Collision Liabilities)

①碰撞责任

碰撞责任是指保险船舶与其他船舶碰撞或触碰任何固定的、浮动的物体或其他物体而引起被保险人应负的法律赔偿责任。保险人承保的是保险船舶与他船或物体之间发生接触,依法对由此造成对方的损失所应负的赔偿责任。简而言之,由保险人替被保险人承担碰撞责任。

②保险人的除外责任

在碰撞责任项下,保险人不是所有的责任都承担,也规定下列不予负责的项目:

a.人身伤亡或疾病;

b.保险船舶所载的货物或财物或其所承诺的责任;

c.清除障碍物、残骸、货物或任何其他物品;

d.任何财产或物体的污染或玷污(包括预防措施或清除的费用)但与保险船舶发生碰撞的他船或其所载财产的污染或玷污不在此限;

e.任何固定的、浮动的物体以及其他物体的延迟或丧失使用的间接费用。

③保险人赔偿限额

条款规定,本条项下保险人的责任(包括法律费用)是本保险其他条款项下责任的增加部分,但对每次碰撞所负的责任不得超过船舶的保险金额。保险人承担的碰撞责任是以船舶保险金额的数额为限,不能超过船舶的保险金额,对于超过的部分,保险人是不赔的。另外保险人对碰撞责任的赔偿与对被保险船舶本身损失的赔偿是分别计算,各自单独一个保额。

④与英国船舶保险碰撞责任的区别

英国船舶保险碰撞责任仅限于船与船之间,我国船舶保险碰撞责任范围较广,并不局限于船舶之间的碰撞;英国船舶保险碰撞责任为四分之三责任,我国船舶保险碰撞责任为四分之四责任;英国船舶保险碰撞责任最高额为船舶保险金额的四分之三,我国船舶保险碰撞责任最高额为被保险船舶保险金额的四分之四。

⑤碰撞责任赔偿原则

条款规定,当被保险船舶与其他船舶碰撞双方均有过失时,除一方或双方船东责任受法律限制外,本条项下的赔偿应按交叉责任的原则计算。

保险人对船舶碰撞责任的赔偿有单一责任原则和交叉责任原则。单一责任原则是指碰撞双方按各自的过失比例计算出应向对方支付的赔款后进行冲抵,由多付的一方向另一方支付余额。保险人仅承担被保险人向对方支付的实际金额;交叉责任原则是指碰撞双方按各自的过失比例相互赔偿对方的损失。前者有利于保险人,后者有利于被保险人。

⑥问题讨论

间接碰撞是否属于"碰撞责任"范围?

◇ **典型案例** ◇

巴拿马浮山航运有限公司与青岛人保船舶保险纠纷案。原告为F轮投保船舶保险条款的一切险。船舶保险价值与保险金额均为100万美元,免赔额为2500美元。该轮在青岛港与由主航道进入的S轮相遇。两轮在避让过程中,S轮为避免与F轮直接碰撞而搁浅。S轮船东在新加坡告F轮船东,最后F轮船东赔偿S轮船东35万美元,并为此花费律师费和咨询费共177739.81新加坡币。这些费用和35万美元应否属于碰撞责任,双方发生争执,就此诉至法院。

海事法院认为:我国海商法已把间接碰撞纳入了船舶碰撞的范围之内,且保险人并未给船舶碰撞下一个明确定义,也没有在免责条款中列明间接碰撞属免责范围,以至发生争执,根据我国保险法的规定,应做出有利于被保险人的解释。故本案的间接碰撞应属保险人的保险责任范围之内。原告要求被告赔偿其已支付给S轮船东的间接碰撞损失的诉讼请求,理由正当,证据充分,应予支持,但应扣除免赔额2500美元。对于律师费和咨询费不予支持。双方均不服判决,上诉至山东省高级人民法院。法院经审理认为一审法院关于认定船舶碰撞应当包括间接碰撞,符合我国法律和司法解释的规定,也与国际公约吻合,因而是正确的。对于律师费144322.77元,应认定为法律费用,属于保险人的承保范围。对于咨询费。不是必要的法律费用,不应由保险人承担。

◇ **典型案例** ◇

广州救捞局与广东人保的"德跃"轮保险纠纷案。该轮保险价值与保险金额均为550万美元,承保船舶保险条款的一切险。期限为1年,绝对免赔额为每次意外事故5000美元。"德跃"轮在一次拖带一艘驳船过程中,由于风浪较大,被拖船与一艘停泊在锚地的船舶碰撞,造成他船受损。他船向广州救捞局提出书面索赔。广州救捞局认为保险人应承担保险责任,保险人认为不属于保险责任范围。双方就此诉至法院。

海事法院认为:这种责任不属于船舶保险条款列明的保险责任,不应由保险公司承担。

二审法院认为:保险公司在一切险中承担的船舶碰撞责任之一是因被保险船舶与其他船舶碰撞而引起的被保险人应负的法律责任。被保险的船舶是"德跃"轮,而不是驳船,将其与他船发生碰撞视为被保险船舶本身与他船舶碰撞不符合保险合同的约定,也缺乏法律上的依据。驳回上诉,维持原判。

(2)共同海损和救助(General Average and Salvage)

①本保险负责赔偿被保险船舶的共同海损、救助、救助费用的分摊部分。被保险船舶发生共同海损牺牲,被保险人可获得对这种损失的全部赔偿。而无须先行使向其他各方索取分摊的权利。对于费用,等到理算后,保险人才予赔偿被保险人的分摊部分。

②共同海损的理算应按有关合同规定或适用的法律或惯例理算。如运输合同无此规定,应按北京理算规则或其他类似规则办理。

③当所有分摊方均为被保险人或当保险船舶空载航行并无其他分摊利益方时,共损理算应按《北京理算规则》(第5条除外)或明文同意的类似规则办理,如同各分摊方不属同一人一样。该航程应自起运港或起运地至保险船舶抵达除避难港或加油港外的第一个港口为止,若在上述中途港放弃原定航次,则该航次即行终止。

根据本条的规定,船舶在空载航行也可以向保险人主张空船共损。

◇　**典型案例**　◇

太安船务有限公司与中人保大连分公司船舶空载共损保险索赔纠纷案。

巴拿马籍“金路”轮,投保船舶一切险。该轮从仁川空载起航,去青岛受载途中,发生机损事故,主机自动停车,失去了航行能力。被拖救至大连港修船。船舶将修竣时,被保险人与货主联系去青岛履行原定航次。被拒绝后,与他人签订了新的运输合同。

本次机损事故,共造成救助费14万元人民币,修理费用303446元,备件款10517德国马克,合计58615.58美元,保险人给予赔偿。但对于船员工资、给养、奖金,船舶燃料费、淡水费、港口费及试航拖轮费,以及被保险人支付的修船工人的就餐费等拒绝赔偿。

大连海事法院审理认为,保险合同有效,船舶在大连港修理产生的有关费用应列入共同海损的请求应予支持。被告赔偿原告5200942.03美元,127524.67元人民币。

被告上诉,二审法院判决,驳回上诉,维持原判。被告又提出申诉,最高人民法院要二审法院复查,裁定,原判决应予维持。

(3)施救(Sue and Labor)

保险公司为了鼓励船舶在遭受危险时,被保险人对其进行自救或采取措施,以避免更大的损失,对由此发生的费用给予赔偿。

①承保范围

由于承保风险造成船舶损失或船舶处于危险之中,被保险人为防止或减少根据本保险可以得到赔偿的损失而付出的合理费用,保险人应予以赔付。本条不适用于共同海损、救助或救助费用,也不适用于本保险中另有规定的开支。

②赔偿限额

保险人对于施救费用的赔偿责任是以被保险船舶保险金额为限,不得超过船舶的保险金额。保险人对施救费用的赔偿,不受碰撞责任的赔偿、共同海损与船舶损失的赔偿限制,应分别计算,单独按一个保额计算。

3.船舶保险的除外责任

船舶保险人对于以下原因造成的被保险船舶的损坏不负责任。

(1)被保险船舶不适航,包括人员配备不当、装备或装载不妥,但以被保险人在船舶开航时,知道或应该知道此种不适航为限。

我国海商法对于船舶适航做出了具体的规定,船东必须提供适航船舶,如果船舶不适航,造成的货损要负赔偿责任。海上保险对船舶适航的要求比我国海商法的规定要松一些,以被保险人船东是否知道或应该知道这一事实为条件。被保险人知道船舶不适航,保险人不赔由此造成的损失。被保险人不知道船舶不适航,保险人要赔由此造成的损失。

所谓知道是指被保险人对于船舶在开航时的不适航已经知道,却处于视而不管、听而不动,或者明知故犯的行为,如录用不合格船员。应该知道是指被保险人不知道船舶不适航,但推定他应当知道,如船舶适航证书到期未换。

◈ 典型案例 ◈

某船在航行途中因船壳板锈蚀被风浪打洞进水,船上所装化工品受潮爆炸造成失火,船舶全损。船壳板锈蚀的事实,在开航前被保险人并不知情。船舶保险人也无有利证据肯定被保险人故意不知,于是按全损赔偿。

◈ 典型案例 ◈

船舶主机有问题,船长向船技处汇报。为了抓船期,船技处决定半个月返航后再与期修并在一起修理。船舶出海后发生故障,主机烧坏,船舶被拖至安全港口,花费5万美元,保险公司不赔偿由此引起的损失,因为船东知道船舶不适航造成的。

(2)被保险人及其代表的疏忽或故意行为。

被保险人一般是指船东,在航运经营活动中具有法人身份的船公司。公司中的业务主管,如航运、商务、调度、海监和船技部门的行为都可被视为被保险人的行为。代表包括船东的管理公司或者船东派出的人员。对于他们的疏忽或故意行为造成的被保险船舶的损坏,保险人不负赔偿责任。对于疏忽,应从严解释为重大过失,而不是一般过失。

注意被保险人及其代表的疏忽或故意行为不能与船长、船员的疏忽或故意行为混为一谈。例如,船舶主机有问题,船长未向船公司汇报,船长为了赶时间命令船舶开航,船舶出海后发生故障,主机烧坏,船舶被拖至安全港口,花费5万美元,保险公司要赔偿由此引起的损失,因为船东不知道船舶不适航,这是船长的过失造成的。

被保险人为了骗取保险赔偿而沉船的行为是保险诈骗,保险人不予赔偿。例如,1996年4月中国保险报报道"永顺祥一号"船沉船保险骗赔案,该船在保险期间内在海上沉没,船员被救起,并称船体因触碰水下不明漂浮物而沉没。二审法院经过审理发现是被保险人指使船员将船舶凿沉,向保险公司骗赔。法院判决驳回原告的诉讼请求。

(3)被保险人恪尽职责应予发现的正常磨损、锈蚀、腐烂、保养不周,或材料缺陷包括不良状态部件的更换或修理。

对于正常的耗损和维修费用,不属于承保范围。英国有一案例,一条50年船龄的船舶,停泊在港区时突然沉没。船员都不在船上,沉船原因不清。保险人拒绝赔偿,法院判定该船沉没应属于正常磨损,犹如人的老死一样,所以保险人无须赔偿。

对潜在缺陷造成的其他部件的损失,保险人负责赔偿,但不包括有潜在缺陷部件本身的更换或修理费用。

(4)战争、内战、革命、叛乱或由此引起的内乱或敌对行为。

(5)捕获、扣押、扣留、羁押、没收或封锁。

(6)各种战争武器,包括水雷、鱼雷、炸弹、原子弹、氢弹或核武器。

(7)罢工、被迫停工或其他类似事件。

(8)民变、暴动或其他类似事件。

(9)任何人怀有政治动机的恶意行为。

(10)保险船舶被征用或被征购。

4.船舶保险的免赔额

为了消除小额损失索赔的麻烦,节省理赔费用,降低保险费率,促使被保险人注意对船舶的保护和防损,船舶保险合同中一般都规定一定数额的免赔额(Deductible)。保险人对于免赔额以下的损失,尽管是在保险人的承保范围,保险人根据规定也不予赔偿。

(1)免赔额的分类

免赔额分为两种形式:一种是绝对免赔额,一种是相对免赔额。绝对免赔额是指保险人仅对超过免赔额的部分给予赔偿,没有超过免赔额,保险人不赔。相对免赔额同样是指对没有超过免赔额,保险人不赔,但只要超过规定的免赔额数额,保险人则全部赔偿,不扣减。我国船舶保险条款规定的免赔额是绝对免赔额。

(2)免赔额的适用范围

保险人对承保风险所致的部分损失赔偿,每次事故要扣除保险单规定的免费额。

保险人对碰撞责任、救助、共同海损和施救费用的索赔以及船舶全损的索赔,不能扣除免赔额,除非合同另有规定。船舶因搁浅而专为检查船底的费用,也不受免赔额的限制,即使检查看后证实不存在搁浅损害。

恶劣气候造成两个连续港口之间单独航程的损失索赔应视为一次意外事故,仅扣一次免赔额。

5.船舶保险海运条款

船舶保险海运条款(Shipping Clause)主要是对被保险船舶的航海经营活动范围做出一定限制,避免加大保险人的承保风险责任。本条规定,除非事先征得保险人的同意并接受修改后的承保条件所需加付的保费,否则,保险人对下列情况所造成的损失和责任均不负责。

(1)保险船舶从事拖带或救助服务。

对于本项的理解,不能简单地认为在任何情况下,被保险船舶都不得从事拖带或救助服务,应仅适用事先安排好的拖带或救助服务。在海上航行中,对遇到遭受危险的船舶和人员都应当进行救助,这是一项国际航运界公认的行为准则。保险人无理由不允许被保险船舶从事这方面的救助。

(2)保险船舶与他船(非港口或沿海使用的小船)在海上直接装卸货物,包括驶近、靠泊和离开。

船舶通常情况下装卸货物是在码头或港内浮筒上进行的,如果是在海上装卸货物,发生事故的可能性要大于在港内装卸,给保险人加大承保风险,所以保险人做出不允许被保险船舶与其他船在海上直接装卸货物的规定,除非事先征得保险人的同意。

(3)保险船舶为拆船或为拆船出售的目的的航行。

如果被保险船舶下一个航行的目的是为了拆船,其船东和船员都会放松对船舶技术状况的监管,船舶抵御海上风险的能力大大降低,发生的危险可能性大,为此规定,被保险船舶作为拆船或为拆船出售的目的的航行所造成的损失,保险人不负责任。

◎ 典型案例 ◎

美国陈氏公司与中国太平洋保险公司上海分公司船舶保险合同纠纷案

原告就“加拿大丰收”号投保船舶航次保险,从加拿大蒙特利尔到中国。保险价值和保险金额1249600美元,保险费率2.1%,保险费为26241.60美元。该轮由拖轮拖带,在加拿大外海遭遇大浪,造成全损。

上海海事法院认为:被保险船舶用于拆解,被保险人没有告知保险人,不但违反合同约定,而且违反法律的规定。由于用于拆解的船舶对保险事故的发生有重要影响,因而不管原告是否故意不做告知,被告均有权解除合同而不承担保险赔偿责任。原告称原告已在被告公司投保用于拆解的废旧船舶多次,本案船舶投保时被告实际也了解该轮是用来拆解的废旧船,并由此收取了高额保险费,缺乏证据支持。

6.船舶保险的保险期限

船舶保险期限(Period of Insurance)分为定期保险和航程保险,我国船舶保险条款分别做出规定。

(1)定期保险(Time Insurance)

船舶保险通常都是以定期保险形式来投保的,因此定期保险是船舶保险期限的主要形式。定期保险的期限通常为1年,起止日期在保单上载明,一般精确到分钟。

如果被保险船舶在保险期限到期时,船舶仍在海上或在海上正遭遇危险时,被保险人只要事先通知保险人并加付保费后,保险继续有效,负责到船舶抵达目的港。如果船舶在加保期间内发生全损,保险人负责给予赔偿,但被保险人要加付6个月的保险费。

(2)航次保险(Voyage Insurance)

航次保险因被保险船舶是否载货,又分为两种期限。

①不载货船舶,自起运港解缆或起锚时开始至目的港抛锚或系缆完毕时终止。

②载货船舶,自起运港装货时开始至目的港卸货完毕时终止,但自船舶抵达目的港当日午夜零点起最多不超过30天。

7.保险终止

对于船舶保险合同的终止(Termination),船舶保险条款做出以下规定:

(1)一旦被保险船舶按全损赔付后,本保险自动解除。

(2)当船舶的船级社变更,或船舶等级变动、注销或撤回,或船舶所有权或船旗改变,或转让给新的管理部门,或光船出租或被征用,除非事先征得保险人的同意,本保险应自动终止。但船舶有货载或正在海上时,经要求,可延迟到船舶抵达下一个港口或最后卸货港或目的港。

(3)当货物、航程、航行区域、拖带、救助工作或开航日期方面有违背保险单条款规定时,被保险人在接到消息后,应立即通知保险人并同意接受修改后的承保条件所需加付的保险费,本保险继续有效,否则,本保险自动解除。

8.保险费与退费

船舶保险条款分别就保险费的支付和退费(Premium and Returns)做出规定。

(1)定期保险

①交费

船舶保险条款规定,全部保险费应在承保时付清,如果保险人同意,保费也可分期付清。但被保险船舶在承保期限内发生全损时,未交付的保费要立即付清。

②退费

本保险在下列情况下可以办理退费:

一是被保险船舶退保或保险终止时,保险费应自保险终止日起,可按净保费的日比例计算退还给被保险人。

二是被保险船舶无论是否在船厂修理或装卸货物,在保险人同意的港口或区域内停泊超过 30 天时,停泊期间的保费按净保费的日比例的 50%计算,但本款不适用船舶发生全损。如果本款超过 30 天的停泊期分属两张同一保险人的连续保单,停泊退费应按两张保单所承保的天数分别计算。

(2)航次保险

航程保险自保险责任开始一律不办理退保和退费。

9.被保险人的义务

根据保险条款,被保险人的义务(Duty of Insured)为:

(1)通知和施救的义务

被保险人一经获悉保险船舶发生事故或遭受损失,应在 48 小时内通知保险人,如船在国外,应立即通知最近的保险代理人。并采取一切合理措施避免或减少本保险承保的损失。

(2)单证提供义务

被保险人向保险人请求赔偿时,应及时提交保险单正本、港监签证、航海(行)日志,轮机日志、海事报告、船舶法定检验证书、船舶入籍证书、船舶营运证书、船员证书(副本)、运输合同载货记录、事故责任调解书、裁决书、损失清单以及其他被保险人所能提供的与确认保险事故的性质、原因、损失程度等有关的证明和资料。

被保险人向本公司请求赔偿并提供理赔所需资料后,本公司在 60 天内进行核定。对属于保险责任的,本公司在与被保险人达成赔偿或给付保险金的协议后 10 天内,履行赔偿义务。

被保险人未履行前款约定的单证提供义务,导致保险人无法核实损失情况的,保险人对无法核实的部分不承担赔偿责任。

(3)被保险人或保险人为避免或减少本保险承保的损失而采取措施,不应视为对委付的放弃或接受、或对双方任何其他权利的损害。

(4)被保险人与有关方面确定保险船舶应负的责任和费用时，应事先征得本公司的同意。

(5)协助追偿的义务。

保险船舶发生保险责任范围内的损失应由第三者负责赔偿的，被保险人应向第三者索赔。如果第三者不予支付，被保险人应采取必要措施保护诉讼时效；保险人根据被保险人提出的书面赔偿请求，按照保险合同予以赔偿，同时被保险人必须依法将向第三者追偿的权利转让给保险人，并协助保险人向第三者追偿。未经保险人同意放弃向第三人要求赔偿的权利，或者由于被保险人的过失造成保险人代位求偿权益受到损害，保险人可相应扣减赔款。

10.招标

招标(Tender)指的是在船舶发生事故后需要修理时，对修船厂的选择进行招标。由于保险人和被保险人站的角度不同，所关心的问题是不一样的，所以保险条款需要对招标事宜做出规定。

(1)被保险人在船舶修理时，要像一个精打细算未投保的船东一样进行招标。

由于船舶已经保了险，修理费用由保险人承担，被保险人在选择修理厂时不会考虑修理费的价格，只关心能否尽快完成修理，以减少营运损失，因为船期损失保险人是不承担的。因此，保险人要求被保险人在选择修理厂进行招标时要像一个精打细算未投保的船东一样进行招标。

(2)保险人也可对船舶的修理进行招标或要求再次招标。

根据船舶保险条款的规定，保险人也可对船舶的修理进行招标或要求再次招标。保险人对被保险人按保险人的要求而发出招标通知书日起至接受投标时止所支付的燃料、物料及船长、船员的工资和给养给予补偿。但此种赔偿不得超过船舶当年保险价值的30%。

(3)保险人的否决权。

被保险人可以决定受损船舶的修理地点，如被保险人未像一个精打细算未投保的船东那样行事，保险人有权对被保险人决定的修理地点或修理厂商行使否决权或从赔款中扣除由此而增加的任何费用。

11.索赔与赔偿

保险事故发生时，被保险人对保险标的不具有保险利益的，不得向保险人请求赔偿保险金。

(1)全损

①保险船舶发生完全毁损或者严重损坏不能恢复原状，或者被保险人不可避免地丧失该船舶，作为实际全损，按保险金额赔偿。

②保险船舶在预计到达目的港日期，超过两个月尚未得到它的行踪消息视为实际全损，按保险金额赔偿。

③当保险船舶实际全损似已不能避免，或者恢复、修理、救助的费用或者这些费用的总和超过保险价值时，在向保险人发出委付通知后，可视为推定全损，不论保险人是否接受委付，按保险金额赔偿。如保险人接受了委付，本保险标的属保险人所有。

(2)部分损失

①对本保险项下海损的索赔，以新换旧均不扣减。

②保险人对船底的除锈、或喷漆的索赔不予负责，除非与海损修理直接有关。

③船东为使船舶适航做必要的修理或通常进入干船坞时，保险船舶也需就所承保的损坏进坞修理，进出船坞和船坞的使用时间费用应平均分摊。

如船舶仅为本保险所承保的损坏必须进坞修理时，被保险人于船舶在坞期间进行检验或其他修理工作，只要被保险人的修理工作不曾延长保险船舶在坞时间或增加任何其他船坞的使用费用，保险人不得扣减其应支付的船坞使用费用。

④被保险人为获取和提供资料和文件所花费的时间和劳务，以及被保险人委派或以其名义行事的任何经理、代理人、管理或代理公司等的佣金或费用，本保险均不给予补偿，除非经保险人同意。

⑤凡保险金额低于约定价值或低于共同海损或救助费用的分摊金额时，保险人对本保险承保损失和费用的赔偿，按保险金额在约定价值或分摊金额所占的比例计算。

⑥保险船舶与同一船东所有，或由同一管理机构经营的船舶之间发生碰撞或接受救助，应视为第三方船舶一样，本保险予以负责。

12.争议的处理

因履行本保险合同发生的争议，由当事人协商解决。协商不成的，提交保险合同载明的仲裁机构仲裁；保险合同未载明仲裁机构且争议发生后未达成仲裁协议的，依法向有管辖权的法院起诉。

本保险合同适用中华人民共和国法律(不包括港澳台地区法律)。

二、我国船舶战争与罢工险条款

我国船舶战争和罢工险条款(Hull War & Strikes Clauses)是船舶保险的附加险，不能单独投保。只有在投保了船舶保险基本险之一的基础上，经过投保人与保险人协商并经保险人同意后方可加保。船舶保险条款也适用于船舶战争和罢工险条款，但与船舶保险条款中的任何条文有抵触时，均以船舶战争和罢工险条款为准。

1.责任范围

本保险承保由于下述原因造成保险船舶的损失、碰撞责任、共同海损和救助或施救费用：

(1)战争、内战、革命、叛乱或由此引起的内乱或敌对行为；

(2)捕获、扣押、扣留、羁押、没收或封锁，但这种赔案必须从发生日起满 6 个月才能受理；

(3)各种战争武器，包括水雷、鱼雷、炸弹；

(4)罢工、被迫停工或其他类似事件；

(5)民变、暴动或其他类似事件；

(6)任何人怀有政治动机的恶意行为。

2.除外责任

由于下列原因引起保险船舶的损失、责任或费用，本保险不负责赔偿责任：

(1)原子弹、氢弹或核武器的爆炸；

(2)由保险船舶的船籍国或登记国的政府或地方当局所采取的或命令的捕获、扣押、扣

留、羁押或没收;

(3)被征用、征购或被出售;

(4)联合国安理会常任理事国之间爆发的战争(不论宣战与否)。

3.保险终止

(1)保险人有权在任何时候向被保险人发出注销本保险的通知,在发出通知后7天期满时生效;

(2)无论是否已发注销通知,本保险在下列情况下应自动终止。

①任何原子、氢弹或核武器的敌对性爆炸发生;

②联合国安理会常任理事国之间爆发的战争(无论宣战与否);

③船舶被征用或出售。

4.承保原则

(1)本保险系《船舶保险条款》(以下简称"主险")的附加险。主险的条款也适用于本附加险,但主险条款与本附加险条款有抵触时,以本附加险条款为准。

(2)保险船舶如同时有其他保险,任何索赔应由其他保险公司负责时,本保险不负赔偿责任。

(3)如本保险由于第三条原因终止时,净保费可按日比例退还给被保险人。本保险不办理停泊退费。

三、我国集装箱保险条款

从广义角度上讲,集装箱保险(Container Insurance)包括集装箱货物保险、集装箱箱体保险和集装箱责任保险三种类型。本节仅讲述集装箱箱体保险,其他两种类型分别在货物保险和海运责任保险中讲到。集装箱保险是指以集装箱箱体为保险标的的保险。

1.承保责任(Scope of Cover)

集装箱保险承保责任包括两种险别,即全损险和综合险。

(1)全损险

承保整个集装箱的全损,包括实际全损和推定全损。

(2)综合险

综合险实际上是一切险,承保以下风险:

①集装箱的全部损失或部分损失;

②由于下列原因造成的集装箱的机器部分损失。

a.运输船舶的沉没、触礁、搁浅、碰撞引起的;

b.陆上或空中运输工具的碰撞、倾覆及其他意外事故引起的;

c.外来的火灾、爆炸引起的。

不论是承保全损险还是承保综合险,对于共同海损分摊、救助和施救费用,保险人都给予赔偿。

2.除外责任(Exclusion)

(1)由于集装箱不符合国际标准或由其内在缺陷和特性或工人罢工或延迟所引起的损失和费用;

(2)正常的磨损及其修理费用;

(3)集装箱战争险条款规定的承保责任和除外责任;

(4)与投保集装箱经营有关的或由其引起的第三者责任和费用。

3.保险期限(Period of Insurance)

保险期限的起止时间以保险单规定为准。保险人和被保险人均可终止保险,但要在30天前事先向对方发出通知。

4.集装箱战争险条款(Container War Clause)

(1)责任范围(Scope of Cover)

①战争、敌对行为或武装冲突;

②由于前款引起的扣押、扣留、没收或封锁,从发生之日起满3个月才能受理;

③各种常规武器,包括水雷、鱼雷或炸弹。

(2)除外责任(Exclusion)

①凡属于本公司集装箱保险条款责任范围的事故;

②集装箱所有人国家的政府行使的扣押、扣留、没收或征用;

③由于原子弹、氢弹等核武器所造成的损失。

(3)责任终止(Termination)

保险人有权在任何时候发出注销通知,发出注销通知后14天期满时生效。

本保险系集装箱保险条款的附加险,不一致时,以本保险为准。

四、我国沿海内河船舶保险条款

我国沿海内河船舶保险更多的适用于2009年11月新修订的“中国人民保险公司沿海内河船舶保险条款”。

1.沿海内河船舶保险的保险标的

保险条款首先对保险标的做出具体规定:本保险的保险标的是指在中华人民共和国境内合法登记注册,从事沿海、内河航行的船舶,包括船体、机器、设备、仪器和索具。船上燃料、物料、给养、淡水等财产和渔船不属于本保险标的范围。

(1)本保险的保险标的指在中华人民共和国境内水域,依照中国的法律、法规和主管部门的规章进行合法登记注册,从事合法营运或作业航行的船舶,包括海船、河船和其他可视为船舶的水上移动或浮动的装置。船舶包括船壳和按照国家及行政管理部门的有关规定应该配备的机器、设备、仪器和索具。但船上配备的燃料、物料、给养、淡水等不属于本保险标的范围。用于军事目的的船舶和渔业船舶不适用本保险条款。

(2)船体:是指船舶骨架的总体。包括船壳、龙骨、甲板、上层建筑等。

(3)机器:指用于船舶航行的动力机械。包括主机、辅机、锅炉、轴承、泵和管系等。

(4)设备:指船舶按照船舶建造规范或规定安装的各类装置的总称。包括用于船舶航行、通信、测量等的设备和用于装卸、消防、救生、导航等装备,还包括舵、锚、子船。用于改善生产条件的装置,如空调、电视、冰箱等需特约承保。

(5)仪器:指用于船舶航行、通讯、测量等各类仪器、仪表。

(6)索具:指用于船舶系泊、抛锚用的缆绳、铁索、锚链。

(7)船舶所有人:指依法对船舶享有占有、使用、收益和处分权利的人。

(8)船舶经营人:是指依法对船舶享有使用、收益和管理的权利人。定期租船人和光船租赁人均视为船舶经营人。

(9)船舶管理人:是指船公司法人授权委托对船舶的航运、船技、安监、调度等享有处分权利的人。

2.保险人的保险责任

本保险的险别分为全损险和一切险。根据保险双方约定的险别,保险人按保险单载明的内容及承保条件分别承担相应的保险责任。

(1)全损险

全损险是指被保险船舶发生保险责任范围内所列明的灾害或事故致使船舶全损时,保险人负责赔偿的一种保险。全损包括实际全损和推定全损。实际全损是指被保险船舶发生保险事故后完全灭失,或者受到严重损坏,完全失去原有形体、效用,或不能再归被保险人所拥有的,包括船舶失踪。推定全损是指被保险船舶发生保险事故后,认为实际全损已经不可避免,或者为避免发生实际全损所需支付的费用将要超过船舶的保险价值。由于下列原因造成保险船舶发生的全损,本保险负责赔偿。

①八级以上(含八级)大风、洪水、地震、海啸、雷击、崖崩、滑坡、泥石流、冰凌

八级以上(含八级)大风:指风力达到八级及八级以上(即风速在17.3m/s以上)的大风造成船舶的损失,但对于内河船舶的抗风能力定为六级(含六级,即风速在10.8m/s以上)。风力的确定,应以当地有关气象部门测定提供的资料为依据。

②火灾、爆炸

火灾:指因意外原因导致物体表面温度持续达到或超过其燃点温度形成氧化反应,并发生在时间或空间上失去控制的燃烧所造成船舶的损失。爆炸:指物体在瞬间分解或燃烧时放出大量的热和气体,并以很大的压力向四周扩散的现象造成船舶的损失。爆炸分为物理性爆炸和化学反应性爆炸。物理性爆炸:指由于容器内部压力急剧增加并在瞬间超过容器所能承受的极限强度而产生的爆炸造成船舶的损失。但船舶主机、辅机内缸、轴等爆裂不属于保险责任。化学性爆炸:指物质在瞬间引起高速化学分解反应,形成大量高温气体并以巨大的压力向四周扩散的现象造成船舶的损失。

③碰撞、触碰

碰撞:指船舶在可航水域与其他船舶或与沉没中的船骸发生直接接触或撞击而致使船舶造成的损害事实。浪损和间接碰撞不属于保险责任范围。对于保险船舶本船上的属具、设备、子船、货物、锚链、锚等与本船某一部位发生的撞击以及保险船舶的锚、锚链与他船、他物发生的接触,不属于本碰撞风险责任范围。触碰:指船舶在可航水域内与船舶以外的任何固定的、浮动的物体直接接触或撞击而致损害的事实称为触碰,但本保险的触碰仅限于船舶与码头、港口设备、航标及钻井平台的直接接触或撞击。

④搁浅、触礁

搁浅:指船舶在航行或锚泊中遭受意外造成船舶底部与海底、河床或浅滩紧密接触,使之无法航行,处于静止或摇摆状态,并造成船舶损坏或停航12小时以上即构成搁浅。但船舶为了避免碰撞或者由于其他原因,有意将船舶抢滩座浅受损不属于搁浅责任范围。

触礁:指船舶在航行中发生撞击礁石或搁置在礁石上致使船舶受损的意外事故。

⑤由于上述承保的灾害或事故引起的船舶倾覆、沉没

保险船舶因本条款第一条第一款至第四款所列灾害或事故引起的船舶倾覆、沉没属于保险责任。凡未列入的原因引起的船舶倾覆、沉没,则不属于保险责任。倾覆:船舶本身侧倾翻倒,不能恢复正常状态称为倾覆。沉没:指船舶由于舱内进水,失去浮力而致使最高一层连续甲板二分之一以上浸没于水面之下或沉入水底,丧失其原设计用途即为沉没。

⑥船舶失踪

本保险自船舶在合理时间内从被获知最后消息的地点到达目的地时起6个月后立案受理。

(2)一切险

一切险是相对于本条款中全损险而言,是在本条款第一条全损险的保险责任基础上,有条件地扩大保险责任范围。在保险的赔偿责任方面,将全损险只负责船舶发生全损时才赔偿扩大为船舶发生全损或部分损失时均予赔偿;在承保的风险方面,增加了保险船舶碰撞他船或触碰他物产生对第三者依法承担责任和保险船舶发生的共同海损、救助施救等费用损失的风险。

本保险承保第一条列举的六项原因所造成保险船舶的全损或部分损失以及所引起的下列责任和费用:

①碰撞、触碰责任

本公司承保的保险船舶在可航水域碰撞其他船舶或触碰码头、港口设施、航标,致使上述物体发生的直接损失和费用,包括被碰撞船舶上所载货物的直接损失,依法应当由被保险人承担的赔偿责任。本保险对每次碰撞、触碰责任仅负责赔偿金额的四分之三,但在保险期限内一次或累计最高赔偿额以不超过保险金额为限。属于本船舶上的货物损失,本保险不负赔偿责任。非机动船舶不负碰撞、触碰责任,但保险船舶由本公司承保的拖船拖带时,可视为机动船舶。

碰撞、触碰责任;指保险船舶在可航水域与其他船舶、码头、港口设备、航标、钻井平台发生直接碰撞或触碰产生侵权行为而依法对它们的损失和费用应负的赔偿责任。本保险承担的碰撞、触碰责任包括下列内容:本保险对第三者应付的赔偿责任仅限于直接损失,任何间接损失和费用均不属于本保险的赔偿责任范围,因浪损产生的赔偿责任不属于本保险的赔偿责任范围;被碰撞船舶上所载货物的直接损失,属于保险责任;保险人对每次碰撞、触碰责任事故仅负责赔偿金额的3/4,即被保险人对每次碰撞、触碰责任赔偿额自负1/4,但在保险期限内一次或累计的最高赔偿额以船舶保险金额为限;对于本船舶上货的损失,本保险不负赔偿责任;碰撞、触碰责任的赔偿按照过失双方责任的比例交叉计算;非机动船舶不负碰撞、触碰责任,但保险拖船拖带本公司承保的驳船时,可视为一个整体,本保险兼负碰撞、触碰责任。

②共同海损、救助及施救

本保险负责赔偿依照国家有关法律或规定应当由保险船舶摊负的共同海损。除合同另有约定外,共同海损的理算办理法应按《北京理算规则》办理。保险船舶在发生保险事故时,被保险人为防止或减少损失而采取施救及救助措施所支付的必要的、合理的施救或救助费

用、救助报酬，由本保险负责赔偿。但共同海损、救助及施救三项费用之和的累计最高赔偿额以不超过保险金额为限。

共同海损：指在同一海（水）上航程中，船舶、货物和其他财产遭遇共同危险，为了共同安全，有意地、合理地采取措施所直接造成的特殊牺牲或支付的特殊费用。在航程中或者在航程结束后，发生的船舶或者货物因迟延而造成的损失等，均不得列入共同海损范围。共同海损的理算和分摊应按《北京理算规则》和《中华人民共和国海商法》第十章的规定办理。救助：指保险船舶在可航水域，遭受本条款第一条所列自然灾害或意外事故，致使船舶处于危险的局面，借助外界力量进行脱险的一种行为。由此种行为引起的合理费用为救助费用，本保险负责赔偿。救助费用计算原则上按照《中华人民共和国海商法》第九章有关规定办理。但本保险负责支付的费用，在任何时候，不论何种原因均不得超过获救船舶的价值或获救船舶在全部获救价值中的比例承担部分。获救船舶价值，是指保险船舶获救脱离危险到达第一港或锚泊地时未经修理前的船舶实际价值。施救：指本条款所列原因致使保险船舶处于危险之中，本船尽一切可能采取的自救行为，由此而支付的合理费用。保险人对共同海损、救助和施救费用支付的前提是保险船舶必须在发生保险事故时，被保险人为了防止或减少损失而采取救助或施救措施所支付的必要的、合理的费用。保险人对每次保险事故所支付的共同海损、救助及施救三项费用之和的最高赔偿额以保险金额为限，三项费用之和也包括为了确定保险事故的性质、程度而支出的检验、估价的合理费用，以及为执行保险人的特别通知而支出的费用。当保险金额低于实际价值时，保险人应当按照保险金额与实际价值的比例，支付上述三项费用。

3.保险除外责任

除外责任：指本保险条款中列明的保险人不负赔偿的责任。保险人仅对条款中列明的风险所造成被保险船舶的损失负责赔偿。凡列明的风险以外的任何风险对船舶造成的任何损害或损失都属除外责任，保险人不负赔偿责任。被保险船舶由于下列情况所造成的损失、责任及费用，本保险不负责赔偿：

（1）船舶不适航、船舶不适拖（包括船舶技术状态、配员、装载等，拖船的拖带行为引起的被拖船舶的损失、责任和费用，非拖轮的拖带行为所引起的一切损失、责任和费用）。

适航是船舶能经受所驶航区通常所遇到的各种危险，它与保障等方面的适宜程度有关。船舶适航在有关法律、国际贸易法和保险条款中都有明确要求。我国《海上交通安全法》、《海商法》对船舶本身的适航均有明确定义，同时也对船舶保险中的船舶适航作了范围扩大的定义，并作为被保险人及其代表的一项重要义务。因此在保险条款中，船舶必须适航均作为被保险人（包括租赁经营人）的默示保证条款。

保险合同中的船舶适航包括三个方面的内容：一是船舶在设计、构造和设备上应符合船舶建造和检验规范的要求，并经过检验获得相应的合格证书；二是船员资格、配备燃料和供给应符合有关法规的规定并满足航区的需要；三是配载货物应符合有关规定的要求。

凡有下列情况之一者，均构成了船舶不适航，本保险不负赔偿责任。

船舶未持有法定的技术证书，或伪造、涂改证书，或船舶实际状况与证书所载不符；不遵守船舶性能限定的航行区域，擅自扩大航行区域，或未经过船检部门检验批准改变船舶原定的用途；法定的技术证书到期（在航行途中到期者除外）而未经船检部门检验换发新证书，签证或准予展期的;船舶装载超过载重线标志或乘客定额,或装运各类散货的船舶装载不符合规定;船舶未配备安全值班的船员,或船员实际担任的职务与其所持职务适任证书不符,或船员资格不符合港监的有关规定;船舶发生海(水)上交通事故,造成船舶损坏且未修复或未采取临时有效的安全措施;超载:指船舶实际装载量(客)多于船舶证书核定的载重吨(载客人数)的行为称为超载;其他不能使船舶保证安全航行的情况。

凡在拖带作业中拖带双方或其中任何一方存在不适航、不适拖的情况或违反拖带作业规定的,均构成不适拖。不论是否由于本条款第一条和第二条中列明的原因引起被拖船舶的一切损失和费用,本保险不负赔偿责任。

拖航是指船舶、设施或平台因缺乏动力、发生海损、机损事故或海上平台等水上设施需要移位而由一艘或多艘拖船通过拖缆或其他拖带设备牵引,拖至安全作业区域。不是拖轮的保险船舶,不论何种原因对他船施行拖带作业引起保险船舶的损失,保险人概不负责。例如:保险的杂货船或集装箱船等非拖船对遇难船施行救助拖带,在此过程中遭受意外事故引起本船的一切损失概不负责。适拖必须在适航的基础上,船舶能承受因拖航中可遇到的各种危险。

不适拖除不适航的情况之外还包括如下几点:拖带船舶不具备拖带能力或拖力不足;拖带设备不足或技术状况不良;由各单位组织的拖带船队不能显示规定的信号;需经拖航检验的而未经船舶检验机关检验,或未取得“拖航批准书”或取得证书未经港监核准;其他不能保证拖带安全的情况。

(2)船舶正常的维修保养、油漆,船体自然磨损、锈蚀、腐烂及机器本身发生的故障和舵、螺旋桨、桅、锚、锚链、橹及子船的单独损失。

船舶正常航行所支付的必要的维修保养费用;船体、机器本身正常的磨损、锈蚀、腐烂及由此引起的其他损失或损坏;机器故障造成本身及引起的其他损失或损坏,本保险不负责赔偿。舵、桅、锚、锚链、螺旋桨、橹及子船的单独损失不负责赔偿,但发生保险责任范围内的事故,舵、桅、锚、锚链、螺旋桨、橹及子船同时与船体发生损失时,则负责赔偿。

(3)浪损、座浅。

浪损:指由于八级以下风力或水上任何物体(包括船舶)造成的波浪冲击致使船舶损坏或翻沉的情况称为浪损。座浅:指船舶在浅水区停泊或作业时,因潮汐或装载而引起的船舶吸底现象使船坐落在水底造成的损失以及船底与水底摩擦而又未搁浅所造成的损失。

(4)被保险人及其代表(包括船长)的故意行为或违法犯罪行为。

故意行为:是指明知自己的作为或不作为会对船舶造成灾害或损害的结果,并且希望或者放任这种结果发生的各种作为或不作为。例如被保险人为获得保险赔偿或达到船舶以旧换新等目的,有意采取作为或不作为。其中作为包括:海运欺诈、纵火烧船以及有意碰撞、故意搁浅、遗弃船舶、放水进船等;不作为包括被保险人没有做到应有的“谨慎处理”或“恪守职责”,如没有按规定配备船员及适任职务船员,没有及时采取施救、救助措施以致使损失发生或扩大,没有正常履行管理船舶职责和航海惯例。

违法犯罪行为:系指国家或政府通过法律或法规强制规定公民、公司、法人和其他组织的行为准则,而违反这些行为准则的行为称之为违法犯罪行为。

(5)清理航道、污染和防止或清除污染的责任和费用,水产养殖及设施、捕捞设施、水下设施、桥的损失和费用。

清理航道:指因保险事故造成保险船舶的沉没,经保险人核定确认无打捞价值、修复价值,按实际全损或推定全损赔付后,港航监督部门如果责成沉船单位强行清除航道障碍,由此发生的一切费用,保险人概不负责。

保险人对发生船舶事故引起的任何污染损失均不承担赔偿责任。如:油污、有毒物质造成的水面和空气的污染。防止和清除污染发生所产生的一切费用,保险人也不负责赔偿。

因保险事故造成下列财产的损失,保险人也不负责赔偿:水产养殖:指人工养殖的水生物、养殖物;养殖、捕捞设施:指用于水养生物的设备、装备、属具,以及渔业生产用的一切捕捞设施,如:渔具、网具;水下设施:系指在可航水域中,安装在水下的设备、设施、如过江(海)通信电缆、海底光缆、管道等;桥指在江、河、湖、海中连接陆地交通的设施、桥包括桥身、桥墩和一切与桥有关的设施。

(6)因保险事故引起本船及第三者的间接损失和费用以及人员伤亡或由此引起的责任和费用。

间接损失和费用,指因事故造成的停航、停业而引起的船员工资、运费、租金、资料、给养等的费用或利益损失。各种罚款、没收款项。不能履行的违约金和所有费用及收益产生的利息。

不论何种原因引起的对本船、他船或第三者的一切人员伤亡产生的抚恤金、医疗费、赔偿金等费用概不负责赔偿。例如,保险船舶因碰撞或火灾引起本船和他船舶上人员的伤亡,由此产生的所有费用概不负责赔偿。

(7)战争、军事行为、扣押、骚乱、罢工、哄抢和政府征用、没收。

战争:指两个或两个以上的国家使用武力推行国家政策引起的武装冲突和由此产生的法律状态。军事行为:指有目的、有计划的、有组织的由国家或政权组织对武装力量签署命令并实施行动。

扣押:指强制扣留被执行人的财产,限制其占有和处分的一种措施。船舶扣押主要有:债权人要求法院扣留责任方的船舶,以便事先得到充分的担保,一旦责任方提供了担保,被扣船舶应获释放;船员或船舶所有人违反有关法律、法令,政府依法扣留船舶,直到弄清责任或处理后才将其释放;因船员或船舶所有人与第三方发生债务或其他冲突时,被第三方扣押;不明原因的扣押。

骚乱:指三人以上使用暴力扰乱公共秩序的罪行。罢工:指人们为了达到某种目的,而在一定期间内集体拒绝工作的行为。哄抢:多人在扰乱公共秩序的情况下,利用混乱,使用暴力或非暴力手段,公然侵占他人财物的行为。政府征用:在非常时期或特殊情况下,政府宣布或指令征用船舶的行为。没收:指政府或有关当局依法将船舶无偿收归国有的行为。

(8)其他不属于保险责任范围内的损失。

由于本保险条款的保险责任采取列明式确定责任范围,凡未在保险责任范围内列明的原因而引起的船舶损失和费用,保险人均不负责赔偿。

4.保险期限

保险期限,指保险双方在遵守保险合同中所规定的权利和义务的情况下,明确保险人对被保险人承担的经济补偿或给付责任开始至终止的有效期限。本条规定的保险期限最长为

1年。不足1年的为短期保险,具体起止时间以保单上载明的时间为准。除法律另有规定或合同另有约定外,保险责任开始后,保险双方均不得解除合同。但当被保险人在投保时将有关影响保险人据以确定保险费率或者确定是否同意承保的重要情况,没有如实告知保险人时,保险人有权解除合同。

5.保险金额

保险条款第五条就船舶的保险金额做出了具体的规定:船龄在3年(含)以内的船舶视为新船,新船的保险价值按重置价值确定,船龄在3年以上的船舶视为旧船,旧船的保险价值按实际价值确定。保险金额按保险价值确定,也可以由保险双方协商确定,但保险金额不得超过保险价值。重置价值是指市场新船购置价;实际价值是指船舶市场价或出险时的市场价。

本条所及船舶的保险金额即保险人对被保险人承担损失进行补偿的最高限制金额,同时是保险人计算收取保险费的依据。船舶保险金额的确定应考虑到船舶的使用年限、新旧程度、船质结构及用途等因素。对于船舶的保险价值:新船按重置价值确定,旧船按实际价值确定。重置价值:出险时的新船市场购置价。船龄在3年以内(含3年)的船舶视同新船,可按新船购置价确定保险金额。实际价值:新船指保险合同开始生效时合同签订地的船舶市场价或船舶出险时当地的船舶市场价。凡船龄超过3年以上的船舶均视为旧船,可按其新旧程度的市场价值确定保险金额。

6.索赔和赔偿

保险事故发生时,被保险人对保险标的不具有保险利益的,不得向保险人请求赔偿保险金。

在保险有效期内,保险船舶发生保险事故的损失或费用支出,保险人均按以下规定赔偿。

(1)全损险

船舶全损按照保险金额赔偿。但保险金额高于保险价值时,以不超过出险当时的保险价值计算赔偿。本条规定了在船舶发生全损的情况下的赔偿方式。按照保险金额赔偿。保险金额高于保险价值属超额投保,计算赔偿时以不超过出险当时的实际价值为限。总的原则是被保险人在任何情况下不能通过保险而获得可保利益以外的额外利益。

推定全损案件首先要被保险人提出委付:保险人拒绝接受委付时,不影响保险人对推定全损的赔偿义务;保险人接受委付时,船舶的所有权及附带的义务和责任将转移给保险人。

(2)一切险

船舶发生全损,按前款规定计算赔偿。

船舶发生部分损失:按实际发生的损失、费用赔偿,但保险金额低于保险价值时,按保险金额与该保险价值的比例计算赔偿;部分损失的赔偿金额以不超过保险金额或实际价值为限,两者以低的为准。但无论一次或多次累计的赔款等于保险金额的全数时(含免赔额),则保险责任即行终止。

保险船舶发生保险事故的损失时,被保险人必须与保险人商定后方可进行修理或支付费用,否则保险人有权重新核定,并对不属于保险人责任或不合理的损失和费用拒绝赔偿。保险船舶发生海损事故时,凡涉及船舶、货物和运费方共同安全的,对施救、救助费用、救助报酬的赔偿,保险人只负责获救船舶价值与获救的船、货、运费总价值的比例分摊部分。

(3)免赔额

保险人对每次赔款均按保险单中的约定扣除免赔偿(全损、碰撞、触碰责任除外)。本条订明了免赔额的规定。具体金额或比例,以及扣除条件,均由保险人在保险单上载明,本保险对全损和碰撞、触碰责任不扣免赔额。

(4)残值的处理

保险船舶遭受全损或部分损失后的残余,由保险人、被保险人协商处理。

(5)第三方责任

保险船舶发生保险责任范围内的损失应由第三者负责赔偿的,被保险人应向第三者索赔。如果第三者不予支付,被保险人应采取必要措施保护诉讼时效;保险人根据被保险人提出的书面赔偿请求,按照保险合同予以赔偿,同时被保险人必须依法将向第三者追偿的权利转让给保险人,并协助保险人向第三者追偿。未经保险人同意放弃向第三人要求赔偿的权利,或者由于被保险人的过失造成保险人代位求偿权益受到损害,保险人可相应扣减赔款。

7.被保险人义务

被保险人不履行义务(即被保险人的保证条款),保险人有权拒绝赔偿或终止保险合同。对于已经赔偿的,保险人有权追回已付出的保险赔款。所以被保险人必须履行其义务。

(1)支付保险费

条款规定:被保险人应在签订保险合同时一次缴清保险费。除合同另有书面约定外,保险合同在被保险人支付保险费后才能生效。

本条明确了被保险人一次性交纳保险费,并规定了被保险人在支付保险费后保险合同才能生效。经双方特别约定也可以分期缴费,但分期缴费的时间必须在保险合同中载明。对于不按保险合同约定缴纳保险费的,自违约当天24时起,一旦发生保险事故损失,保险人概不赔偿。

(2)被保险人的告知和申办批改的义务

被保险人应如实填写投保单并回答保险人提出的询问。在保险期间内,被保险人应对其公司、保险船舶发生变化影响保险人利益的事件如实告知,对于保险船舶出售、光船出租、变更航行区域或保险船舶所有人、管理人、经营人、名称、技术状况和用途的改变、被征购征用,应事先书面通知保险人,经保险人同意并办理批改手续后,保险合同继续有效。否则自上述情况出现时保险合同自动解除。

(3)施救和通知的义务

保险船舶发生保险事故时,被保险人应及时采取合理的施救保护措施,并须在到达第一港后48小时内同时向港航监督部门、保险人报告,并对保险事故有举证的义务及对举证的真实性负责。

本条明确规定了被保险人及其代表有关报案的时效。当保险船舶发生保险责任范围内的海损事故时,被保险人应当竭尽全力采取抢救或救助措施,以防止损失扩大,否则对扩大损失的部分保险人将不负赔偿责任。根据交通部港航监督管理部门的规定,船舶发生海损事故,船东应当在到达第一港(或就近港)后的四十八小时内,向当地港航监督管理部门和保险人报告,否则保险人不予受理。

(4)被保险人应当遵守国家有关消防、安全、生产操作等方面的其他相关法律、法规及规定,维护保险船舶的安全。

保险人可以对保险标的的安全状况进行检查,向被保险人提出消除不安全因素和隐患的书面建议,被保险人应该认真付诸实施。

除经保险人同意并加收保费外,被保险人未遵守上述约定而导致保险事故的,保险人不承担赔偿责任;被保险人未遵守上述约定而导致损失扩大的,保险人对扩大部分的损失不承担赔偿责任。

(5)单证提供义务

被保险人向保险人请求赔偿时,应及时提交保险单正本、港监签证、航海(行)日志,轮机日志、海事报告、船舶法定检验证书、船舶入籍证书、船舶营运证书、船员证书(副本)、运输合同载货记录、事故责任调解书、裁决书、损失清单以及其他被保险人所能提供的与确认保险事故的性质、原因、损失程度等有关的证明和资料。

被保险人向本公司请求赔偿并提供理赔所需资料后,本公司在60天内进行核定。对属于保险责任的,本公司在与被保险人达成赔偿或给付保险金的协议后10天内,履行赔偿义务。

被保险人未履行前款约定的单证提供义务,导致保险人无法核实损失情况的,保险人对无法核实的部分不承担赔偿责任。

8.法律适用

因履行本保险合同发生的争议,由当事人协商解决。协商不成的,提交保险单载明的仲裁机构仲裁;保险单未载明仲裁机构且争议发生后未达成仲裁协议的,依法向有管辖权的法院起诉。

本保险合同适用中华人民共和国法律(不包括港澳台地区法律)。

任务三　英国协会船舶保险条款的运用

任务描述:了解英国伦敦保险协会船舶保险条款的适用范围,并能掌握与PICC船舶保险的主要区别点。

在船舶保险实务中,国际上最常用的是英国协会船舶定期保险条款(Institute Time Clauses Hulls),该条款对国际船舶保险业务产生很大影响。我国现行的船舶保险条款就是参照和借鉴它的基础上修订的。了解其条款的内容和发展情况对于推进和改进我国船舶保险业务是有裨益的。关于船舶定期保险合同,英国目前可以说有三套条款,它们分别是1983年协会船舶保险条款、1995年协会船舶保险条款、2002年国际船舶保险条款。目前经常使用的还是1983年协会船舶保险条款。

一、1983年协会船舶保险条款主要内容

在船舶保险实务中,国际上最常用的是英国协会1983年船舶定期保险条款(ITCH83),1983年10月1日正式启用。1983年协会船舶定期保险条款共有26个条款,

1.航行条款(Navigation)

该条款与我国船舶保险中的海运条款大致相同,即被保险人保证船舶:一是不应被他船

拖带,除非是习惯性的,或在需要救助时被拖至第一个安全港口或地方。不应用于根据预先安排的合同从事拖带或救助服务;二是被保险船舶不能用于与他船(非港口或沿海使用的小船)在海上直接装卸货物,包括驶近、靠泊和离开;三是被保险船舶不得作以拆船或出售以拆船为意图的航行。保险人对于被保险船舶作以拆船或出售以拆船为意图的航行造成的损失的保险赔偿以当时报废旧船的市价为限。

2.延续条款(Continuation)

该条款的规定与我国船舶保险条款差不多,指的是如果在保险期限届满时,被保险船舶在海上、或在遇难中、或在避难港或中途港,那么只要提前通知保险人,并按原定保险费率加付延展期间的保险费,保险单继续有效直至被保险船舶抵达目的港为止。对于在延续期内被保险船舶的全损,英国船舶保险条款没有补交六个月保费的规定。

3.违反保证条款(Breach of Warranty)

该条款规定,在有关货物、航线、船位、拖带、救助服务、开航日期的保证被违反时,只要被保险人得悉消息后立即通知保险人,并同意修改承保条件并加付保险费,保险人就可以继续承担保险责任。我国船舶保险条款也有相同的规定。

4.终止条款(Termination)

这是一个重要条款,或称首要条款。该条款明文规定,本保险的任何条款,不论是手写的、打印的还是印刷的,与本条款相抵触时,均以本条款为准。该条款规定的保险自动终止事由有:船级社的变更;船级发生的变更;船舶所有权的变更;船旗的变更;船舶转给新的经理人管理;光船出租;船舶被征用或征购等情况。该条款与我国船舶保险中的保险终止条款大致相同。

5.转让条款(Assignment)

按照该条款的规定,被保险船舶发生转让,被保险人应及时通知保险人。如果保险单未经保险人批注,即告失效,保险人不负责转让后船舶发生的损失赔偿。

6.风险条款(Risk)

该条款规定了由哪些风险造成的灭失与损害,保险人应负责赔偿。该条款与我国船舶保险中的承保风险的内容大致相同。

该条款对船东的含义做了解释,即船长,高级船员、船员或引航员即使持有船舶股份,也不被视为船东。

7.污染风险条款(Pollution Hazard)

该条款规定对于政府当局采取行动防止或减少污染或其威胁造成被保险船舶本身的损失予以负责。这条也包括在我国船舶保险承保风险之中。

8. 3/4 碰撞责任条款(3/4 Collision Liability)

保险人承保被保险船舶因过失与疏忽与他船发生碰撞,致使他船及他船所载货物受到损害而应负的赔偿责任。该条款与我国船舶保险条款一切险碰撞责任有区别的地方是:保险人承担的碰撞责任为 3/4,且最高赔偿额不超过船舶保险金额的 3/4,保险人只负责船舶与船舶之间的碰撞责任,不包括船舶与码头、栈桥等固定物体的碰撞。因此,该条款的承保范围要比我国船舶保险承保范围窄的多。

9.姐妹船条款(Sistership)

该条款规定,如果被保险船舶和与其相撞船舶或接受该船的救助属于同一船东或同一管理所有人管理时,可以视为分属两个不同船东所有的船舶。保险人仍应按照碰撞责任条款处理它们各自所负的碰撞责任,对它们之间产生的救助费用也按一般救助惯例支付。我国船舶保险条款也有同样的规定。

10.索赔通知和招标条款(Notice of Claim and Tender)

条款的中心内容是被保险人在得知被保险船舶遭受事故损失后应立即向保险人发出事故通知,保险人有权指定受损船舶在任何港口修理,对被保险人选择的修理港口和修船厂也可行使否决权;同时保险人有权对被保险船舶进行修理招标,并在行使这一权利时有义务按保险价值年利率的30%补偿被保险人因此而遭受的延迟损失。如果被保险人未按要求及时通知保险人,或不在保险人指定的港口或修船厂修理受损船舶,保险人可从赔款中扣除15%。

11.共同海损和救助条款(General Average and Salvage)

该条款规定,保险人负责对救助、救助费用和共同海损的赔偿。当被保险船舶发生共同海损牺牲时,保险人可以先行给予全部赔偿,毋须向其他利益方面要求分摊。共同海损理算应依据航程终止地的法律惯例,但如果货物运输合同规定按"约克—安特卫普规则"理算,即依从运输合同的规定。如果船舶空载航行又未出租的情况下,船舶保险人仍按共同海损赔付船东一部分损失。

12.免赔额条款(Deductible)

免赔额为绝对免赔额,适用于所有部分损失的索赔,包括单独海损、救助费用、共同海损、施救费用和碰撞责任等。如果同一事故引起上述各项索赔,保险人也只扣除一个免赔额。全部损失以及与同一事故造成全部损失相关的施救费用和船舶搁浅后专为检查船底而发生的合理费用不适用免赔额的规定。

13.被保险人的义务条款(Duty of Assured)

该条款主要对施救费用的规定。当被保险船舶因遭遇保险风险而受损或处于危险之中时,被保险人及其雇员或代理人为防止或减少应由保险人负责赔偿的损失而采取合理措施,保险人对因此而产生的合理费用负责赔偿,但以保险金额为限。该项施救费用不适用于共同海损、救助费用和与碰撞有关的法律诉讼费用。如果船舶的保险金额低于实际价值,保险人对施救费用的赔偿要按比例扣减。不管是被保险人还是保险人采取施救措施都不能被认为是对委付的放弃或接受。

14.新换旧条款(New for Old)

该条款明文规定了,保险人对应付的赔偿不作新换旧的扣除。

15.船底处理条款(Bottom Treatment)

保险人对修理船底受损部位的新换钢板的表面处理和第一道底漆和第一道防腐漆负责赔偿,其他表面处理或油漆费用应由被保险人自负。

16.工资和给养条款(Wages and Maintenance)

按照该条款规定,除非可以作为共同海损,保险人对船员在修理期间的工资和给养不负责赔偿。但是有两种情况例外:一是如果受损船舶从一港口转移到另一港口进行修理,在船舶转移过程期间发生的船员工资或给养,保险人予以赔偿;二是船舶修理后在试航期间发生的船员工资和给养,保险人也予以赔偿。

17.代理佣金条款(Agency Commission)

在任何情况下,保险人不负责赔偿被保险人为索取和提供资料和文件所花费的时间和劳务,以及被保险人委派或以其名义行事的管理人、代理人、管理或代理公司或诸如此类的公司进行此种服务而收取的佣金或费用。

18.未修理损害条款(Unrepaired Damage)

条款规定,如果被保险船舶遭受部分损失未进行修理,其赔偿金额应按保险合同终止时船舶市场价值的合理贬值计算,但不得超过合理的修理费用;如果被保险船舶在保险合同有效期内发生全部损失,保险人对未修理的损害不再负责;保险人对船舶未修理损坏的赔偿,不得超过保险合同终止时的船舶保险价值。

19.推定全损条款(Constructive Total Loss)

按照该条款规定,在确定被保险船舶是否构成推定全损时,船舶的保险价值应作为船舶修理后的价值,不应考虑被保险船舶残骸或受损或解体价值。此外,船舶推定全损仅按一次事故引起的恢复或修理费用考虑,如果一次事故引起的这类费用超过船舶保险价值,保险人可按推定全损赔付。

20.运费弃权条款(Freight Waiver)

该条款规定,被保险船舶发生实际全损或推定全损时,保险人不论是否得到委付通知都不得对运费提出请求。我国船舶保险条款未做出类似的规定。

21.船舶费用保证条款(Disbursements Warranty)

在该条款下,允许被保险人附加下列各项保险:

对船舶营运费用、佣金、利润或船壳、船机的增值投保,其保险金额不能超过被保险船舶价值的25%;对定期投保的运费、租金或预期运费投保,其保险金额与营运费用等保险金额之和不能超过被保险船舶价值的25%;此外,对程租船的运费、期租船的租金、保险费以及退费保险的保险金额也做出相应的限制性规定。

22.停泊和解约的退费条款(Returns for Lay-up and Cancellation)

保险合同双方当事人协议注销保险合同时,保险人按未到期部分的净保险费每月按比例退还保险费。如果被保险船舶因装卸货物或修理在保险人认可的港口连续停泊达30天以上时,保险人给予办理退保费。

23.战争除外条款(War Exclusion)

保险人对于因战争、内战、革命、叛乱或由此引起的内乱或敌对行为;捕获、扣押、扣留、羁押;被遗弃的水雷、鱼雷、炸弹或其他遗弃的战争武器造成被保险船舶损失不负责任。

24.罢工险除外条款(Strikes Exclusion)

保险人对于罢工、被迫停工或参加工潮、暴动或民变的人员以及任何恐怖分子或出于政治动机而为的人员造成被保险船舶损失不负责任。

25.恶意行为除外条款(Malicious Acts Exclusion)

保险人不承保恶意或出于政治动机而为的人员造成的由炸弹爆炸和任何战争武器引起的被保险船舶的灭失、损害、责任或费用。

26.核除外条款(Nuclear Exclusion)

本保险不承保核武器产生的灭失、损害、责任或费用。

以上四个条款为首要条款，强调在本保险中任何与其不一致的规定，均属无效。另外，1983年伦敦协会船舶定期保险条款在标题下就列明了该条款适用英国法律和惯例，为被保险人和保险人对条款内容的理解和解释提供了准据法。

二、1995年协会船舶定期保险条款

伦敦保险人协会于1995年11月1日推出了1995协会船舶定期保险条款，旨在代替1983协会船舶定期保险条款。由于1995协会船舶定期保险条款加重了船东作为被保险人的责任，所以遭到船东的抵制和市场的排斥，形成两套保险条款并用的局面，后者并未取消前者。

1. 1995协会船舶定期保险条款出台的原因

主要原因是国际海事法律上的变化：1989年国际救助公约和1994约克—安特卫普规则以及1998年国际安全管理规则的制订和生效，对救助法律和共同海损制度产生了重要的影响。海上保险人为适应法律的发展变化不得不调整船舶保险条款。另外，船舶在营运和管理上也发生了变化，方便旗船的大量使用，使得船舶维修保养质量不断下降，保险人实际上承担了这些风险，这对保险人是不公平的。为此，出台1995协会船舶保险条款。

2. 1995协会船舶定期保险条款的主要内容

1995协会船舶保险条款共有27个条款，比1983年条款多加了一个船级条款。与1983年条款相比较而言，内容发生变化的条款有：

航行条款中增加了拖带/引航条款和直升机许可条款；延续条款中可以延续的情况受到限制，规定只有在船舶处于危险中，保险人才同意展期；终止条款中增加了导致保险自动终止的情况；风险条款中删去了核装置或核反应堆发生的故障；污染风险条款中将污染损害扩展到环境损害；在共同海损条款中明确规定特别补偿和防污费用不予承保；增加了一条船级条款，规定被保险人必须遵守保险人认可的船级社的规则。其他条款基本上与1983年条款的规定没有变化。

三、2002年国际船舶保险条款

2002年英国保险业推出并于2002年11月1日起开始使用"国际船舶保险条款"，旨在逐步取代1983协会船舶定期保险条款。

1. 2002年条款的结构

2002年国际船舶保险条款分为三大部分，共53条。

(1)主要保险条款

第一部分为主要保险条款，这一部分涵盖了船壳保险中最常用的条款，共包括33个条款(1～33条)，ITCH83中绝大多数条款包含其中。它们是总则；危险条款；租用的设备条款；拆下船舶部件条款；污染危险条款；3/4碰撞责任条款；姐妹船条款；共同海损和救助条款；被保险人义务条款；航行条款；违反航行保证条款；延续条款；船级和ISM条款；管理条款；免赔额条款；以新换旧条款；船底处理条款；工资和给养条款；代理佣金条款；未修理的损坏条款；推定全损条款；运费弃权条款；转让条款；营运费用保证条款；解约退费条款；单独保险条款；连带责任条款；附属公司条款；战争除外条款；罢工除外条款；恶意行为除外条款；核放射除外条款；化学/生物/电磁武器/攻击除外条款。

(2)附加条款

第二部分为附加条款,共包括 11 条款,分别为航行限制;白令海通行限制;重新投入使用;使用直升机;保险费支付;1999 年合同(第三者权利)法;4/4 碰撞责任;固定和浮动物体;停泊退费;共同海损吸收;附加风险条款。

(3)理赔规定条款

第三部分为理赔方面的规定,共包括 9 个条款,分别为首席保险人;索赔通知;招标规定;被保险人义务;保险人与理赔有关的义务;提供担保;赔款支付;追偿;争议解决条款。

2. 2002 年条款的主要内容

(1)法律适用与管辖

在第 1 条总则中,对 ITCH02 的使用及与本保险有关的法律问题所做的一些原则性的规定。在条款的使用上,规定除第二部分的 40 至 44 条外,其他条款都适用于本保险,而第二部分的 40 至 44 条只有在保险人书面明示同意的情况下才适用;在适用法律方面,规定适用英国的法律及惯例;在管辖权方面,规定除非双方有明示的相反约定,英国高等法院将对本保险具有专门管辖权,本条还规定本条款中任何一条的无效或不可执行并不影响其他条款的效力。

(2)承保风险

包括第 2 条承保风险、第 5 条污染风险、第 44 条附加条款。在风险条款中,将承保风险分为两款,第 1 款包括由下述原因对保险标的造成的灭失或损害:海上、河流、湖泊或其他可航水域的灾害;火灾,爆炸;来自船外的暴力行窃;抛货;海盗;与陆上运输工具,码头或港口设备或设施的触碰;地震,火山爆发或闪电;装卸、移动货物、燃料、物料或部件过程中的意外事故;与卫星、飞机、直升机或类似物体,或从空中坠落的物体的触碰。承保风险的第 2 款包括由下述原因造成的保险标的的灭失或损害:锅炉爆炸或尾轴断裂;但修理或更换爆炸的锅炉或断裂的尾轴的费用被排除在外;任何存在于机器或船壳中的潜在缺陷,但损害修理费用应该以超过本来要产生的修复该缺陷的费用为限;船长、船员或引水员的疏忽;修理人或租船人的疏忽;船长或船员故意损害被保险人利益的行为。基于这部分风险的索赔应满足一个前提条件,即该灭失或损坏不是被保险人、船东或营运人的未恪尽职责造成的。污染条款规定对于政府当局采取行动防止或减少污染或其威胁造成被保险船舶本身的损失予以负责。附加条款规定的风险必须在保险人同意下才给予承保。它包含了一些被风险条款排除的风险。规定保险人将承保“修理或更换爆炸的锅炉或断裂的尾轴的费用”,但前提是锅炉的爆炸或尾轴的断裂对保险船舶造成了灭失或损害;保险人同时承保“修复潜在缺陷”的费用,前提是该“潜在缺陷”造成了的损失或损害。根据本条保险人还将承保由“任何意外事故”造成的灭失或损害,而不再仅仅是第 2 条中那些明示的风险,同时还承保由于“任何人”的疏忽、不适任或错误判断而造成的灭失或损害,但是,依据以上三项进行索赔仍需要以被保险人、船东或其经营人的恪尽职责为条件。

(3)碰撞责任

第 6 条 3/4 碰撞责任和第 40 条 4/4 碰撞责任。第 6 本条规定了保险人将对被保险人在碰撞事故中对其他方所承担的责任承保 3/4。被保险人承担的责任包括赔偿“其他船舶或其上财产的灭失或损坏;其他船舶或其上财产由于延迟使用或不能使用造成的损失;其他船舶或其上财产支付的共同海损、救助报酬或依据合同的救助报酬”。碰撞责任的计算方法是,除非任何一方或双方根据法律进行了责任限制,应该按交叉责任原则计算;保险人依据赔偿的最高限额为船舶保险价值的 3/4。本条还规定了保险人也将赔偿碰撞案件中被保险人在判定责任或限制责任过程中产生的法律费用的 3/4,但其应不超过船舶保险价值的 25%。第 40 条规定如果保险人同意承保 4/4 碰撞责任,第 6 条的 3/4 字样被 4/4 字样代替。被保险人和保险人可以选择是承保 3/4 还是 4/4 碰撞责任。

(4)共同海损与救助

第 8 条共同海损与救助条款与第 43 条小额共同海损条款。第 8 条是在 ITCH83 的基础上增加了两款,即规定了保险人对共同海损或救助中的两类费用不负责任:一是根据 1989 年国际救助公约第 14 条或其他类似规定而需支付的特别补偿;另一类是与环境损害或其威胁有关的花费或责任;但根据 1989 年国际救助公约第 13 条 1(b)的规定,考虑到救助人在防止或减轻环境损害方面的技能和努力而支付的那部分救助报酬;以及如果运输合同中规定共同海损理算适用 1994 年约克安特卫普规则,该规则 XI(D)规定的共同海损费用,则不可以排除外。该修改主要是根据 1989 年国际救助公约及 1994 年约克安特卫普规则而做出相应的调整。第 43 条规定在保险人同意下,只要共损费用不超过双方约定的某—数额,则保险人全部赔偿给被保险人,而不需要再向其他方收取共损分摊。该条规定“只要所有共同海损没有超过双方约定的数额,则被保险人有权向保险人直接索赔全部的共同海损,而保险人也放弃了对其他方的代位求偿权,在索赔的共同海损中包括理算人的费用,并且共同海损索赔要根据免赔额作相应扣减。”

(5)推定全损

第 21 条推定全损规定,“在确定船舶是否构成推定全损时,保险价值的 80%被视为修理后价值,并且船舶或其残骸的损坏价值或残值将不予考虑;基于船舶修复和/或修理费用的推定全损索赔只有在其超过保险价值的 80%时才予以赔偿。在做出此决定时,只有与单一事故有关的,或产生于同—事故的损害费用才予以考虑”。该条与 ITCH83 相比做了—个重大修改,即在判断是否可以索赔船舶推定全损时,保险价值的 80%将作为判断标准,不再是 ITCH83 规定的保险价值的 100%。

(6)被保险人义务

第 48 条被保险人义务中规定,被保险人应向保险人提供其核赔时需要的相关文件及信息;被保险人应经保险人的合理要求协助其对索赔进行调查;被保险人索赔的一个前提条件是在任何阶段被保险人都不得故意地误导或企图误导保险人进行核赔或隐藏与核赔有关的重要情况。被保险人应始终按着 1906 年海上保险法的规定的最大诚信原则来行事,不得违反这一原则,无论司法程序是否已经开始。第 52 条追偿条款规定了被保险人在保护保险人追偿权方面及协助保险人追偿方面应尽的义务。

(7)除外责任

保险人除外责任条款包括战争除外条款;罢工除外条款;恶意行为除外条款;核放射除外条款;化学/生物/电磁武器攻击除外条款。前四项除外责任条款与 ITCH83 规定的没作什么变更。而最后一个条款则是新加的全新条款,保险人对于任何化学的、生物的、生化的或电磁武器;对任何计算机、计算机系统、电脑软件、电脑病毒或程序或任何其他电子系统造成的或引起的灭失、损坏、责任或费用都不予承保。

(8)保险期限的展期

第12条保险延续条款规定,在保险期届满时,如果船舶在海上并处于灾难中或失踪,或者在港口遇难,被保险人只要将此种情况尽快通知了保险人并按月比例支付保费,本保险继续有效,直至遇难船舶抵达最初的安全港口之时,或遇难船在港内恢复安全状态时。ITCH02对保险期间延续的条件做了严格的规定,即保险期间届满时,在海上的船舶必须同时处于灾难中,保险期间才可以延续。而且如果船舶在海上,仅延续至其到达了一个港口并处于安全状态时,而不是到达目的港。

项目实践

船舶保险单填制

请根据以下内容,填写一份船舶保险单:

(1)船舶被保险人名称:FAIRWHETHER STEAMSHIP CO.,LTD.

(2)船舶名称:NAUTICAL GANWAN.

(3)船舶注册地:PANAMA.

(4)总吨位:18888t。

(5)建造年份:1998年。

(6)保险金额:5500000美元,保险单号码:GDH2014/PO-002。

(7)保险险别及条件:一切险加保战争险和罢工险,对于小额共同海损每次事故最高赔偿限额为40000美元。

(8)绝对免赔额:按保险单规定,对于部分损失的每次事故免赔20000美元。

(9)航行范围:世界范围内。

(10)保险期限或航程:12个月(北京时间:2014年1月1日零点至2014年12月31日)。

(11)保险费:依约定。

(12)付费办法:分两次付清。

(13)签订日期:2013年12月31日。

(14)单位签名盖章、签名:中国人民保险公司山东省分公司宋大明。

船舶保险单如下:

副本

COPY

中国人民保险公司 The People's Insurance Company of China

总公司设于北京一九四九年创立

Head Office:BEIJING Established In 1949

船舶保险单

HULL INSURANCE POLICY

保险单号次

Policy№.

中国人民保险公司(以下简称本公司)根据(以下称被保险人)的要求,由被保险人向本公司缴付的约定的保险费,按照本保险单所附条款和下列特款与条件承保船舶保险特立本保险单。

This Policy of Hull Insurance Witnesses The People' s Insurance Company of China(hereafter called the Company) , at request of (hereafter called the Insured) and in consideration of the insured paying to the Company the agreed premium undertakes to insure the unmentioned ship subject to the clauses attached and conditions specified hereunder.

NAME OF SHIP:GROSS TONS
PLACE OF REGISTRY:YEAR OF BUILD:
INSURED VALUE:INSURED AMOUNT:
CONDITIONS:

DEDUCTABLE:
TRADING LIMIT:
PERIOD OF INSURANCE:
PREMIUM:
PAYMENT OF PREMIUM:

THE PEOPLE' S INSURANCE COMPANY OF CHINA, LTD.
BRANCH INTERNATIONAL DEPT
AUTHORIZED SIGNATORY

日期
Date

中国人民保险公司
THE PEOPLE' S COMPANY OF CHINA

复习思考

一、单项选择题

1.我国船舶保险条款规定,被保险船舶在延长保险期限内发生全损的,被保险人应该加交( )保险费。

A.3 个月　B.6 个月　C.9 个月　D.12 个月

2.我国人保承保船舶碰撞责任险的责任范围是( )责任。

A.1/4　B.2/4　C.3/4　D.4/4

3.( )不是我国人保船舶一切险的承保范围。

A.碰撞责任　B.船舶全损　C.共同海损　D.人身伤亡

4.我国船舶保险的基本险别有一切险和( )。

A.战争险　B.碰撞责任险　C.全损险　D.罢工险

5.伦敦协会 1983 年船舶保险条款承保船舶碰撞责任险的责任范围是( )责任。

A.1/4　B.2/4　C.3/4　D.4/4

二、多项选择题

1.我国船舶保险一切险条款承保的范围包括( )。

A.施救费用　B.救助费用　C.共同海损　D.本船货损

2.不在我国船舶全损险承保范围内的有(　　)。

A.船舶全损　B.船舶部分损失　C.碰撞责任　D.共同海损

3.按照我国船舶保险碰撞责任条款规定,对(　　)责任不予负责。

A.人身伤亡　B.本船上的货损　C.他船上的货损　D.他船的损坏

4.属于我国船舶战争险承保范围有(　　)。

A.战争、内战　B.　水雷、鱼雷　C.革命、叛乱　D.海盗行为

5.我国船舶保险全损险承保的范围有(　　)。

A.火灾或爆炸　B.船舶碰撞　C.船舶潜在缺陷　D.船员不法行为

三、判断题

1.我国船舶保险条款规定的免赔额是绝对免赔额。

2.海盗行为造成的船舶损失,属于我国船舶战争险承保范围。

3.我国船舶保险一切险条款采用非列明风险的承保方式。

4.对于船员故意损害被保险船舶而造成的损失,保险人是不负赔偿责任的。

5.船舶保险条款也适用船舶战争险条款,不一致时,以战争险条款为准。

四、简答题

1.我国船舶保险全损险的承保范围是如何规定的?

2.我国船舶保险一切险关于碰撞责任是如何规定?

3.我国船舶保险人的除外责任有哪些?

4.我国集装箱保险的除外责任有哪些?

5.我国船舶战争与罢工险的承保范围是如何规定的?

五、案例分析题

甲公司向中国人民财产保险公司为甲船投保一切险,保险期限为1年。船舶保险价值为200万美元,保险金额为200万美元。甲船在一次航行途中,因船员驾驶船舶过失与乙船发生碰撞,造成乙船沉没。乙船船损为200万美元,乙船上货损为300万美元,乙船船员伤亡为100万美元。在此次事故中,甲船本身也损失100万美元,甲船所载货物同时受损80万美元。甲船对此次碰撞负100%的责任。请回答:

①甲船船东对哪些损失负赔偿责任,数额共为多少?

②中财保对甲船船东哪些损失和赔偿责任给予赔偿,数额共为多少?

③假如甲船在英国某保险公司,按英国伦敦保险协会1983条款投保船舶一切险,问英国保险公司对甲船船东哪些损失和赔偿责任给予赔偿,数额共为多少?

项目六　海运责任保险

学习目标

1.了解海运责任保险基本概念、标的、种类和特征。

2.掌握货运代理人责任保险、船东保赔保险、租船人责任保险的承保范围和除外责任。

项目任务

任务一　海运责任保险的选择

一、责任保险

责任保险(Liability Insurance)是指以被保险人依法对第三人应承担的民事损害赔偿责任为承保对象的保险。责任保险属于广义财产保险范畴,是一种无形的财产保险。由于被保险人的疏忽、过失等行为造成他人的损害,根据法律或合同,应对他人承担经济赔偿责任的,都可以在投保有关责任保险后,由保险人给予赔偿。责任险所包括的范围比较广泛,主要有公众责任保险、产品责任保险、雇主责任保险和职业责任保险等。

二、海运责任保险

海运责任保险则是指以从事海运业务的经营人即被保险人在其经营过程中依法对第三人应承担的民事损害赔偿责任为承保对象的保险。

在海运业务中,除风险和危险可能造成财产损失外,海运业务经营人,像船东、租船人、国际货运代理人、船舶代理人、码头经营人、国际多式联运经营人等都可能由于其本人或工作人员或其雇佣人员的疏忽、过失等行为造成他人的人身伤害或财产损失,并且因此承担相应的民事赔偿责任。这种责任有时是非常大的,可能会造成海运业务经营人不堪重负,甚至破产。所以海运责任保险应运产生,保险人承担被保险人的民事损害赔偿责任,即由保险人代被保险人受过,承担被保险人本应承担的赔偿责任。

三、海运责任保险合同的标的

海运责任保险合同的标的是海运经营人对第三人的民事赔偿责任。正确理解责任的含义对于被保险人和保险人是非常重要的。

1.海运责任保险的责任是一种民事法律责任

法律责任有民事责任、刑事责任、行政责任之分。海运责任保险的责任是一种民事赔偿责任,而不是刑事或行政责任。民事责任又分为违约责任和侵权损害赔偿责任,海运责任保险的责任，一般是侵权损害赔偿责任。对于违约责任，在一般责任保险中通常是不予承保，但经过特别约定的可以承保。在海运责任保险中，也是给予承保的。例如，保赔协会对船东在承运货物过程中造成的损失负赔偿责任，这种责任便是违约责任。

2.海运责任保险的责任是一种对他人的赔偿责任

海运责任保险的责任是指被保险人给他人造成损失后，他人要求被保险人进行赔偿，而按照法律或合同的规定被保险人又必须承担的责任。因此，如果被保险人自己给自己造成损失，保险人不承担赔偿责任；同时，如果被保险人虽给他人造成了损失，而他人又没有向被保险人提出赔偿请求或者对于被保险人的赔偿不予接受时，保险人也不承担赔偿责任。因为在这种情况下，被保险人没有自己的损失也就等于没有承担责任。因此，被保险人无损失，保险人自然不能给予被保险人赔偿。

3.海运责任保险的责任系过失责任和无过错责任

在一般侵权民事赔偿责任中，通常的原则是行为人要有过错，无过错即无责任。行为人因过错而使他人受损，理应负赔偿责任。过错又分故意和过失，责任保险所承保的责任以被保险人的过失行为为限，而对于行为人的故意行为造成的损害不承担责任。如果第三者的损害是被保险人的故意行为所致，则不属于责任保险的范围，否则责任保险将产生助长侵权行为甚至鼓励犯罪的副作用。因此，过失责任是责任保险所承保的主要责任风险。自然，海运责任保险的责任系过失责任。

在特殊侵权民事损害赔偿责任中，对于特定的事件，实行的是无过错责任。与过错责任不同的是行为人没有过错，根据法律规定也应对他人受到的损害负赔偿的责任。在这里，损害后果或事实是确定民事责任的决定性因素。例如，许多国家的雇主责任法、产品质量责任法、消费者权益保护法等均确立了无过错责任原则，无过错责任也是责任保险承保的责任风险。在海运责任保险中，在特定的情况下，被保险人也要承担无过错责任。例如油污损害赔偿责任，即使造成油污损害的责任不在船东身上，船东依照法律的规定也要承担赔偿责任。

四、海运责任保险的种类

海运业务经营人，像船东、租船人、国际货运代理人、船舶代理人、码头经营人、国际多式联运经营人等都可能由于其本人或工作人员或雇佣人的疏忽、过失等行为造成他人的人身伤害或财产损失，并且因此承担相应的民事赔偿责任。因此，海运责任保险根据被保险人经营范围不同，可以分为以下几种情况。

1.船舶碰撞责任保险

船舶碰撞责任保险在我国是指被保险船舶与其他船舶碰撞或触碰任何固定的、浮动的物体或其他物体而引起被保险人应负的法律赔偿责任，由保险人承担的保险。保险人承保的是被保险船舶与他船或物体之间发生接触，依法对由此造成对方的损失所应负的赔偿责任。船舶碰撞责任保险虽然属于责任保险，但在海上保险实务中，即可以作为船舶保险的主险之一的一切险承保范围，也可以作为船舶保险全损险的附加险来承保，同时对于超额部分的碰撞责任又可作为船东保赔协会承保责任险的承保范围。

2.国际货运代理责任保险

国际货运代理责任保险是指货运代理人在业务经营过程中，因为疏忽而造成货物的损坏和产生的费用,对他人承担的赔偿责任由保险人承担的一种责任保险。国际货运代理人的责任主要是针对委托人而言所负的过失赔偿责任。

3.船东保赔保险

船东保赔保险是指由船东自己组织起来,彼此之间相互保障,共同分担属于船东承担责任的一种互助性保险。保赔保险的标的主要是船东的责任,主要承保商业保险公司的船舶保险责任之外的危险和风险。

4.租船人责任保险

租船人责任保险是指作为租船人的被保险人在租船经营过程中产生的赔偿责任,由保险人在规定的承保范围内给予承担的一种责任保险。这里的租船人主要指的是定期租船人和光船租船人,他们的责任虽然不同于船东,但要承担对于货物损坏,以及对船东的责任。

5.油污损害民事责任保险

油污损害民事责任保险是指由于被保险船舶在油污损害中承担的油污损害赔偿责任由保险人承保的一种责任保险。油污损害赔偿责任保险通常都由船东保赔协会在船东保赔保险中给予承保。由于油污损害赔偿责任很大,所以保险人的赔偿责任是有限额规定的。目前我国船东保赔保险中规定的限额是每事件10亿美元。

五、海运责任保险的特征

海运责任保险的特征(Characteristics of Marine Liability Insurance)主要表现在以下几点:

1.海运责任保险的标的是责任

海运责任保险是以被保险人对第三者的赔偿责任为保险标的,而一般财产保险的标的是财产。海运责任保险的责任,不但包括海运侵权损害赔偿责任,而且包括违约责任。海运责任保险的责任系过失责任和无过错责任。责任保险的赔偿条件不仅取决于是否属于保险责任范畴,而且取决于被保险人是否受到第三者的赔偿请求。因此,如果被保险人对第三人的损失不负赔偿责任时,保险人不承担赔偿责任;如果在发生赔偿责任后,第三人不向被保险人请求赔偿,被保险人仍无损害发生,保险人不承担赔偿责任。保险人须在被保险人受到第三者赔偿请求时,保险人才承担对被保险人的经济损失赔偿责任。

2.海运责任保险合同中保险人的参与权

所谓保险人的参与权,是指当责任保险的责任发生后,保险人对于被保险人和第三人协商赔偿时有参加的权利。在责任保险中,因被保险人的赔偿责任已转嫁到保险人身上,被保险人对于第三者就其责任的承认、和解或否定以及赔偿数额的多少均与保险人的利益密切相关。所以,保险人有权参加并干预被保险人承担民事赔偿责任的诉讼,以减轻自己应承担的赔偿责任。未经保险人同意,被保险人不得在诉讼中或诉讼外与第三者达成和解协议,不得依此对第三者进行赔偿,否则所达成的协议对保险人不产生约束力,保险人可不依其协议所决定的责任范围对被保险人负赔偿责任。大多数国家或地区保险法通常都规定了保险人的参与权。我国船舶碰撞责任保险和船东保赔保险都有类似的规定。

3.海运责任保险赔偿义务的履行对象

在一般的财产保险合同中,保险人是对被保险人自己的经济损失进行补偿,保险金直接支付给被保险人,并归其所有。而在责任保险合同中,由于保险人承保的是被保险人依法应对他人所承担的经济赔偿责任,因而保险人支付的保险金最终落实到受害者(第三人)手中,并归其所有。可见责任保险合同直接保障被保险人的利益,间接保障第三人的利益,两者同时并存。责任保险合同中,被保责任保险的保险金的给付方式有两种形式:①保险人向被保险人支付,但有一限制,即必须在被保险人已向第三者支付赔偿金后,以免发生被保险人领取保险金后不向第三者赔偿的情况;②保险人得到被保险人的通知后,直接向第三者支付保险金。保险人在支付保险金后,如果被保险人对他人有损害赔偿请求权,保险人可以在其支付赔偿金的限度内行使保险代位权。我国保险法第六十五条规定:保险人对责任保险的被保险人给第三者造成的损害,可以依照法律的规定或者合同的约定,直接向该第三者赔偿保险金。

4.海运责任保险合同中第三人之请求权

责任保险是以被保险人对第三者依法应负的赔偿责任为保险标的的保险,那么,第三人是否能代替被保险人之地位,直接对保险人行使赔偿的请求权呢?对此问题,有两种观点:第一种观点认为,责任保险合同仅存于保险人与被保险人之间,而保险人之责任,须至被保险人支付赔偿金后,方能发生。故第三人只可对被保险人请求,不得对保险人求偿,因为保险人与第三人之间并无契约关系,且在被保险人支付前,保险人之责任尚未发生。第二种观点认为:责任保险为被保险人对特定之第三人负赔偿责任时,补偿其损失之契约,保险契约上之请求原因,在于第三人之请求,无此原因,亦无此责任,故保险之赔偿责任,实质上即对第三人之赔偿责任。因此,被保险人于第三人请求时,即对保险人成立债权,第三人自得代位行使其请求权。我国海事诉讼特别程序法第97条和我国加入的国际油污损害民事赔偿责任公约都规定,对船舶造成油污损害的赔偿请求,受损害人可以直接向承担船舶所有人油污损害责任的保险人提出索赔。这种直接诉讼制度对保障受害的第三方利益起到很好的作用,但因适用范围有限,一直以来很多专家、学者主张将这种制度推广。

我国2009年新修订的保险法为充分保障广大受害第三方的利益,在第六十五条规定“保险人对责任保险的被保险人给第三者造成的损害,可以依照法律的规定或者合同的约定,直接向该第三者赔偿保险金。责任保险的被保险人给第三者造成损害,被保险人对第三者应负的赔偿责任确定的,根据被保险人的请求,保险人应当直接向该第三者赔偿保险金。被保险人怠于请求的,第三者有权就其应获赔偿部分直接向保险人请求赔偿保险金。

责任保险的被保险人给第三者造成损害,被保险人未向该第三者赔偿的,保险人不得向被保险人赔偿保险金。”进而将这种直接诉讼制度广泛适用于一般保险当中。

任务二　国际货运代理责任险的适用

国际货物代理是为当事人办理国际货物运输及相关业务的服务性企业,在其完成委托人的运输任务过程的许多环节中,可能会由于过失而产生非常严重的后果和巨大的经济赔偿责任。因此,国际货物代理有必要投保责任保险。国际货运代理责任保险是指货运代理人在业务经营过程中,因为疏忽而造成货物的损坏和产生的费用,对他人承担的赔偿责任由保险人承担的一种责任保险。

一、国际货运代理责任险承保范围

我国货运代理人的责任通常分为作为代理人的责任和合同当事人的责任，所以国际货运代理责任保险的承保范围是根据货运代理人的责任来确定的。一般而言，承保以下责任：

(1)过失或疏忽所导致的货物损失。货物是在被保险人或与其签约提供运输服务之参与人的照料、保管或控制下，所遭受的物理性灭失或损坏。

(2)延迟或误交。被保险人在工作过程中因过失导致的延迟交付货物或者将货物交到非正确的地点而引起的赔偿责任。

(3)货物所分摊的共同海损、救助及救助费用。

(4)海关罚款或惩罚。由于货物的损坏、延迟或误交及随之带来后果损失或业务中断等原因造成的海关罚款或惩罚。

(5)未能收取运费和运输费用。货运代理人在完成其运输服务后，因种种原因可能收不到其应得的运费和为运输所花费的费用，保险人给予赔偿。

英国联运保赔协会(TT CLUB)为货运代理及采用多种运输方式的无船承运人、拖轮公司、铁路经营人和仓储业主而设计的运输营运险包括以下险：①货物灭失或损坏险；②"过失与疏忽"责任险，包括迟延及未经授权放货的责任险；③第三人责任险(包括突发和意外污染)；④罚款与关税险；⑤调查、抗辩、诉讼费用险；⑥错误指示费用险；⑦处置、检疫、消毒费用险；⑧共同海损和救助担保与分摊险；⑨额外运送费用险；⑩特定险。

二、国际货运代理责任保险的除外责任

国际货运代理责任保险的保单中，保险人的除外条款和赔偿限制通常有：

(1)被保险人的蓄意或故意行为造成；例如：倒签提单、预借提单引起的损失。

(2)被保险人违法行为造成的后果；例如：运输毒品、枪支、弹药、走私物品或一些国家禁止的物品。

(3)战争、入侵、外敌、敌对行为(不论是否宣战)、内战、反叛、革命、起义、军事或武装侵占、罢工、停业、暴动、骚乱、戒严和没收、充公、征购等的任何后果，以及为执行任何政府、公众或地方权威的指令而造成的任何损失或损害。

(4)任何由核燃料或核燃料爆炸所致核废料产生之离子辐射或放射性污染所导致、引起或可归咎于此的任何财产灭失、摧毁、毁坏或损失及费用，不论直接或间接，还是作为其后果损失。

(5)事先未征求保险人的意见，擅自赔付对方，亦可能从保险人得不到赔偿或得不到全部赔偿。例如：当货物发生残损后，国际货运代理自认为是自己的责任，未征求保险人的意见，自作主张赔付给对方。如事后证明不属于或不完全属于国际货运代理的责任，保险人将不承担或仅承担其应负责的部分损失。

三、国际货运代理责任保险的方式

国际货运代理投保责任险时，主要有以下几种方式供选择，即有限责任保险、完全法律责任保险、最高责任保险、集体保险制度。国际货运代理根据自己的情况，选择适合自己的

方式进行投保。

1.国际货运代理的有限责任保险

国际货运代理仅按其本身规定的责任范围对其有限责任投保,国际货运代理的有限责任保险主要分三种类型:①根据国际货运代理协会标准交易条件确定的国际货运代理责任范围,国际货运代理可选择只对其有限责任投保;②国际货运代理也可接受保险人的免赔额,这将意味着,免赔额部分的损失须由国际货运代理承担;③国际货运代理还可通过缩小保险范围来降低其保险费。

2.国际货运代理的完全法律责任保险

国际货运代理按其所从事的业务范围、应承担的法律责任进行投保。根据国际货运代理协会标准交易条件确定的国际货运代理责任范围,国际货运代理可以选择有限责任投保,也可以选择完全责任投保。但有的国家的法院对国际货运代理协会标准交易条件中有关责任的规定不予认定,所以,国际货运代理进行完全法律责任保险是十分必要的。

3.国际货运代理的最高责任保险

在某些欧洲国家,一项特种国际货运代理责任保险体制被广泛采用。在这种体制下,对于超过确定范围以外的责任,国际货运代理必须为客户提供"最高"保险,即向货物保险人支付一笔额外的保险费用。这种体制尽管对国际货运代理及客户都有利,但目前仅在欧洲流行。

4.国际货运代理的集体保险制度

在某些国家,国际货运代理协会设立了集体保险制度,向其会员组织提供责任保险。这种集体保险制度既有利也有弊。其优点是:①使该协会能够代表其成员协商而得到一个有利的保险费率;②使该协会避免要求其成员进行一个标准的、最小限度的保险,并依此标准进行规范的文档记录。缺点是:①一旦推行一个标准的保险费率,就等于高效率的国际货运代理对其低效率的同行进行补贴,从而影响其改进风险管理、索赔控制的积极性;②使其成员失去协会的内部信息,而该信息可能为竞争者所利用。

四、中国国际货运代理协会标准交易条件关于保险的规定

为使我国货运代理业务行为规范化,明确货运代理与相关当事人之间的权利义务,从而最大限度地保护货运代理自身的合法权益,中国国际货运代理协会制定了《标准交易条件》。

该标准交易条件,为国际货运代理责任保险的开展奠定了基础。货运代理责任保险长期以来难以开展,其中一个最重要的原因,就是货运代理的责任与风险不明确。《标准交易条件》的出台,凡选择使用《标准交易条件》的货运代理公司今后在投保货运代理责任保险时,保险公司在承接货运代理责任保险业务时就会比较容易明确保险责任范围,进而促进我国货运代理责任保险的开展。

《标准交易条件》第十二条保险规定"除非公司接受了客户的明确指示,公司不会安排投保。所有经公司安排的保险,均须受承保的保险公司或承保人的保险单所载的免责条款和通常的限制。公司并无任何责任为每项运输安排独立投保。倘若有关承保人基于任何原因对其责任产生争议,则投保人只可向承保人做出追偿,而公司对此概不承担任何法律责任,即使有关保险单的保费与公司收取的保费或客户付给公司的保费并不相同。在公司同

意安排保险的情况下，公司纯粹以客户代理人身份努力安排有关投保，但公司并不保证或承诺任何有关保险将被有关保险公司或承保人接受。”

任务三 船东保赔保险的运用

一、船东保赔保险和保赔协会概述

1.船东保赔保险和保赔协会的概念

(1)船东保赔保险

船东保赔保险(P&I Insurance)是指由船东自己组织起来，彼此之间相互保障，共同分担属于船东承担责任的一种互助性保险。保赔保险的标的主要是船东的责任，主要承保商业保险公司的船舶保险责任之外的危险或/和风险。

(2)船东保赔协会

船东保赔协会是船舶所有人自己组织起来，相互之间互助保障性质的组织，共同分担属于会员的责任。每个会员即是保险人又是被保险人。因此，保赔协会是一种互助合作性质的，非营利性的保险组织。

2.船东保赔保险和保赔协会产生的原因

由于船舶保险人在船舶保险合同中仅承保被保险标的物船舶本身的损坏和相关的费用，对船东的责任保障不够以及对船东在经营过程中一些风险未能给予承保，使得船东不得不寻求风险保障。例如，船舶保险人对碰撞责任保障不足，保险人对于超额碰撞责任和四分之一碰撞责任是不予赔偿的；保险人不承保人身伤亡、疾病的风险，如船方过失造成人身伤亡、本船船员伤亡等；保险人也不承保船方在不适航、管货过失等情况下对货损应负的责任。

3.船东保赔协会的发展

世界上第一家保赔协会是1855年5月1日在英国成立的船东互保协会，目前国际上已有20多家船东保赔协会。另外，为了协调各保赔协会的利益和关系，借助雄厚资金和信誉，以及安排分保以分散风险的目的，国际上又专门成立了国际保赔集团。该集团已成为国际保赔业的核心组织，在国际航运业扮演着重要角色。

我国船东保赔协会是在1984年1月1日成立的，我国绝大多数船公司都加入该协会，中国船东保赔协会已成为我国船舶保赔保险的主要承保人。

4.保赔协会的特点和作用

(1)特点

保赔保险具有附属性(补充船舶保险)；互助性；非营利性；充分保障性等特点。

(2)保赔协会与商业保险公司的主要区别

保赔协会主要承保的是船东的责任，保险公司承保的是保险标的的损坏或灭失；保赔协会中船东是保险人又是被保险人，保险公司中船东仅是被保险人；保赔协会利益与船东利益一致，保险公司与船东利益基本上是相冲突的；保赔协会为非营利性保险组织，保险公司为营利性保险组织；保赔协会的赔偿责任(油污外)是无限的，保险公司的赔偿额是以保险金额为限。

(3)保赔协会的作用

根据保赔协会的章程,保赔协会主要为入会船公司提供下列服务:帮助处理事故;提供担保;技术咨询;安全调查;培训人员等。

二、中国船东互保协会承保风险范围

现行的中国船东互保协会保险条款是2002年修订的,主要承保以下风险:

1.人身伤亡、疾病

(1)协会承保入会船船员的人身伤亡、疾病,包括前往或离开入会船途中发生者和船员上岸购物、游玩期间发生者,还包括伤病船员的遣返费及替工的派遣费用。船员疾病不限于职业病。另外,也予承保船员伤亡病之外,因会员不可控制的依据法定义务而引起的船员遣返或派遣费用,如发生职务船员失踪、部分船员成为敌对国国民等特殊情况。

(2)协会承保入会船造成的非入会船船员外的任何人人身伤亡、疾病。例如入会船发生碰撞、火灾、爆炸等意外事故,或引水员软梯或舷梯故障等所造成的人身伤亡或疾病而支出的医药、住院或丧葬费用风险。但对与装卸有关的人身伤亡或疾病,限于从收货到交货期间所发生者。

2.对财产的责任

(1)个人物品、财产。承保对入会船上船员或旅客或其他任何人的物品、财产。对船员的私人物品,限于海事引起的生活必需品的损失。对旅客或其他任何人的行李、物品,限于法定赔偿责任,并排除贵重物品、珠宝、货币、债券和票据等。

(2)财产的灭失和损坏。承保会员根据本条其他各项规定不能索赔的入会船对船外其他任何财产的侵权责任。例如,船舶碰损码头对码头造成的营运损失、船锚钩断海底电线引起的责任、入会船爆炸对岸上财产造成的损害等。

(3)对货物赔偿责任。本项承保包括不适航或管货过失造成的货损货差、处置受损货物或收货人不提货引起的无法从他方收回的额外费用等。但对入会会员有下列的限制,即:

①在运输合同中只能接受中国海商法或经协会经理部认可的适用《海牙规则》、《海牙一威斯比规则》作为货物责任的法律基础,对会员自愿接受的超出部分,协会不负责。

②发生不正当绕航使会员丧失单位责任限制,1年时效保护及航海过失免责等权利时,协会不负责,除非绕航是协会授权的或会员立即通知了协会而且协会经理部仍接受承保。

③协会对装于甲板上的货物也不负责,除非不违反运输合同、航运惯例和相关法规。

④除会员与经理部另有协议者外,中船保对下列责任和费用不负责任:未将货物卸在运输合同规定的港口或地点;未凭可转让提单或类似物权凭证的正本交付货物;签发预借或倒签提单;船方知晓装载的货物与载明的货物情况不符,而签发内容错误的提单;入会船未抵达装货港或迟到装货港或未将已订船货物装上船;会员或其他经营人故意违反运输合同。

⑤对从价货物,保险赔偿责任限于每件货不超过2500美元。

⑥对稀有和贵重货物的损失责任概不承保。

(4)入会船上的财产。本项承保会员对入会船上不属于会员拥有的或租用的设备、货物或船员、旅客个人物品之外的财产(如货方的集装箱、租船人的燃油、垫舱物料等)的侵权责任风险。

3.由合同产生的责任

船东互保协会原则上只愿意承保法律加诸于会员或入会船的责任(侵权责任),故对因合同而产生的责任明确予以限制,除因入会船发生海事而引起的对旅客的责任外,会员应事先将合同条款交协会经理部确认并按要求支付额外保费,否则协会董事会可自由决定是否赔偿会员因合同条款而引起的责任。

根据拖带合同产生的责任,协会承保为进出港或在港内移动而雇用拖轮,对于其他情况下被拖或用作拖轮,会员须事先将拖带合同送协会经理部确认;在海上发现他船或他物遇难而救助他船或他物,不属于依据合同的拖带。

4.碰撞责任

本项中碰撞责任只限于入会船与他船发生碰撞的责任,不包括与船舶之外的固定或浮动物体相碰撞的责任,后者是由其他项下财产的灭失和损坏来承保的。

不论入会船的船舶保险单是否实际上承保了碰撞责任,中船保对入会船与他船发生碰撞的责任,只限于船舶险保单中的碰撞条款所不予承保的责任,这包括两大项:超额责任,承保超过保险金额的那一部分碰撞责任,但保险金额不能低于投保船舶险时的实际价值,否则协会只负责超过入会船实际价值的碰撞责任;除外责任,包括油污损害、人身伤亡和对港口当局的责任。此外,也负责入会的船舶保险人未保的 1/4 船舶碰撞责任。本项规定中亦包括姊妹船条款和交叉责任原则条款。

5.有关费用的责任

(1)改变航线的费用。承保两种情况下出于人道主义改变航线而发生的额外港口费、伙食物料费、燃油、保险费及船员工资和津贴。第一种情况是船上发生人身伤亡或疾病,需要送上岸就医或替换船员;第二种情况是处理偷渡或避难人员。协会不负责改变航线引起的船期损失,只负责额外支出的费用。为处理偷渡或避难人员而改变航线,对货物来说属于不正当绕航,会员可投保绕航风险,其保险费亦是协会应赔偿的。

(2)安排偷渡与避难人员的费用,如偷渡、避难人员的住宿费、签证费、遣返费等。

(3)救助人命费用以及支付救助人的特殊费用。

(4)检疫费用,承担检疫、消毒费用和额外的航次费用,但不负责会员的营运损失(利润及固定成本)。

(5)由船方负担的共同海损费用。承保指由于入会船的分摊价值高于保险金额而无法依船舶险保单索赔的那一部分,这也是船壳保险的超额责任。但限于投保船舶保险时该船的实际价值低于船舶分摊价值所引起的超额责任部分,如果保险金额低于实际价值。无法取得赔偿的共同海报分摊费用,如会员违约而无法向货方收取的共同海损分摊费用、特殊费用或救助费用,可向协会索赔。

(6)各种罚款。除超载或违反 MARPOL73/78 等引起者外,会员或入会船上的船员被任何法院、法庭或主管当局处罚的款项,一般也予以赔偿。但对船员的罚款限于会员依法应补偿船员或协会经理部同意补偿船员者。此外,协会还负责赔偿因违反海关法规导致的船舶被没收,但以没收日的船舶市价为限,且以会员已采取合理措施防止违反海关法规的条件。

(7)海事调查费用,但限于对承保的事故的调查,而且须事先征得经理部的同意。

(8)为船舶营运而产生的费用。本项规定董事会对其他未明确落入本条款某项承保风险范围内的风险,可自由裁量决定赔偿会员,但明确必须不是船舶险保单通常承保的风险、船期延误引起的营运损失、违反租约的损失或运费或滞期费损失等。

(9)损害防止和法律费用。法律诉讼费用亦限于与承保的事故有关者,且事先需取得经理部的同意。

(10)执行本协会指示而开支的费用。这是一种特殊的损害防止费用,通常是保赔协会主动介入施救行动的结果,保赔协会也承担会员因此而支出的费用。

6.污染风险

本项规定涵盖任何原因造成的入会船的污染责任风险,包括会员因履行"油船所有人自愿承担油污责任协议"(TOVALOP)而支付的费用,以及会员为避免或减轻污染损害采取合理措施所支付的费用,以及因此种措施造成的财产损失。

对油污损害责任的赔偿最多不超过每事件10亿美元,该数额与西方主要船东互保协会的限额相同。

7.其他方面责任

(1)残骸处理的责任

入会船因海事(战争危险造成的除外)成为残骸(包括其上货物和其他财产)所发生的清除残骸、设置标记等支出的费用,或残骸未及时清除、标记而产生的污染、阻塞航道或他船与之碰撞而产生的责任等,皆在承保范围之内。如果船舶保险人或他人没有取得残骸的所有权,残骸的获救价值就须予以扣除。

(2)集装箱联运责任

本项只承保入会船上会员自有的或租用的集装箱产生的责任和费用,不包括集装箱本身的灭失或损害,不及于对箱内货物的责任。此种集装箱被视为入会船的延伸部分,协会承担此种集装箱的责任风险,但对陆运或空运过程中发生的责任以每次事故540万美元为限,或以入会证书上或其他文件上载明的数额为限。本项风险需由会员额外支付保费,而且联运契约需事先得到经理部同意。对使用会员或其雇佣人员所拥有的、占有的、经营的、驾驶的或使用的陆上运输工具运输此种集装箱过程发生的责任或费用,本保险不负责赔偿。

三、中国船东互保协会除外责任

船东互保协会对以下原因造成的责任不予承担责任:

(1)船舶险承保风险

(2)战争风险

①战争、内战、革命、叛乱、骚动或由此引起的民间纠纷、或任何向交战国或由交战国做出的敌对行为。

②捕捉、没收、逮捕、拘留或扣留及其后果或试图进行上述行为。

③水雷、鱼雷、炸弹、爆炸器或其他类似武器。

(3)核风险

①由核燃料或核废料或核燃料的燃烧而产生的核放射和核污染。

②任何核装置、核反应堆或其他核装置核反应堆的组合体的放射性、有毒性、爆炸性或其他危险性或污染特性。

③任何应用原子核或核裂变和聚变或其他类似核反应或放射性源或物品的战争武器。

(4)其他保险已承保的风险

(5)走私、偷越封锁线、非法贸易

(6)无纸贸易

(7)会员故意或轻率地违反运输合同所产生的责任和费用

四、船东互保协会损害赔偿最高限额与免赔额

(1)损害赔偿最高限额

对油污损害责任的赔偿每次事故不超过10亿美元。

(2)免赔额

①船员生病和受伤,每次挂港每人500美元。

②货物索赔,每航次1000美元。

③罚款,每次500美元。

④旅客伤亡病,每位旅客为500美元,每次事故最高5000美元。

任务四　租船人责任保险的运用

一、租船人责任保险责任范围

(1)赔偿被保险人由于承租船舶承担以下的法律责任:

①船舶的物理性灭失或损坏;

②被保事故引致迟延、拘禁、滞留或丧失使用所产生的责任与支出的费用;

③财产的物理性灭失或损坏,无论陆上或水上、固定的或移动的;

④对第三人造成的死亡、疾病或身体伤害。

(2)赔偿作为租船人的被保险人根据提单/货运单,或类似的运输合同(包括直运或多式联运)承运货物所承担的法律责任。

(3)赔偿被保险人法律上可能要负责的共同海损分摊、救助及救助费用。

二、特别条款

(1)作为在整个保险期间的一项承保条件,在依据提单/货运单或类似承运合同下,用作承运货物的被保船舶或任何被使用船舶,必须具有国际船级社协会的认可入级,且其船龄不得超过20年。

(2)保险人承担责任之先决条件是,在保险生效前,任何租约或被保险人之提单/货运单条款必须首先获得保险人的核准,与此同时该等提单/货运单或类似之运输合同都必须包括一项首要条款纳入《海牙规则》/《海牙一维斯比规则》或其他同等之国家法律。

(3)保险人承担责任之先决条件是,如为同意在甲板上装运的货物,须在提单/货运单上注明将在甲板上运载,且免除承运人责任之条款。

(4)另一先决条件是,租约须规定船舶必须在伦敦保险人协会所公布之区域内经营,若船舶超越此范围航行,则本保险将终止,除非是因被保险人所不能控制的情况下引起。但在

该情况下，应从速通知保险人以便能被恢复本保险。

三、除外责任

保险人不赔偿由下列原因引致或与之有关的损失：

（1）载搭乘客，不论是否付费。

（2）在运输合同或类似合同下，没有遵循约定的交付日期或时间。

（3）被保险人拥有的/租赁的货物或财产的灭失或损坏。

（4）在运输合同下将被认为包括但不限于下列情况之差异。

①因提单/货运单或类似文件提前或押后签发日期所产生的责任；

②对已同意装载于舱内的货物装载在甲板上的责任；

③由提单/货运单或类似文件上的错误资料所产生的责任，例如：不正确装港；不正确卸港；不正确航线；不正确船舶；不正确描述货物的规格、数量及质量；

④未凭提单或类似文件交付货物。

（5）除非保险人事先同意否则不负责船舶进坞的责任。

（6）被保船只拖带或被拖带的责任。

（7）运费或收入的损失包括未来的租金。

（8）取消或终止租约。

（9）由下列货物引致或与之相关的责任。金银条；宝石；钞票、钱币、支票、信用卡；债券、可转让之文件及证券；首饰、工艺品、古董，除非是作为家居用品的一部分或私人物品运送；牲畜及家禽。

复习思考

一、单项选择题

1.海运责任保险的责任是一种（　　）责任。

A.民事责任　　B.刑事责任　　C.行政责任　　D.政治责任

2.我国船东互保协会承保的责任范围一般不包括（　　）。

A.人身伤亡　　B.船舶全损　　C.油污损害　　D.货损货差

3.我国船东互保协会对承保（　　）风险规定了损害赔偿最高限额。

A.油污损害　　B.船舶全损　　C.共同海损　　D.人身伤亡

4.货运代理责任保险对（　　）原因引起货运代理人的赔偿责任不承担责任。

A.过失行为　　B.倒签提单　　C.误交货物　　D.迟延交货

5.我国船东互保协会承保船舶碰撞责任的范围是（　　）责任。

A.超额责任　　B.2/4　　C.3/4　　D.4/4

二、多项选择题

1.保赔保险具有（　　）特点。

A.非营利性　　B.充分保障性　　C.互助性　　D.营利性

2.属于我国船东互保协会除外责任的有（　　）。

A.船舶全损　　B.船舶部分损失　　C.战争风险　　D.核风险

3.货运代理责任保险通常承保(　　)责任。

A.海关罚款或惩罚　B.未能收取运费　C.战争　D.预借提单

4.(　　)属于海运责任保险。

A.保赔保险　B.船舶保险　C.货物保险　D.货运代理人责任保险

5.租船人责任保险的除外责任有(　　)。

A.被保船只拖带　B.运费或收入的损失

C.对第三人造成的死亡　D.船舶的灭失

三、判断题

1.保赔协会为非营利性保险组织,保险公司为营利性保险组织。

2.海运责任保险的责任系无过失责任和无过错责任。

3.船东保赔保险对船舶保险承保的风险造成的损失不承担责任。

4.对租船人未凭提单放货引起的责任,保险人不承担责任。

5.保赔协会的赔偿责任通常是是无限的责任。

四、简答题

1.海运责任保险分为哪些种类?

2.船东互保协会的除外责任包括哪些?

3.货运代理人责任保险的承保范围通常包括哪些?

4.保赔协会与商业保险公司的主要区别是什么?

5.国际货运代理责任保险的除外条款和赔偿限制通常有哪些?

五、案例分析题

货运代理人从货主手上接受100袋服装,并签发House B/L给货主,然后又将不同货主的货物装在同一个箱子里,以托运人的名义办理海运手续。承运人签发海运提单给货运代理人。在目的港,尽管集装箱的铅封完好,但缺少10袋服装。收货人向货运代理人索赔其短少的货物。请回答:

①货代是否对短交货物负责?

②假设货代投保责任保险,此种责任是否属于保险人的责任范围?

③货运代理人能否向海运承运人索赔?

项目七　海上保险损失的界定

学习目标

1.熟练掌握海上保险标的损失划分方法与种类。
2.熟练掌握并能运用近因原则进行损失原因分析。
3.熟练掌握货物损失划分与计算方法。
4.了解船舶损失划分种类与计算方法。

项目任务

任务一　保险标的的损失划分

任务描述:能够根据所学的保险原理正确区分保险标的的损失种类,灵活区分物质与费用损失、直接与间接损失、全损与部分损失;能够灵活运用近因原则进行损失分类。

一、海上保险保障的保险标的的损失

海上保险主要承保保险人和被保险人约定的保险事故造成的保险标的的损失,是指保险标的由于约定的保险事故的发生而造成的损害或灭失以及由此支出的各项费用。

保险标的的损失可以从不同的角度进行分类,按损失发生的客体是否是保险标的本身,可以分为直接损失和间接损失。对于间接损失,保险人一般是不予赔偿的,保险人通常仅负责赔偿保险标的的直接损失;按损失的形态,可以分为物质损失和费用损失。只要是承保范围内,保险人都负责赔偿;按遭受损失的程度,可以分为全损(全损包括实际全损、推定全损和部分全损)和部分损失;区分全损和部分损失对于保险标的的赔付有着重要意义。在保险合同中,如果保险人与被保险人约定仅承保全损险的话,当保险事故造成保险标的的损失没有构成全损,被保险人不能从保险人那儿获得任何保险赔偿;保险标的按损失的性质,可以分为共同海损和单独海损。

1.物质损失

(1)实际全损

①实际全损的概念

实际全损(Actual Total Loss),根据我国海商法的规定,是指"保险标的发生保险事故后灭失,或者受到严重损坏完全失去原有的形体、效用,或者不能再归被保险人所拥有的,为实际全损。"

Total loss refers to the loss of the entire shipment caused by the occurrence of one of the perils of the sea, fire, or some other reasons.

②实际全损的构成

根据我国海商法的规定,保险标的发生以下情形构成实际全损:

a.保险标的灭失

保险标的灭失包括保险标的完全毁损和灭失,是指标的物本身已经完全被毁、灭失或不存在了。例如,船舶在海上航行遇到台风或者碰撞而沉入大海中,便是典型的灭失。如中远散货运输公司所属的"富山海"轮2003年在丹麦海域与一外轮发生碰撞后沉没,青岛远洋运输公司所属的"桃源海"轮在从澳大利亚前往南非途中因为恶劣气候沉没在印度洋。再如,货物遭受大火的焚毁,已经不存在了,也构成实际全损。

b.保险标的失去原有的形体和效用

保险标的失去原有的形体和效用是指保险标的遭受保险事故后,尽管没有完全毁损和灭失,但已失去原有的性质和用途,其特性已经全部被改变,没有经济价值。如茶叶在运输途中被海水或雨水浸泡、已失去茶叶的效用,不能再供人食用。水泥货物经海水浸泡而结成硬块,失去原有用途等。英国1906年海上保险法也做出相同的规定,即当保险标的损坏程度严重到不再是与原保险标的类似的事物,构成实际全损。例如,一批枣子货物在运输途中遭受污水的污染,致使只能被用作肥料。英国法院判决构成实际全损。

c.被保险人丧失对保险标的的拥有

被保险人丧失对保险标的的拥有是指被保险人不能再拥有保险标的,或者说不可避免地丧失了保险标的。例如,船舶被政府没收,尽管船舶仍在,但被保险人的所有权已被剥夺。要注意的是,被保险人丧失对保险标的的拥有不能完全理解为丧失对保险标的的所有权,如船舶被海盗掠走,被保险人仍然拥有对船舶的所有权,但实际上已不可能再拥有被保险船舶。

d.船舶失踪

对于船舶失踪,我国法律和船舶保险单一般把它视为实际全损,但有个时间上的规定。根据我国海商法规定,船舶在合理时间内未从被获知最后消息的地点抵达目的地,除合同另有约定外,满2月后仍没有获知其消息的,为船舶失踪。船舶失踪视为实际全损。国际上有些国家规定船舶失踪作为推定全损处理。

③实际全损的法律后果

保险标的发生实际全损后,如果是属于保险承保范围,保险人按保险金额全额给予赔偿。保险人对于保险标的的实际全损的赔付不能扣除免赔额,保险标的如有残值归保险人所有。保险标的发生全损后,被保险人无须向保险人提出保险委付通知书。

根据我国海商法的规定,发生保险事故后,保险人有权放弃对保险标的的权利,全额支付合同约定的保险赔偿,以解除对保险标的的义务。如保险人未放弃的话,保险标的发生全损,保险人支付全部保险金额的,取得对保险标的的全部权利。但是,在不足额保险的情况下,保险人按照保险金额与保险价值的比例取得对保险标的的部分权利。

(2)推定全损

①推定全损的概念

推定全损(Constructive Total Loss)是一个较为抽象的概念,也是海上保险特有的概念。推定全损是指保险标的发生保险事故后,认为实际全损已不可避免,或者为避免发生实际全损所需支付的费用超过保险价值的情形。推定全损是一种介于实际全损和部分损失之间的中间阶段,但赋予被保险人向保险人索赔全部保险金额的权利。

我国海商法分别就船舶推定全损和货物推定全损的构成做出具体规定,船舶推定全损是指“船舶发生保险事故后,认为实际全损已不可避免,或者为避免发生实际全损所需支付的费用超过保险价值的,为推定全损;”货物推定全损是指“货物发生保险事故后,认为实际全损已不可避免,或者为避免发生实际全损所需支付的费用与继续将货物运抵目的地的费用之和超过保险价值的,为推定全损。”

②推定全损的构成

根据我国海商法的规定,推定全损包括实际全损已不可避免或支付的费用超过保险价值等情形。

a.实际全损已不可避免

实际全损已不可避免是指被保险标的遭受保险事故后,虽然没有达到像上述所列实际全损的情形,但已不可避免的要发生这种情形的后果。例如,船舶在台风中触礁,船舶仍在那儿,但无法实施救助,船舶的完全灭失已无法避免。

b.支付的费用超过保险价值

保险标的遭受保险事故后,为了避免实际全损的发生所需支付的费用超过保险标的的保险价值同样构成推定全损。在海上保险实践中,对于船舶保险而言,如果恢复、修理、救助的费用或者这些费用的总和超过保险价值时,也可视为船舶推定全损。例如,船舶的保险价值为100万元,该船舶在海上航行中触礁受损严重,估计救助费用为40万元,修理费用为70万元,两者之和超过船舶保险价值,视为推定全损。

③推定全损的法律后果

保险标的发生推定全损后,被保险人可以将其视为部分损失,选择向保险人索赔部分损失。被保险人也可以将其视为如同实际全损一样,选择向保险人索赔全损。被保险人如果要求保险人按全部损失赔偿的,应当向保险人委付保险标的,保险人一旦接受保险委付,标的物的权利和义务归属保险人,保险人按全损赔偿被保险人。

(3)部分全损

部分全损是指在海上运输货物中可以分割的一部分保险标的发生全损的情形。部分全损主要针对货物而言,例如:货物使用驳船运输时,同一驳船上的全部货物发生全损;同一张保险单承保两种以上不同货物,其中一种货物发生全部损失。对于部分全损,只要符合规定,即便是承保全损险,保险人也给予赔偿。

(4)部分损失

部分损失是指保险标的遭受一部分的损失。凡保险标的没有达到全损程度的的损失,均属部分损失,即不属于实际全损和推定全损的损失为部分损失。部分损失按其性质可分为单独海损和共同海损。

Partial loss refers to the loss of part of a consignment. According to different causes, partial loss can be either general average or particular average.

①单独海损

单独海损是指海上自然灾害、意外事故等直接引起保险标的的损失和费用的支出。如船舱起火,货物被烧毁,船舶触礁受损等。单独海损有时也可能会造成保险标的的全损,如船舶遭遇台风而沉没,则是单独海损造成的船舶全损。

②共同海损

共同海损是指,在同一海上航程中,船舶、货物和其他财产遭遇共同危险,为了共同安全,有意地、合理地采取措施所直接造成的特殊牺牲、支付的特殊费用。共同海损损失包括共同海损牺牲和费用。例如载货船舶起火,为船货的共同安全而采取灭火措施所造成的货被水湿的损失属于共同海损牺牲。再如载货船舶在海上遇难,请求救助而支付的救助报酬属于共同海损费用的支出。

2.费用支出

费用支出属于无形财产损失。保险标的的损失不但包括保险标的本身损失,还可能导致费用上的损失,如施救费用、救助费用、特别费用和额外费用等。

Marine losses are the damages or losses of the insured goods incurred by perils of the sea.Losses sustained by the insured because of the risks listed above come from not only the loss of the goods or the damage done to the goods, but also from the expenses the insured sustained in rescuing the goods in danger.Transportation insurance not only insures the losses caused by risks but also the losses of expenses.The main expenses include…

(1)施救费用(Sue and labor expense)

施救费用是指保险事故发生后,被保险人为防止或减少保险标的的损失,采取各种必要的措施所支付的必要的、合理的费用。

(2)救助费用(Salvage charges)

救助费用在这里是指保险事故发生,由第三方对保险标的进行救助后,被保险人支付给第三方的救助报酬。如船舶在海上航行中,不幸触礁,请专业的救助公司前来救助而支付给救助公司的报酬。救助费用如是为了船和货的共同安全所支付的,则属于共同海损损失。海上保险的救助费用的实际含义与海难救助中的救助报酬的含义基本上是一致的。

施救费用与救助费用是不同的两个概念,他们的区别在于:一是实施的主体不同,施救是被保险人实施所发生的,救助是第三方实施所发生的。二是给付原则不同,施救无论有无效果,所发生的费用保险人都应支付。救助一般是无效果无报酬,没有效果被保险人无须支付给第三方,自然保险公司也就无须赔偿。三是赔偿的责任不同,施救费用是一个单独保额,保险人在保险标的损失赔偿之外另行支付,最高不超过保险金额。救助费用则不是,救助往往与共损连在一起,保险人对救助费用的赔偿金额是将其合并到保险标的本身损失一并计算。

(3)特别费用

特别费用是指船舶遭遇海难后,在中途港或避难港由于卸货、存仓以及运送货物所发生的特别费用。

(4)额外费用

额外费用是指为确定保险事故的性质、程度而支出的检验、估价的合理费,以及为执行保险人的特别通知而支出的费用。保险人对于额外费用的支付与施救费用一样,在保险标的的损失赔偿之外另行支付,并以保险金额为限。

我国海商法规定,被保险人为防止或者减少根据合同可以得到赔偿的损失而支出的必要的合理费用,为确定保险事故的性质、程度而支出的检验、估价的合理费用,以及为执行保险人的特别通知而支出的费用,应当由保险人在保险标的损失赔偿之外另行支付。保险人对前款规定的费用的支付,以相当于保险金额的数额为限。保险金额低于保险价值的,除合同另有约定外,保险人应当按照保险金额与保险价值的比例,支付规定的费用。

3.产生的责任

被保险人的责任指被保险人本身有过失造成他人财产或人身损失,根据法律或有关规定所应承担的赔偿责任。为此如果投保责任保险,由保险人根据保险合同的规定给予赔偿。责任保险主要指船舶碰撞责任保险,油污责任保险,船东保赔保险,租船人责任保险,货运代理人责任保险等。

4.委付制度

(1)保险委付的概念

保险委付(Abandonment)是指发生保险事故造成保险标的的推定全损,被保险人放弃保险标的,将一切权利和义务转移给保险人,而要求保险人按全部损失给予赔偿的法律行为。它是被保险人要求保险人按全损赔偿的前提条件。我国海商法规定,保险标的发生推定全损,被保险人要求保险人按照全部损失赔偿的,应当向保险人委付保险标的。保险人可以接受委付,也可以不接受委付,但是应当在合理的时间内将接受委付或者不接受委付的决定通知被保险人。委付不得附带任何条件。委付一经保险人接受,不得撤回。保险人接受委付的,被保险人对委付财产的全部权利和义务转移给保险人。

(2)保险委付成立要件

①保险标的发生推定全损

在海上保险中,只有当保险标的发生推定全损发生时,才产生保险委付行为,实际全损和部分损失都不存在委付的问题。

②发出委付通知

被保险人必须向保险人发出保险委付通知,这种通知可以是书面,也可以是口头的。海运实务中一般是书面,而且应在合理时间内发出。

③委付不能附带任何条件

被保险人在向保险人提出保险委付时,不能附加任何条件来限制或要求保险人。如船舶失踪被保险人申请保险委付时,不能要求当船舶有着落时归被保险人所有。

④委付须经接受方为有效

委付虽然说是被保险人的单方行为,但要以保险人接受为前提条件。保险人可接受,也可不接受。保险人一经接受就不得撤回。

⑤全部委付

被保险人不能就标的的一部分委付,而另一部分不适用委付。委付必须是全部委付。

(3)保险委付的效力

①保险人接受委付的法律效力

保险标的的一切权利和义务转移给保险人,保险人按全损赔偿被保险人。保险人一旦接受委付,不得撤回。

②保险人不接受委付的结果

只要构成法律规定的推定全损，保险人按全损赔偿，保险人不承担标的物引起的一切责任。我国海商法规定，发生保险事故后，保险人有权放弃对保险标的的权利，全额支付合同约定的保险赔偿，以解除对保险标的的义务。

二、近因原则

在海上保险中，保险人承担赔偿责任的前提条件是，导致损失发生的原因是在保险人的承保范围之内，如果不是保险人承保范围的原因导致的损失，保险人是不予赔偿的。因此确定损失原因对于保险人是否承担保险责任是至关重要的。保险人以近因作为确定自己是否应对被保险人所受到的海上损失承担赔偿责任的依据。英国海上保险法规定，保险人对以承保危险为近因的损失承担赔偿责任，对承保危险非为近因所造成的损失不承担赔偿责任。

1.近因的含义

在海上保险中，造成保险标的损失的原因可能有一个，也可能有几个，一般说来导致损失的原因往往不止一个，其中有的属于保险人的承保范围，有的则不属于保险人的承保范围，如何确定保险人的责任呢？因此产生近因原则(Principle of Proximate Cause)。

海上保险法上的近因是指导致海上损失的主要的、起支配性和决定性作用的原因。也就是说损失与原因之间要有因果关系，这种因果关系必须是直接原因导致的，我们不能把近因理解为在时间上离损失最近的原因或者导致损失的最后原因。

英国《1906年海上保险法》第55条(1)款关于近因标准的规定："Subject to the provisions of this act, and unless the policy otherwise provides, the insurer is liable for any loss proximately caused by a peril insured against, but, subject as aforesaid, he is not liable for any loss which is not proximately caused by a peril insured against."

◇ 典型案例 ◇

一批黄麻自加尔各答运往汉堡，由德国商船承运，航行至地中海时，第一次世界大战爆发。船长恐惧怕遭英军舰拘捕，便驶入意大利港口暂避，黄麻就地变卖。货主要求保险人赔偿。法院判决，损失非承保风险所致，被保险人无权向保险人索赔。

2.近因原则的运用

(1)单一原因构成的近因

对于单一原因造成的保险标的损失，理论上的理解和实践中的处理都比较简单。如果这一原因属于保险人承保的风险，保险人应当承担赔偿责任。如果不属于保险人承保的风险，保险人则不应当承担赔偿责任。

(2)从多因中确定近因

对于多种原因造成的保险标的损失，理论上的理解和实践中的处理都比较复杂。因为致损的原因比较复杂，有同时发生的，也有先后发生的，但都相对独立；有连续发生的且互为因果关系，也有间断发生的且对损失形成都是不可缺少的条件；有外因造成的，也有内因造成的等等。这都需要通过确定损失的近因,来决定保险人是否应当承担责任。一般说来,多种原因中持续起决定作用或处支配地位的原因属承保风险的,保险人应承担责任;在因果关系中,有新的、相对独立原因介入并导致损失发生,如果这一原因属承保范围,保险人要承担责任。

◈ **典型案例** ◈

被保险人诉保险人关于船舶搁浅造成的货损是否属于保险人的赔偿责任,法院经审理认为:本案保险单约定的平安险是一种列明风险。在保险人承保列明风险的情况下,被保险人须证明造成损失的近因是某种具体的列明承保风险。根据已查明的事实,该轮冲滩后处于搁浅状态。搁浅是一种事实状态,保险单上只约定承保风险搁浅,对实施搁浅的方式并无约定。被告提出的冲滩是船长施救的故意行为,不属于承保风险的抗辩理由不成立。但是,本案所涉及的货损均与搁浅无因果关系。搁浅前,造成的16个集装箱倾斜落海的近因是船舶积载不当。搁浅后,由于印尼军方扣留货物这一非常事件的介入,中断了搁浅与货损之间的因果关系,应认定该非常事件是造成28个集装箱实际全损的近因。船舶积载不当及军方扣留货物造成的货损,均不属于平安险的责任范围。原告主张货物的损失是由船舶搁浅沉没造成,没有事实依据,不予支持。

早期最具代表性的案例是 Leyland Shipping Co. Ltd. V. Norwich Union Fire Insurance Society Ltd.一案,英国上议院在对该案的判决中确定了近因的新标准。该案中,船舶遭受德国潜水艇的袭击,但在拖轮的协助下抵达勒阿费尔,后停靠在码头旁。当刮大风时,风使该船与码头相碰,港口当局担心该船沉没而关闭了码头,并命其停靠在防坡堤外围。该船在那里停靠了2天,随潮落而搁浅,随潮起而起浮,在该船沉没之前,其所有人根据未包括战争原因在内的保险单以损失为海难所致为由要求赔偿。上议院一致主张,船舶搁浅并非一项"新的干预行为(novus actus interveniens)",潜艇袭击是损失的近因,保险人不负赔偿责任。

在1938年,"拉纳萨·弗鲁特汽船和进口公司诉宇宙保险公司"案中,"绿宝石"轮在航行途中搁浅,船上的香蕉因迟延而腐烂。被保险人认为,"搁浅"是货损的近因,根据保险单的规定,保险人应负赔偿责任。保险人则认为,腐烂或固有缺陷是近因,根据保险单的规定,保险人不负赔偿责任。联邦最高法院指出,近因是有效的原因,不是仅仅对结果在时间上较近的非主要原因。该案中货物装船时是完好的,正常航程不会腐烂,货损的近因是海上风险——搁浅,不是因搁浅而引起的迟延,根据海上货物保险单的规定,保险人对货损应负赔偿责任。

任务二　海运货物保险损失核算

任务描述:掌握几种常见的货损计算方法。

一、货物全损的赔偿计算

被保险货物的全损包括实际全损、推定全损和部分全损三种情况:

1.实际全损和推定全损

对于被保险货物的实际全损和推定全损，如果是定值保险，保险人按照被保险货物的保险金额全部给予赔偿。对于货物本身而言，如有残余价值应归保险人所有。如果是不定值保险，则按货物的实际价值作为赔偿的依据，保险人仅赔偿货物的实际价值。

如果货物全损情况下，被保险人支付的施救费用，保险人应在赔偿货物保险金额之外，另行赔偿被保险人为此支付的施救费用，但以被保险货物的保险金额为限。

2.部分全损

保险人对于部分全损赔偿数额应是该批货物的保险金额，而不是总的保险金额。对于不定值保险的货物以及施救费用的计算同前所述。

二、货物部分损失的赔款计算

1.数量损失的计算公式

赔偿数额=保险金额×遭受损失货物件数(重量)/承保货物总件数(重量)

如小五金货物10箱，每箱重10kg，保险金额为人民币10000元，货主投保一切险，运输过程中短少两箱。其计算赔偿额应为：

10000×2/10=2000元

2.质量损失的计算公式

赔偿数额=保险金额×货物完好价值-受损后的价值/货物完好价值

如一批服装承保水渍险，保额为人民币10000元，在运输途中遭受风浪袭击水损，目的地完好价值为人民币15000元，受损后的价值为人民币7500元。

10000×(15000-7500)/15000=5000元

3.加成投保的计算公式

赔偿数额=保险金额×按发票计算的损失额/发票金额

如出口丝绸100匹，发票金额为人民币100000元，保额为人民币120000元，损失10匹，按发票计算损失金额为人民币：

120000×10000/100000=12000元

4.扣除免赔额的计算公式

扣除免赔额的赔偿计算方法分为按整批货物扣除和按受损货物重量扣除两种方式，一般情况下是按整批货物扣除免赔额计算。

计算步骤为：先计算免赔重量，再算出赔偿重量，最后计算赔偿金额。

例如：进口化肥1000袋，每袋100kg。保险金额为50万元，投保一切险，免赔额为0.5%。货物到港后，有些袋子破损，短少1850kg。计算额应为：

免赔重量　1000×100×0.5%=500kg

赔偿重量　1850-500=1350kg

赔偿金额　50万×1350/1000×100=6750元

任务三 船舶保险损失的核算

任务描述：了解船舶全损与部分损失的划分及核算方法；掌握单一责任原则与交叉责任原则的区别与运用条件。

一、船舶实际全损和推定全损

1.实际全损

我国船舶保险条款规定，被保险船舶发生完全毁损或严重损坏不能恢复原状，或者被保险人不可避免地丧失该船舶，作为船舶实际全损，按保险金额赔偿。保险人按保险金额全额赔付被保险人后，该船舶所有权归保险人所有。当然保险人也可放弃对船舶的权利，全额支付保险合同约定的保险金额，以解除对船舶可能产生的义务。同货物保险赔偿计算一样，如果是在不定值保险的情况下，首先要确定船舶的保险价值。如果船舶的保险价值高于保险金额，保险人按保险金额赔偿；如果船舶的保险价值低于保险金额，保险人按保险价值赔偿。

2.推定全损

我国船舶保险条款规定，但被保险船舶实际全损已不可避免，或者恢复、修理、救助的费用或者这些费用的总和超过保险价值时，在向保险人发出委付通知后，可视为推定全损，不论保险人是否接受委付，按保险金额赔偿。如果保险人接受了委付，保险标的归保险人所有。

对于船舶在航次中应收的运费数额，不论是实际全损还是推定全损的情况下，保险人不能要求享有，仍归船东所有。

二、船舶部分损失

船舶发生部分损失，在一般情况下要到修船厂修理，保险人对于在承保范围内造成的损失进行修理所支付的费用，按实际支付的数额给予赔偿。但要注意以下几点：

(1)以新换旧不做扣减。

(2)船底的除锈或喷漆的索赔不予负责，除非与海损修理直接有关。

(3)船东为使船舶适航作必要的修理或通常进入干船坞时，被保险船舶也需就所承保的损坏进坞修理、进出船坞和船坞的使用时间费用应平均分配。如果船舶仅为所承保的损坏必须进坞修理时，被保险人于船舶在坞期间进行检验或其他修理工作，只要被保险人的修理工作不曾延长被保险船舶在船坞时间或增加任何其他船坞的使用费用，保险人不得扣减其应支付的船坞使用费用。

(4)船舶部分损失要扣除免赔额。

三、船舶损失费用

船舶损失费用主要指共同海损、救助费用和施救费用。

1.共同海损和救助费用

根据我国船舶保险条款的规定，保险人负责赔偿被保险船舶的共同海损、救助、救助费用的分摊部分。被保险船舶发生共同海损牺牲，被保险人可获得对这种损失的全部赔偿。

而无须先行使向其他各方索取分摊的权利。对于费用,等到理算后,保险人才予赔偿被保险人的分摊部分。

凡保险金额低于约定价值或低于共同海损或救助费用的分摊金额时,保险人按保险金额在约定价值或分摊金额所占的比例计算。

2.施救费用

同货物损失赔偿计算一样,对于施救费用,保险人应在赔偿船舶损失之外,另行赔偿被保险人为此支付的施救费用,但以被保险船舶的保险金额为限。同样,在保险金额低于保险价值的情况下,也就是不足额保险,保险人按照保险金额与保险价值的比例支付施救费用。

四、船舶碰撞责任的核算

对于船舶碰撞责任的核算,根据我国船舶保险条款的规定,当被保险船舶与其他船舶碰撞双方均有过失时,除一方或双方船东责任受法律限制外,本条项下的赔偿应按交叉责任的原则计算。保险人对船舶碰撞责任的赔偿有单一责任原则和交叉责任原则。

1.单一责任原则的计算

单一责任原则是指碰撞双方按各自的过失比例计算出应向对方支付的赔款后进行冲抵,有多付的一方向另一方支付余额。保险人仅承担被保险人向对方支付的实际金额;这种计算方法有利于保险人。

例如,甲船与乙船发生碰撞,双方对这次碰撞都负有责任,即互有过失。经法院裁定,甲船承担50%的碰撞责任,乙船承担50%的碰撞责任。假设甲船总损失为20万元(修理费12万元和8万元的船期损失),乙船损失为16万元(修理费10万元和6万元的船期损失),根据单一责任原则计算,则应:甲船赔偿乙船的损失16万的50%,为8万元,乙船赔偿甲船的损失20万的50%,为10万元。双方赔偿数额相互抵消后,乙船应向甲船赔偿余额2万元(10-8=2)。乙船的保险人应赔偿乙船2万元的碰撞责任损失,甲船的保险人则不需向甲船支付碰撞责任的损失赔偿。

按此计算,甲船保险人不承担碰撞责任,甲船船东本身的损失只能从保险人那儿拿到12万元(8万元船期损失不赔)加上乙船的赔偿8000元(2万元中的12万元是修理费,保险人要扣除),共12万8000元。甲船船东损失7万8000元。

2.交叉责任原则的计算

交叉责任原则是指碰撞双方按各自的过失比例相互赔偿对方的损失。这种计算方法有利于被保险人。

例如上例中,根据交叉责任原则来计算,甲船保险人承担甲船碰撞责任8万元,乙船保险人承担乙船碰撞责任10万元,双方保险人的责任不能以最终双方抵冲的数为准。按此计算,甲船船东从对方保险人那儿拿到6万元的修理费和4万元的船期损失,从本船保险人那儿拿到本船修理费6万元,共得赔偿额为6+4+6=16万元,比单一责任原则多得了3万2000元的赔偿。

项目八　海上保险的索赔与理赔

学习目标

熟悉索赔、理赔流程及中英文函电的写法与技巧。

项目任务

任务一　海上保险索赔

任务描述：掌握海上保险索赔程序及需要准备的单证，了解不同贸易术语下索赔差异。

在海上保险实务中，一旦发生保险事故，保险赔偿程序便要开始运转。站在保险人的角度就是保险理赔；站在被保险人的角度就是保险索赔。因此，有时会出现保险索赔和保险理赔术语同时并列以及内容重复等情况。本书为条理清楚便于学习，分为索赔与理赔两个任务。

一、海上保险索赔(claim)

海上保险索赔通常是指被保险人在发生保险事故后，就被保险人所遭受的损失向保险人提出赔偿要求的行为。海上保险索赔是被保险人为了维护自身经济利益而行使的其索赔的权利过程，包括损失通知、申请检验、保险索赔、领取赔款等。

二、保险索赔的损失通知

1.损失通知的含义

被保险人在获悉或发现保险标的受损以后，采用书面形式或者其他形式向保险人报告损失情况，并提出赔偿损失的要求，这份书面报告就叫损失通知。

示例：出险通知 Claims Notice

In the event of loss or damage which may result in a claim, immediate notice must be given to Huatai Insurance. Shanghai Branch (hereinafter called " the Company") or the Survey Agent specified in the policy.

2.损失通知时间的要求

我国海商法和货物保险条款都规定，一旦保险事故发生，被保险人应当立即通知保险人。2009年保险法第二十一条规定："投保人、被保险人或者受益人知道保险事故发生后，应当及时通知保险人。故意或者因重大过失未及时通知，致使保险事故的性质、原因、损失程度等难以确定的，保险人对无法确定的部分，不承担赔偿或者给付保险金的责任，但保险人通过其他途径已经及时知道或者应当及时知道保险事故发生的除外。"我国船舶保险条款规定，被保险人一经获悉被保险船舶发生事故或遭受损失，应在 48 小时内通知保险人。被保险人一定要注意在规定的时间内向保险人发生损失通知，这也是被保险人的一项义务，被保险人未及时通知影响保险人利益时，保险人有权对有关损失拒绝赔偿。被保险人的通知义务对于保险人来说是非常重要的，因为它关系到保险人的切身利益。保险人在获悉保险标的发生事故后，可以及时采取必要措施，以防止损失的扩大及确定损失的范围和事故的性质和向有关责任方进行追偿的权利得到保护。

3.损失通知与索赔时效的关系

损失通知与索赔时效并没有直接的关系，不少教科书认为损失通知一经发出，就表明被保险人的索赔行为已经开始，可以不再受索赔时效的限制。实际上不论保险合同还是法律上的规定，索赔时效都应理解为诉讼时效。我国海商法规定“根据海上保险合同向保险人要求保险赔偿的请求权，时效期间为 2 年，自保险事故发生之日起计算”。我国货物保险条款规定“本保险索赔时效，从被保险货物在最后卸港全部卸离海轮后起算，最多不超过两年”。被保险人不能认为只要向保险人提出索赔通知就万事大吉了，如果保险人因种种原因不予赔偿，被保险人必须在 2 年内向法院提出诉讼，才能不丧失诉讼时效和胜诉权。作为被保险人应尽可能的向保险人提早提出，以免保险人以不能有效的行使代位权而拒赔或少赔。因为，海上货物运输货损诉讼时效为 1 年。

三、损失检验

保险标的一旦发生损失，需要进行检验，以便查明事故原因、损失性质、范围和程度，分清责任方，为保险人及时正确处理赔偿提供依据。

1.申请检验

保险合同一般都规定，被保险人发现损失后应立即向保险人或保险人所在目的地的检验、理赔代理人申请检验，不能自行请他人来检验。对于已取得货损货差证明以及损失额较小的货物也可以不申请检验。

2.检验费用的支付

通常由被保险人先垫付，如属于保险责任，保险人负责赔付。如不属于保险责任，原则上也不应由被保险人自负。根据我国海商法的规定第 240 条的规定，应当由保险人支付。

3.检验报告的作用

检验报告是检验人对保险标的损失的情况做出客观鉴定的证书，它是被保险人据以向保险人索赔的重要单证，也是保险人确定其责任的一个重要单证。

四、保险索赔单证

1.货物损失索赔单证

保单（批单）正本原件、保险协议、共保协议复印件、提单正本原件、运单正本原件、装箱单、磅码单、商业发票、贸易合同、承运人出具的正式的货损证明（正本）、国际运输保险索赔清单（正本）、向承运人及相关责任方的索赔函及其答复、照片（正本）、检验报告（正本）；修复费用发票（涉及修复的）、海事报告和海事报告（发生海事时）、必要时应提供设备交接单

(涉及集装箱运输的)、装船前的品质和重量证明(对于大宗散装货)。如涉及第三者责任,还必须提供向责任方追偿的有关函电及其他必要单证或文件。

2.船舶损失索赔单证

我国船舶保险条款对被保险人向保险人索赔时应提供的单证未作规定,从船舶保险实践来看,被保险人要提供下列单证:海事报告和海事声明,航海日志、机舱日志、海图及车钟记录,检验报告,费用清单(包括施救费用、修理费用、船坞费等),有关责任方的来往函电及书面文件,保险单正本,船舶有关证书,索赔清单,其他文件等。

五、保险索赔程序

当被保险人保险的货物遭受损失后,向保险公司的索赔问题就产生了。被保险人应按照保单的规定向保险公司办理索赔手续,同时还应以收货人的身份向承运人办妥必要的手续,以维护自己的索赔权利。

(1)损失通知:当被保险人获悉或发现保险货物遭损,应马上通知保险人,以便保险人检验损失,提出施救意见,确定保险责任,查核发货人或承运人责任。延迟通知,会耽误保险人进行有关工作,引起异议,影响索赔。

(2)向承运人等有关方提出索赔:被保险人或其代理人在提货时发现货物明显受损或整件短少,除向保险公司报损外,还应立即向承运人、受托人以及海关、港务局等索取货损货差证明。当这些损失涉及承运人、受托人或其他有关方面(如码头、装卸公司)的责任,应立即以书面向他们提出索赔,并保留追偿权利,必要时还要申请延长索赔。

(3)采取合理的施救、整理措施:保险货物受损后,作为货方的被保险人应该对受损货物采取措施,防止损失扩大。特别是对受损货物,被保险人仍须协助保险人进行转售、修理和改变用途等工作。因为相对于保险人而言,被保险人对于货物的性能、用途更加熟悉,因此,原则上残货应由货方处理。

(4)备全必要的索赔单证:

①保单或保险凭证正本;

②运输契约,如提单、运单和邮单等;

③发票;

④装箱单、磅码单;

⑤向承运人或有责任方请求赔偿的书面文件;

⑥检验报告;

⑦海事报告摘录或海事声明书;

⑧货损货差证明;

⑨索赔清单。

六、CIF 价格条件下货运险索赔程序及问题

1.发现货损货差

CIF 价格条件下,当收货人收到货物时,首先应与相关单证详细核对,确保所到货物为自己所购、运输及投保之货物。其次,检查货物包装是否有损,并取得文字说明或在收

据上做相关批注。如集装箱交货，应立即同责任方一起检查集装箱箱体及其封条，看集装箱箱体是否有损伤，封条是否破损或丢失，封条与运输单证是否相符，并在收货凭证上予以说明。同时，应尽可能收集原始证据，并对破损情况进行拍照，为今后索赔取得第一手的材料。值得注意的是，货损应尽量在提货前发现，特别是散货，如提货前不做详细检查，一般过后索赔难度较大。集装箱运输也同样应在提货前查看货柜是否破损，是否有泄露迹象。

2.向有关责任方索取货损货差证明记录（海运通常为经船长或大副签字的"理货记录"或"溢短证明"），并向其提交书面索赔申请

责任方出具的货损货差证明记录，在某种程度上即等同于责任方认同货物在其掌管期间出现损失（单证上另有相反批注的除外），这对保险人判定保险责任起着极其重要的作用，同时由于责任方对于责任的认定，也在一定程度上缩短了保险人对责任判定的时间，从而加快了保险人对保险赔付的速度，保险公司也将基于该单证最终有效从责任方处得到补偿。我们日常处理的不少案件中，往往因为收货人没有此意识，从而丧失了保险人向责任方追偿的有力证据，也为此影响了保险赔付。因此，收货人在提货时一旦发现货损货差，一定要向有关责任方索取相关记录、证明，如责任方拒不出具，也可以向其他相关第三方取得证据：如港口，理货公司，工程运输公司，商检等。索赔人在取得证明之后应立即向责任方提出书面索赔，并在此后积极配合保险人与有关责任方交涉，同时保留责任方所有回函，以备保险索赔并便于今后保险人向责任方追偿。在海上保险合同中，一般订有代位求偿条款。根据该条款的规定，保险人在赔偿被保险人的损失后，可以在其赔付金额的限度内，要求被保险人让渡其对造成损失的他人要求赔偿的权利；同时被保险人不得随意放弃对他人的索赔权，否则，保险人将以不能行使代位求偿权为理由，拒绝被保险人的索赔。

3.立即向保单指定检验代理申请检验

一般货运险保单上均载有"一旦发现货损，须立即通知保单指定检验代理……"的条款。通常，检验代理人会要求检验申请人提供相关索赔信息和资料，初步判定损失是否属于保险责任，若无法确定或确定为保险责任范围，则根据货损情况估算大致损失金额，若扣除保单注明免赔额后损失金额明显低于1000美元（伦敦劳合社规定的免检金额或小额理赔金额为100英镑，而各保险公司内部掌握的尺度不一，但一般保险人通常认可的索赔金额为1000美元左右），则要求索赔人将索赔单证递交理赔代理办理理赔；相反情况或无法确定损失金额时，则需安排货损检验，以确定货物损失的状况、程度以及损失发生的原因，并记录在检验报告中。实践中，为确保检验结果的公正性和认同度，越来越多的代理邀请相关利益方特别是相关责任方或承运人进行联合检验，由多方签字共同出具联检报告或备忘录。这便有效避免了今后保险索赔及追偿中众多的扯皮现象。索赔人可付费取得检验报告并向保险人指定理赔代理提赔。

4.及时施救，防止损失进一步扩大

一般货运险保单中"施救条款"规定，"被保险人或索赔人必须采取一切措施减少损失"，"实质上被保险人、索赔人必须像一个谨慎的未投保的人那样为了使损失降到最小而行事"。因此，收货人在通知保险人指定检验代理货损的同时，应立即自行或在代理的指导下

对货损进行及时有效的施救,以防止损失进一步扩大。通常情况下,有关施救费用在索赔金额外另外索赔,但分开好坏货物的费用一般不属于保险公司责任。比如进口羊毛遭受部分水湿,收货人在掏箱时就应进行干湿分装等简单处理,而收货人该行为通常被视为其应尽的义务,保险人一般不对由此所产生的费用进行赔付。这一点在保单的“重要事项”中也有类似规定。

5.向理赔代理或保险公司提供索赔单证(有时保单上所指定的检验代理亦有理赔权)

小额理赔或货物丢失的赔案,索赔人可直接向理赔代理提供相关索赔单证。索赔单证通常包括:正本保单、正本提单、装箱单(复印件)、发票(复印件)、破损记录、理货报告(原件)、向有关责任方的索赔函及复函(复印件)、向保险人的索赔函(原件),维修或更换零件费用发票等,实施检验的需提交正本检验报告及检验费支付凭证。

理赔代理审核索赔单证及检验报告,并据报告中的损失原因判定货损是否属于保险责任,同时根据损失程度出具理赔报告,连同索赔单证寄交保险人。通常理赔代理在单证齐全的前提下3~5个工作日内完成理赔。保险公司在收到单证后通常根据保险条款对货物的损失、有关修理和更换费用、共同海损分摊费用、施救和救助费用等扣除残值后进行赔付。

6.收到赔款

保险人结束审核并确认赔付后,即将赔款划付至索赔人指定的银行账户。通常CIF价格条件下,保险受益人为国外买方,如需卖方办理索赔并受益,买方需出具“授权委托书”,以确保受益人的利益得到充分的保障。

7.签署“权益转让书”

保险人赔付后,索赔人需签署“权益转让书”将索赔权转让给保险人,以便保险人及时向第三者责任方追偿。

8.索赔时效展延

我国相关的法律明确规定:海上货物运输向承运人索赔的时效为1年,航空运输的为2年,水路、公路、铁路运输的均为180天。提货不着、丢失等索赔期相对较短。

值得注意的是,在追偿过程中承运人往往利用时效限制的规定拖延时间,等到时效将近时才答复拒赔,致使货方来不及向法院提出诉讼。同时,由于从出险到损失赔付往往需花费较长的时间,故实际留给保险人的有效追偿时间往往很有限。有些案情复杂的案件,甚至时效将近时保险赔付尚未解决,这便给保险人办理追偿带来困难。因此,在责任方认赔之前,不论结果如何,收货人应在时效终止前(通常2个月左右),正式办理扩展追偿时效的申请手续,并尽早取得责任方对索赔时效展延的书面确认。

另外,在案件处理中常常出现保险保障不充分的问题,集中体现在保险区间不充分上。例如,一票高价值的精密医疗设备从汉堡运往山西运城,保单终止于天津新港。货物在港口未发现损失,但运抵最终目的地后发现破损。这种情况下,保险人通常会以货物在保险区间完好为由而拒赔。因此,建议国内收货人在签订贸易合同时,提请投保人在安排保险时充分注意港口与内陆运输的接口问题,以确保得到充分保障。

以上对CIF价格条件下出口货运险索赔程序及应注意的问题作了简要的介绍,其他价格条件下进出口货运险索赔情况大致相同。

任务二　海上保险理赔

任务描述：掌握理赔注意事项和赔偿原则；能够识别并填制收款及权益转让书。

一、海上保险理赔(To settle a claim, adjustments)概述

1.理赔的含义

海洋运输货物保险的理赔是指保险人根据保险合同条款，对受损失的被保险人进行赔偿的一种合同行为。保险人对海洋货物损失进行赔偿是海上运输货物保险的基本职能。海上保险所进行的赔偿是一种履约赔偿，是建立在海上保险合同基础上的一种理赔，只有发生于海上货物保险单承保责任范围内的损失，享有保险利益的人才可凭保单及有关证件向保险公司要求赔偿。

2.理赔注意事项

首先，保险人从尊重和维护被保险人的利益出发，重合同、守信用，按照合同的规定对被保险人的经济损失予以赔偿。

其次，保险人在赔偿被保险人的损失时，应合乎情理，恰到好处。如果赔偿低于被保险人的损失，保险的职能难以发挥。相反，如果赔偿超过被保险人的损失，就会诱发道德风险的产生。

此外，在重复保险的情况下，保险公司与其他保险公司应共同承担保险责任。

二、赔偿原则

赔偿原则(Principle of Indemnity)是海上保险的基本原则，保险的基本目的就是转移风险给保险人，由保险人承担被保险人的经济损失。而保险人承担被保险人的经济损失的主要形式就是给予被保险人损失赔偿。

1.赔偿原则的概念

赔偿原则是指当被保险人遭受保险事故而受到损失时，保险人在合同规定的范围内给予被保险人充分的经济赔偿而应遵循的基本准则。综观世界各国的有关保险合同定义的法律规定，都可以看出海上保险合同是一个赔偿性质的合同，由保险人赔偿被保险人的损失。

2.赔偿原则的目的

赔偿原则的目的可以从两个方面来理解：首先，赔偿原则体现海上保险合同的宗旨。保险的基本目的就是转移风险给保险人，由保险人承担被保险人的经济损失。赔偿原则完全体现这一宗旨。保险人赔偿被保险人的损失，使其恢复到未受损失前的经济状况。但要注意的是，保险人只负责金钱赔偿责任，不负恢复原状或归还原物的责任。其次，是防止被保险人利用其与保险人签订的海上保险合同从中获得非法的或额外的利益。保险人对被保险人的赔偿是建立在被保险人的实际损失发生的基础上的，没有损失或超过损失的金额，保险人不予赔偿，被保险人不能从中获得非法利益。

3.赔偿原则的具体体现

根据我国的有关保险的法律规定，赔偿原则体现三方面内容：

(1)及时赔偿

保险人对于属于保险人承保责任范围内的损失,必须及时赔偿被保险人的损失,不能拖而不决。我国海商法第237条规定,发生保险事故造成损失后,保险人应当及时向被保险人支付保险赔偿。

2009保险法第二十三条规定保险人收到被保险人或者受益人的赔偿或者给付保险金的请求后,应当及时作出核定;情形复杂的,应当在30日内做出核定,但合同另有约定的除外。保险人应当将核定结果通知被保险人或者受益人;对属于保险责任的,在与被保险人或者受益人达成赔偿或者给付保险金的协议后10日内,履行赔偿或者给付保险金义务。保险合同对赔偿或者给付保险金的期限有约定的,保险人应当按照约定履行赔偿或者给付保险金义务。

保险人未及时履行前款规定义务的,除支付保险金外,应当赔偿被保险人或者受益人因此受到的损失。

任何单位和个人不得非法干预保险人履行赔偿或者给付保险金的义务,也不得限制被保险人或者受益人取得保险金的权利。

第二十四条规定保险人依照本法第二十三条的规定做出核定后,对不属于保险责任的,应当自作出核定之日起3日内向被保险人或者受益人发出拒绝赔偿或者拒绝给付保险金通知书,并说明理由。

第二十五条规定保险人自收到赔偿或者给付保险金的请求和有关证明、资料之日起六十日内,对其赔偿或者给付保险金的数额不能确定的,应当根据已有证明和资料可以确定的数额先予支付;保险人最终确定赔偿或者给付保险金的数额后,应当支付相应的差额。

这些新修订的内容对被保险人及时得到赔偿提供了法律保障。

(2)全面赔偿

所谓全面赔偿是指被保险人在合同规定的承保范围内遭受的损失,有权获得全面和充分的赔偿。保险人不但对被保险人保险标的的实际损失给予赔偿,而且还应对被保险人为此支付的一些费用给予赔偿。我国海商法规定,被保险人为防止或者减少根据合同可以得到赔偿的损失而支出的必要的合理费用,为确定保险事故的性质、程度而支出的检验、估价的合理费用,以及为执行保险人的特别通知而支出的费用,应当由保险人在保险标的损失赔偿之外另行支付。保险人对前款规定的费用的支付,以相当于保险金额的数额为限。我国海商法的规定充分体现全面赔偿的原则。

(3)实际损失赔偿

保险人对于被保险人的损失不得超过被保险人的实际损失,被保险人不能由于保险人的赔偿而获得额外的利益。具体体现在,在不定值保险下,按保险标的的实际价值进行赔偿,而不是按照保险金额赔偿;在超额保险下,超过保险价值的部分无效,保险人对超过部分不予赔付;在保险标的部分损失下,保险人只赔付部分损失;在不足额保险下,保险人按比例赔付;在重复保险下,被保险人获得的赔偿金额总数不得超过保险标的的受损价值;另外,保险人在赔偿被保险人损失后,如果损失是由于第三人过错造成的,保险人获得代位求偿权,被保险人不能同时从保险人和第三人那儿获得双重赔偿。

三、保险理赔程序

海上保险理赔是指保险人处理有关保险赔偿责任的程序和工作。保险理赔通常包括保险人处理被保险人在发生保险事故后向保险人提出索赔的全部过程,包括立案、保险索赔、损失确定、责任审定、赔款计算、赔款给付等6个环节。

海上保险理赔的业务程序具体包括以下事宜:

1.立案

立案是指保险人在接到被保险人的损失通知后,查对被保险人的保险记录,找出并检查被保险人投保的保险单底单(包括批单底单),并按手头材料建立该保险的理偿档案。顺次登记在赔案簿里,登记的内容包括:赔案的编号、保单号码、保险标的、保险金额、运输工具名称、损失情况、处理经过和处理结果,形成一份完整的赔偿档案。

2009年保险法第二十二条　保险事故发生后,按照保险合同请求保险人赔偿或者给付保险金时,投保人、被保险人或者受益人应当向保险人提供其所能提供的与确认保险事故的性质、原因、损失程度等有关的证明和资料。

保险人按照合同的约定,认为有关的证明和资料不完整的,应当及时一次性通知投保人、被保险人或者受益人补充提供。

2.安排检验

安排检验是指保险人接到被保险人损失通知后,立即安排业务人员并汇集有关专业检验人员到现场进行查勘检验。如果是出口货物的损失,通常由保险人在目的地检验,或理赔代理人就近进行检验。但是遇到案情重大或损失巨大的赔案时,保险人还要会同有关专家赶赴现场与代理人一起查验保险标的,以确保其检验的准确性。

3.审核

审核是指保险人对被保险人提出的赔偿要求进行全面的审核,以确定保险人的责任和赔偿范围。审核包括单证审核、损失原因审核、被保险人资格审核、保险期限审核等方面。

(1)审核单证主要包括以下几项:

①保险单正本、批单正本或保险协议、共保协议复印件;

②提单或其他运输单据正本;

③发票;

④装箱单或磅码单;

⑤货损货差证明、责任事故证明正本(或运输环节交接记录证明);

⑥货损查勘、鉴定报告、检验报告;

⑦重大海事案件应提供海事单证及船舶资料;

⑧索赔人向第三方责任者追偿的书面证明;

⑨要求赔偿的清单;

⑩其他有关证件,视需要索取。

(2)审核保险权益:核对保险单、提单、发票,确认三者是否一致,是不是保险公司承保的标的。

(3)审核保险的合法性:注意投保时货物是否已经受损,被保险人是否隐瞒真实情况,如装在舱面的货物说成是装在舱内等等。

(4)审定检验期限:被保险人是否及时申请检验,是否因延迟申请检验造成货物扩大损失,是否向保险单指明的理赔检验代理人申请检验等。

(5)审核损失原因、损失性质:分析损失原因和造成损失的后果,是否属于保险单承保的责任范围。如果属于保险责任范围内的损失,保险人应及时地、合理地给予赔付,否则保险人将不承担赔偿责任。比如承保水渍险,对偷窃提货不着损失不承担责任,又如搁浅造成运输延迟造成的物价下跌的损失不属于保险责任的范围。此外,淡水或雨淋造成的货物损失不属于水渍险的保险责任。

(6)审核损失发生的时间:虽然损失原因后果是属于承保责任,比如说,玻璃破损属于一切险的范围。如果玻璃破损发生在货物抵达目的地最后仓库后,搬运工人翻垛时跌落所致,属于保险期限之后发生的,保险公司不负责赔偿。

(7)审核被保险人是否履行了义务:根据保险合同的规定,被保险人应履行相应的义务,保险人才能承担赔偿责任。如被保险人在货物发生损失后,应及时采取必要的措施进行施救,以避免或减少损失。如果被保险人没有履行这一义务致使损失扩大的部分,保险人则在赔款中予以扣除。

(8)审核是否向第三者追偿:被保险人是否及时向承运人或其他第三者履行民追偿的必要手续。在审核中,如果由于被保险人的原因而丧失追偿的权利,保险公司可以只赔损失金额和第三者应负责金额之间的差额。

4.核赔定损与赔款计算

赔款计算是指在明确保险人责任后,保险人对保险标的具体损失根据不同的情况,通过计算,做出应给予赔偿的具体数额。经审核,如果没有问题,应尽快计算赔款。赔款计算的方法因赔案情况不同而有所区别,一般分为全部损失、部分损失、费用损失和残值计算等。

5.赔偿支付

赔偿支付是指保险人向被保险人支付保险赔偿金的行为。

2009年保险法第二十三条规定,保险人收到被保险人或者受益人的赔偿或者给付保险金的请求后,应当及时做出核定;情形复杂的,应当在30日内做出核定,但合同另有约定的除外。保险人应当将核定结果通知被保险人或者受益人;对属于保险责任的,在与被保险人或者受益人达成赔偿或者给付保险金的协议后10日内,履行赔偿或者给付保险金义务。保险合同对赔偿或者给付保险金的期限有约定的,保险人应当按照约定履行赔偿或者给付保险金义务。

保险人未及时履行前款规定义务的,除支付保险金外,应当赔偿被保险人或者受益人因此受到的损失。

任何单位和个人不得非法干预保险人履行赔偿或者给付保险金的义务,也不得限制被保险人或者受益人取得保险金的权利。

同时,为保障被保险人的利益,快速理赔2009保险法第二十四条规定"保险人依照本法第二十三条的规定做出核定后,对不属于保险责任的,应当自做出核定之日起3日内向被保险人或者受益人发出拒绝赔偿或者拒绝给付保险金通知书,并说明理由。"

赔款金额核定后,应办理付款事宜,通常包括以下两个项目:

(1)缮制赔款计算书:列出计算方式、列出保险标的本身的损失、分析受损原因等。

中国人民保险公司山东省公司出口赔款计算书

2013 年 9 月 3 日

赔案编号	CL2013254	保单批单号次	PIYT2013564725985587908
出口公司	TCL IMPORT & EXPORT CO.	保险金额	USD110000
运输工具	GANWAN	保险险别	ALL RISKS
运输路线	自 QINDAO 到 BOMBAY	保品及件数	100 CARTOONS OF WHITE SHIRTS
开航日期	02-05-2013		
理赔代理人	BOMBAY INSURANCE COMPANY		
检验人	BOMBAY INSURANCE COMPANY		
索赔人	INDIA TRADE COMPANY		
计算方式: PARTIAL LOSS:100 × 5000 = 500000 YUAN LESS deductible 500000 ×1% = 5000 YUAN 500000 - 5000 = 450000 YUAN		受损原因分析:WET DAMAGE 有否船方责任:NO	

项　目	金　额			备注:
赔款	人民币	汇率	外 币	
检验费	1000	1 : 8	USD125	
应付收货人	450000	1 : 8	USD56250	
核赔费	1000	1 : 8	USD125	
其他	—	—	—	
小计	452000	1 : 8	USD56500	
手 续 费	1000	1 : 8	USD125	
本案合计	453000	1 : 8	USD56625	

复核:大宝　　　　　　经办:雪花

(2)填制赔款收据。

赔款收据通常和权益转让书合并在一起,不仅证实被保险人已收到赔款,而且还表明被保险人对取得赔款部分的货物权益转让给保险公司。赔款收据及权益转让书的格式如下:

RECEIPT AND SUBROGATION FORM

Loss № Cl25698 Policy/Certificate № PIYT2013564725985589

Insured Amount ________ USD1100000 ________

To the People's Insurance Company of China :

Received from the People's Insurance Company of China the sum of ONE HUNDRED THOUSAND UNITED STATES DOLLARS ONLY full and final settlement of the claim under the above-mentioned Policy/Certificate on PIYT2013564725985587908 shipped per S/S GANWAN from _QINGDAO_ to SINGAPORE .

In consideration of having received this payment, we hereby agree to assign, transfer and subrogate to you, to the extent of your interest, all our rights and remedies in and in respect of the subject matter insured, and to grant you full power and give you any assistance you may reasonably require of us in the exercise of such rights and remedies in our or your name and at your own expenses.
Dated at 08-05-2013
Signed 大庆
Stamp:
(N.B.This document must bear the Legal Stamp necessary for Agreement.)

赔款及权益转让书格式参考

中国平安财产保险股份有限公司
PING AN PROPERTY & CASUALTY INSURANCE COMPANY OF CHINA.LTD.

赔款收据及权益转让书

RECEIPT AND SUBROGATION FORM

保险单号码:Policy/Certificate No.____________________
保 险 金 额:Insured Amount:________________________
赔 案 号:Loss No.______________________________
致:中国平安财产保险股份有限公司__________分公司

To: PingAn Property & Casualty Insurance Company of China Ltd____Branch

贵公司赔付有关上述保险单项下由____轮承运自______港/地至______港/地的(货物)________________索赔案的赔款________________(大写)____________(小写)已收到。立书人同意接受上述赔款,从而结束上述保险单项下的全部索赔。

Received from PingAn Property & Casualty Insurance Company of China Ltd.____Branch, the sum of______(__________) in full and final settlement of the claim under the above mentioned Policy/Certificate Shipped per M/V."___________"from ___________ to___________.

鉴于收到该款,立书人同意将已取得的上述赔款部分保险标的的一切权益转让给贵公司,并同意贵公司以贵公司或立书人的名义向责任方追偿或诉讼,立书人并将提供一切必要的协助,以利贵公司实现该项权益。

In consideration of having received this payment, we hereby agree to assign, transfer and subrogate to you, to the extent of your interest, all our rights and remedies in respect of the subject matter insured, and to grant you full power and give you any assistance you may reasonably require of us in the exercise of such rights and remedies in our or your name and at your own expense.

Date at(地点)______________ this(日)_____day of(月)__________(年)20____

立书人(签章)
Signed:__________________________

任务三　索、理赔函电的写作

任务描述：看懂并制作中、英文索、理赔函电。

一、索赔

1.索赔通知

Dear Sirs,

Preliminary Notice of Claim for
Stain Damage to Chilled Beef ex mv."H"

We regret to inform you that stain damage is found in connection with the shipment of the below-mentioned cargoes:

B/L No.	Marks	No.of Package	Description of Goods
E360	CNC	35 cartons	Australia Chilled Beef

Shipped by Alen Bros Co.from Melbourne on board mv."H" consigned to us under B/L No. E360 and arrived at Qingdao on Aug.5,2013.

We hereby declare that we reserve the right to file a claim with you for this damage when the details and amount of the damage are ascertained. We will apply to China Commodity Inspection Bureau for survey on Aug.18,2013.

Please acknowledge the receipt of this letter.

Very truly yours,

注：(1) Preliminary Notice of Claim：初步索赔通知

(2) Stain damage：污损

译文

"H"轮卸下冻牛肉受污损的初步索赔通知

我们遗憾的通知您我们发现下列货物受污损：

提单号	唛头	件数	货名
E360	CNC	35 纸板箱	澳大利亚冻牛肉

该货物由阿兰兄弟公司从墨尔本装上"H"轮，于 2013 年 8 月 5 日运抵青岛，在 E360 号提单项下交付我们。

兹宣布我们保留索赔权，一经确定损坏程度及金额即向贵公司提出索赔。我们将于 2013 年 8 月 18 日申请中国商检局进行检验。

请确认收妥本函。

2.正式索赔

Dear Sirs,

Re：Claim for Stain Damage to 35 Cartons Chilled Beef ex mv."H"

With reference to our letter of August 10,2013, we now submit the subject claim amounting to US $850.70 as per Debit Note No.×× attached, and shall be glad to receive settlement at your earliest convenience.

In support of this claim, we also enclose one copy each of the following documents:

(1) Shipper's signed invoice

(2) Shipper's packing list/weight list.

(3) Damage Certificate issued by Qingdao Harbor Administration Bureau

(4) Survey Report issued by CCIB

(5) B/L

Regards

Yours faithfully,

注: CCIB = China Commodity Inspection Bureau: 中国商品检验局

译文

关于"H"轮卸下35纸箱冻牛肉受污损的索赔

参照我2013年8月10日函，现我们提出标题所列一案的正式索赔，按所附的××号借记单计金额为850.70美元。请您在最早方便时结案为幸。

为提供证据，便于结案，随函附寄下列单证：

(1)发货人签署的发票

(2)发货人的装箱单/重量单

(3)青岛港务管理局签署的损坏证明

(4)中国商检局签署的损坏报告

(5)提单

3.向保险公司索赔格式参考(1)

We are the holder of the insurance policy no.123 issued by your company on 1000kg of chemical fertilizer shipped by s/s"________". We regret to inform you that during the voyage the ship encountered bad weather and the above consignment incurred heavy loss. We have arranged for the surveyor to investigate the extent of the damage and shall forward his report together with our claim as soon as possible.

Please let us know what particulars you need from us when we submit our claim.

4.向保险公司索赔格式参考(2)

We refer to a shipment of 500 Cartoon shirts transported to Australia, which is shipped on board the vessel"Blue Sky".

From the enclosed documents, you'll note that the goods is suffered the damage and /or shortage. According to the condition of insurance, you, as the underwriter, should be held responsible for the damage to and /or loss of the goods.

Here we enclose the supporting documents for your reference as follows:

(1) Our statement of claims

(2) Bill of lading

(3) Invoice

(4) Survey Report

(5) Tally sheet

We are waiting for your early. Thanks a lot.

二、理赔

1.船东代理人理赔

Dear Sirs,

Re: Claim for Cargo Damage ex mv. "H" V. E901 at Qingdao28/7/2013 Amount Claimed: USD 2,429.17

We convey you the claim files received from the People's Insurance Company of China, Qingdao Branch. Enclosed herewith please find the following documents for you perusal:

3 copies of the Statement of Claim

2 copies of Damaged Cargo List

2 copies of Inspection Certificate

1 original B/L

3 copies of Invoice

3 copies of Receipt and Subrogation Form

Your prompt attention to this matter and soonest reply will be appreciated.

Yours

注:Subrogation:代位求偿

说明:索赔即可由收货人提出,也可由承保货物险的保险公司提出。在后一种情况下,保险公司必须从收货人(被保险人)处取得"权益转让书(Letter of Subrogation)"。才能以收货人或自己的名义向承运人提出货物灭失或损坏的索赔。

译文

关于"H"轮第 E901 航次

2013 年 7 月 28 日在青岛卸货损坏索赔,索赔金额:2429.17 美元

我们收到中国人民保险公司青岛分公司提出的索赔案卷,今转往贵公司。随函附寄下列文件,供您细审。

索赔清单 3 份

货物残损单 2 份

检验证书 2 份

正本提单 1 份

发票 3 份

收据暨权益转让证书 3 份

2.保险公司提赔

Dear Sirs,

Re: Vessel: mv. "H" VE901

Voy: Qingdao/Jakarta

Slg Date: 16th June 2013

B/L NO: N3562-72

Cargoes: 380ctns Chinese Tea

Amt Claimed: USD 2429.17

We enclosed herewith the following documents in support of the captioned claim:

(1) Statement of Claim

(2) Survey Report

(3) Supplier's Invoice

(4) Bill of Lading

(5) Packing List

(6) Container Devanning Working Report

You will note from the above claim documents that the above goods sustained damage in transit. Therefore we must hold the shipowners responsibletherefore.

If you, as shipping agents only, have no authority to deal with this matter, please pass our claim onto the captioned vessel's owners for their settlement under advice to us. Looking forward to receiving your early reply.

Best regards

Yours faithfully,

The People's Insurance Co. of China

(Signed)

译文

为"H"E901号航次2013.6.16青岛/大阪提单号N3562-72号380箱中国茶索赔2429.17美元事

随函附寄下列文件,作为上述索赔案的证据:

(1)索赔清单

(2)检验报告

(3)供应商发票

(4)提单

(5)装箱单

(6)集装箱拆箱作业报告

您会从上述索赔文件中注意到上述货物在运输过程中蒙受损坏。因此,我们要该轮船东负赔偿责任。

如果贵公司仅是船务代表,未授权处理此事,则请将此案转给"Y"轮船东处理结案并抄告我们。

期待着您的早日附函。

中国人民保险公司

经理　　　（签字）

3.承运人函告赔付额

Dear Sirs,

Re:MV."G"V.U14 Eastbound Arr.Qingdao Sept 8,2013

B/L 5697 Jakarta/Qingdao 3 pieces Damaged,Claim Amount RMB 7856.83

We would like to refer to your letter of Aprl 6,2013 and want to inform you that we agree to settle the a.m. claim with the amount of RMB 1964.21 = 25% of RMB7856.83 as no repair invoice was attached,however without any prejudice as regard to the question of liability.

Consequently,we kindly ask you to arrange payment and let us have the corresponding receipt and claim release.

Yours faithfully,

注:(1)Without prejudice:不妨碍

(2)Claim release:结案

译文

"G"轮东行第 U14 航次

2013 年 9 月 8 日抵青岛提单 5697 号,雅加达——青岛

三件货物受损赔偿,索赔金额:人民币 7856.83 元

我们参阅您 2013 年 4 月 6 日函,今通知您我们同意赔付人民币 1964.21 元(7856.83 元的 25%)结案。由于未附有修理发票,故在索赔金额人民币 7856.83 元的 25%的基础上赔偿损失,以不妨碍日后的权利为限。

因此,我们请您安排赔付款并寄我索赔结案收据。

4.承运人只赔责任限额

Dear Sirs,

Re:Claim per m/s"X" Arr.Qingdao on 28th Sept,2013

We have received your statement of claim No.73/89253 dated 25th March 2013

With regard to the a/m claim,we are exempt from indemnity over 120000 yen per package on the stipulation of our Bill of lading clause No.17.

Therefore,we will indemnify the loss of equivalent 120000 yen per package.If you accept our proposal,we inform you to settle this claim on our general account.

Yours faithfully,

译文

"X"轮 2013 年 9 月 28 日抵青岛索赔案

我们已收到您们 2013 年 3 月 25 日第 73/89253 号索赔清单。

有关上述索赔案,在我提单条款第 17 条规定,每件赔额超过 120000 日元者,超额部分免赔。

因此,我们将赔偿每件相当于 120000 日元的损失。如果您们接受我们的建议,我们将

通知您们通过往来账结算本案的索赔款。

5.承运人理赔

Dear Sirs,

"X" at Qingdao 5.10.2013 B/L BKOSA 004

Damage to Chinese Tea Claim: USD 8,000

We are very sorry to learn from your letter of November 11, with enclosures, claiming for damages caused by seawater on 200 cases of tea.

We have studied the Survey Certificate and the Insurance Policy carefully. We also sent a representative to look into the matter and see what you stated in your letter is true. Since your claim is reasonable, we decided to credit your account with the amount of USD 8,000 to cover the value of the damaged products.

Yours faithfully,

译文

关于"X"轮2013年10月5日青岛提单号BKOSA004中国茶索赔800美元事宜,我们非常遗憾从您11月11日的信及附件中得知你方对海水造成的200箱茶叶的损失要求索赔。

我们认真地研究了检验证书和保险单,我们还派出代表进行调查,看您在信中的陈述是否属实。既然您的索赔是合理的,我们决定对你信用账户支付8000美元以弥补被损坏货物的损失。

任务四　保险人的追偿

任务描述:了解海上保险代位求偿权的含义及适用条件,掌握追偿程序及相关法律文书。

海上保险合同是一个赔偿性质的合同,保险的宗旨是由保险人赔偿被保险人在承保范围内遭受的损失,为防止被保险人从中获得额外利益,法律规定了保险人的保险代位求偿权(Right of Subrogation)。

一、保险人的追偿(Subrogation)

海洋运输货物保险的追偿是指保险人根据代位追偿权向第三者索赔的一种法律行为。我国《海商法》第二百五十二条规定:"保险标的发生保险责任范围内的损失是由第三人造成的,被保险人向第三人要求赔偿的权利,自保险人支付赔偿之日起,相应转移给保险人,被保险人应当向保险人提供必要的文件和其所知道的情况,并尽力协助保险人向第三人追偿。"

我国保险法规定,因第三者对保险标的的损害而造成保险事故的,保险人自向被保险人赔偿保险金之日起,在赔偿金额范围内代位行使被保险人对第三者请求赔偿的权利。

我国海事诉讼法规定,保险人向被保险人支付保险赔偿后,在保险赔偿范围内可以行使被保险人对第三人请求赔偿的权利。

二、代位求偿权原则

1.海上保险代位求偿权的概念

海上保险代位求偿权又称海上保险代位权，是指在海上保险中，由于第三人的责任而导致保险标的受损，保险人按照保险合同的约定履行赔偿责任后，依法取得代替被保险人向第三人请求赔偿的权利。海上保险代位求偿权仅适用于财产保险。

2.代位求偿权的构成要件

代位求偿权的构成要具备两个基本条件：

(1)第三人对保险标的损害负有责任

保险代位求偿权产生的前提条件是，被保险人的损失是由第三人的过错造成的，依照法律的规定第三人应对被保险人的损失负有赔偿责任。如果第三人对被保险人的损失不负有赔偿责任，则保险代位求偿权不成立。对此的理解是，首先，保险事故的发生是因第三人行为导致的；其次，是在保险人的承保范围之内；再者，第三人依法对造成被保险人的损失负有赔偿责任，也就是说被保险人享有对第三人索赔请求权。

(2)保险人赔付被保险人的损失

保险人代位求偿权的取得是在赔偿被保险人的损失之后产生，如果保险人未赔付被保险人的损失，也就是说保险人在没有支付保险赔偿之前，是没有代位求偿权的。只有保险人赔付被保险人之后，保险人才获得代位求偿权。保险人必须要有支付保险赔偿的凭证，如赔偿金收据、银行支付单据或者其他支付凭证。仅有被保险人出具的权利转让书但不能出具实际支付证明的，不能作为保险人取得代位请求赔偿权利的事实依据。

3.代位求偿权的作用

法律之所以规定保险人的代位求偿权，是有其必要性的。

(1)防止被保险人获得双重赔偿。为确保损失赔偿原则的贯彻，防止被保险人从保险人和第三者责任方同时获得双重赔偿而额外获利。因此，在被保险人从保险人那儿取得保险赔偿后，应当将向第三人请求赔偿的权利转移给保险人，由保险人代位求偿。

(2)防止第三人逃脱责任。依照法律的规定，如果第三人应对被保险人的损失负有一定或全部责任，他应当给予赔偿。不能因为被保险人享有保险赔偿而免除赔偿责任。

(3)维护保险人的利益。通过代位求偿，可以使保险人从第三人追回保险人支付的赔偿费用，从而维护了保险人的合法利益。

2009保险法第六十一条规定“保险事故发生后，保险人未赔偿保险金之前，被保险人放弃对第三者请求赔偿的权利的，保险人不承担赔偿保险金的责任。

保险人向被保险人赔偿保险金后，被保险人未经保险人同意放弃对第三者请求赔偿的权利的，该行为无效。

被保险人故意或者因重大过失致使保险人不能行使代位请求赔偿的权利的，保险人可以扣减或者要求返还相应的保险金。”

4.代位求偿权的法律特征

(1)代位求偿权是一项法定权利。代位求偿权是基于法律规定而产生的请求权。被保险人接受赔偿后，不得拒绝让与向第三方追偿的权利。第三方也不得以无合同关系或侵权关系而抗辩保险人。

(2)代位求偿权是海上保险合同赔偿原则的体现,避免被保险人因保险事故的发生而获取双重赔偿。保险人赔偿后,向第三方追偿的权利相应转移给保险人。如在保险人支付赔偿前,被保险人已从责任方得到损失的全部或部分赔款,保险人有权免除或降低赔款。被保险人未经保险人同意放弃向第三方要求赔偿的权利,或者由于过失致使保险人不能行使追偿权的,保险人可以相应扣减保险赔偿。

(3)代位求偿权是派生权利,因保险人支付保险赔偿而产生的一种派生的权利。

(4)代位求偿权是受限制的请求权,具体体现在以下几个方面:

①保险人在未支付赔款前,无代位求偿权;

②保险人只能在其支付保险赔款的范围内行使;

③承受被保险人的债权瑕疵;

④不能向被保险人行使代位求偿权,如姐妹船之间发生碰撞、救助等;

⑤第三人需有责任;

⑥人身保险中,保险人不得行使代位求偿权。

5.代位权行使方式

保险人行使代位求偿权的方式,目前理论和实践上有三种观点和做法;一是以被保险人的名义行使。在英国法律下,保险人必须以被保险人的名义提起追偿之诉;二是以保险人的名义行使;三是保险人既可以以自己的名义也可以以被保险人的名义行使。

在我国,按我国海事诉讼程序法的规定,因第三人造成保险事故,保险人向被保险人支付保险赔偿后,在保险赔偿范围内可以代位行使被保险人对第三人请求赔偿的权利。保险人行使代位请求赔偿权利时,被保险人未向造成保险事故的第三人提起诉讼的,保险人应当以自己的名义向该第三人提起诉讼。以他人名义提起诉讼的,海事法院应不予受理或者驳回起诉。保险人行使代位请求赔偿权利时,被保险人已经向造成保险事故的第三人提起诉讼的,保险人可以向受理该案的法院提出变更当事人的请求,代位行使被保险人对第三人请求赔偿的权利。被保险人取得的保险赔偿不能弥补第三人造成的全部损失的,保险人和被保险人可以作为共同原告向第三人请求赔偿。

6.保险赔偿额与代位获赔额关系

我国海商法规定,被保险人未经保险人同意放弃向第三人要求追偿的权利,或由于过失致使保险人不能行使追偿权利的,保险人可以相应扣减保险赔偿。保险人支付保险赔偿时,可以从应支付的赔偿中相应扣减被保险人已经从第三人取得的赔偿。保险人从第三人取得的赔偿,超过其支付的保险赔偿的,超过部分应当退还给被保险人。

根据法律的规定,首先在被保险人放弃向第三人追偿或由于过失致使保险人不能行使追偿权利的情况下,保险人不承担保险赔偿责任或相应扣减保险赔偿;其次被保险人先从第三人那里取得赔偿,保险人对被保险人的赔偿要扣除其获得的部分;最后,如果保险人向第三人追偿所获得数额大于其赔付给被保险人的保险赔偿额,保险人要将超出部分退还给被保险人。

海上保险实务中还存在不足额保险、免赔额情况下,如何分配保险追偿额的问题。在不足额保险的情况下,保险人获得的追偿应在被保险人和保险人之间按比例分享,而不是完全归保险人所有。因为被保险人对未保的部分同样享有追偿的权利,保险人和被保险人按承保的损失与未承保的损失之比例分配。如一艘船舶的保险价值为 100 万美元,被保险人投保的保险金额为 80 万美元。假设由于第三人的过失使得被保险船舶发生全损的情况下,保险人根据合同赔偿给被保险人 80 万美元。保险人向第三人追偿获得 80 万美元。保险人可得 64 万(全部追偿所得的 80%),被保险人可得 16 万美元(全部追偿所得的 20%)。

船舶保险单中通常都有免赔额的规定,保险人在向被保险人赔偿时扣除免赔额,即实际未支付免赔部分的情况下,向第三人追偿所得是否全归保险人,也是有争议的。英国协会船舶保险条款(1983 年)规定,其追偿所得应全部归保险人,直至达到保险人所付的赔款的总额为限。而英国新推出的国际船舶保险条款(2002 年)规定,被保险人自己承担的免赔额部分也可以以其在追偿款中所占比例得到相应比例的补偿。

现试举例说明如下:

假设甲船与乙船发生碰撞事故,各自应承担 50%的责任。甲船投保了一切险,免赔额为 10 万美元,甲船因该事故共损失 150 万美元,其中,损坏修理费用为 100 万美元,船期损失为 50 万美元。甲船船东向第三方索赔,可从乙船船东处获得其损失的 50%的赔偿,即 75 万美元。向保险人索赔,可从保险人处获得 90 万美元的赔偿(扣除了 10 万美元的免赔额)。如果甲船船东选择了先向保险人索赔,从保险人那儿获得了 90 万美元的赔偿,则保险人就可取得了向乙船船东相应的代位求偿权,如果乙船船东的责任没有受到法律的限制,且又不存在资金上的困难,则保险人可成功地从乙船船东那儿获得 75 万美元的赔偿,即 100 万美元的损坏修理,可从乙船船东那儿获得 50 万美元的赔偿,50 万美元的船期损失,可从乙船船东那儿获得 25 万美元。对这 75 万美元的追偿款应如何处理呢?如按 1983 条款,25 万美元的船期损失的追偿款全部应归被保险人所有,与保险人无关;50 万美元的损坏修理费的追偿款,应全部归保险人所有,因这部分损坏修理费,保险人已经依照保单条款全部赔付给了被保险人。而如果按新条款,25 万美元的船期损失的追偿款仍全部归被保险人所有,但 50 万美元的损坏修理费的追偿款却不能全归保险人所有,而是应按照保险人承保的部分与未承保的部分(此处仅为免赔额部分)所占比例进行分配,即:保险人赔付的 90 万美元的 50%应是 45 万美元,被保险人自己承担的 10 万美元的免赔额的 50%应是 5 万美元。

7.保险委付与代位求偿权的区别

(1)保险委付是被保险人的一项权利,自然只能由被保险人行使,是否行使也完全取决于被保险人的意愿。代位求偿权是保险人的权利,只能由保险人行使。

(2)保险委付只能适用于保险标的发生推定全损的情况下,而代位求偿权能适用于保险标的发生各类损失,不论是部分损失还是全部损失。

(3)保险委付转让给保险人的是保险标的的一切权利和义务;代位求偿权转让给保险人的是向第三方索赔的权利,没有义务。

(4)保险委付以保险人接受为成立条件,保险人可以接受委付,也可以不接受委付;代位求偿权的成立以保险人支付保险赔款为条件,保险人不支付给被保险人的损失赔偿,则不享有代位求偿权。

(5)保险人从委付中的保险标的获得的利益为限制;保险人从代位求偿中获得的利益以支付的保险赔款为限。在保险委付中,保险人获得保险标的的一切权利和义务。在代位求偿中,保险人获得利益不能超过其赔偿的数额,多余部分应返还给被保险人。

三、追偿程序(Procedure)

1.立案登记

收到理赔部门转来的追偿案件后,应分别按"自追"和"代追"进行登记。"代追案件"还应进一步按不同代理人分户登记。登记的内容包括:

追偿案编号、收到案子的日期、船舶名称、船东、货物名称、提赔日期、追偿期限、展期情况、追偿金额、追回金额、处理摘要等。

2.出口追偿记录卡式样(见表8-1和表8-2)

出口追偿记录卡

表8-1

立案登记	保单号码	赔案号码	索赔对象	船名	追偿金额	追偿时限	已伸展至	款到日期	追回外币	折人民币	占货损(%)

代理人代追记录卡式样

代理人名称:

表8-2

立案日期	保单号码	赔案号码	代理人编号	货损金额	款到日期	追偿净额	折人民币	备注

3.审核

审核的内容包括:

(1)责任范围。根据提单和海牙规则规定,货损原因是否属于承运人责任范围。如果不是承运人的责任范围,应按照港口条例、理货章程、仓库规则是否向这些部门追偿。

(2)责任期限。货损发生的时间,是否在承运人管辖期内。

(3)有效单证。追偿时,船方、港方等有关部门的签证是追偿的有效单证,同时,应提供提单、发票、查勘报告、权益转让书。常见的有效追偿包括船上检验报告、船代理出具证明、卸货公司或码头方证明、港方或海关证明、货物检验报告。

(4)追偿金额计算。追偿金额应包括标的损失、各项费用两部分内容。关于标的的损失，可按检验报告等单证确定的损失数量，以及发票所载明的货价，计算出可向承运人追偿的金额。

在出口追偿的情况下，计算公式为：

追偿金额 = 发票价×损失数量

在进口追偿的情况下，计算公式为：

追偿金额 = FOB 货价×损失数量×(1+运费率+保险费率)

或　　追偿金额 = CFR 货价×损失数量×(1+保险费率)

4.缮制索赔清单

内容包括索赔案号、船名、提单号、航程、开航日期、到岸日期、货物名称、保单号码、损失原因、索赔金额。清单一式二份，一份寄给责任方，一份存档备查(见下表)。

中国人民保险公司广东省分公司

People's Insurance Company of China, Guangdong Branch

索赔清单

STATEMENT OF CLAIM Claim №

地址 日期

Address: Date:

船名

Vessel

航程提单号码：

Voyage: Bill of Lading №

开航日期：到岸日期：

Sailing Date: Arrival Date:

货物名称：保单号码：

Commodity: Pol./Cert.№

损失原因：

Cause of Loss:

索赔金额：

Amount Claimed

签字

(Signed)________

5.结案

经保险人审核,如果同意赔款数额,往往要去函复证。复函结案的样式如下:

In reply to your letter dated 02-05-2011.We are pleased to inform you that we are willing to accept your offer of USD100000 in full and final settlement of our claim.

We shall be obligated,if you let us have your remittance /cheque as soon as possible.

四、追偿函的英文写作

1.写作要求:

按照写英文信的格式,进行写作,并列出相关的追偿清单。

2.注意事项:

要注意查清承运人的名称和详细地址,以免误投,造成不必要的延误。以下是追偿函的英文样式。

Claim for the Damage/loss

Dear Sirs :

We enclose herewith our statement of claim in duplicate and other relevant documents as follows:

Bill of Lading

Invoice

Short-landing Certificate/Cargo Delivery Receipt/Port Authority's Certificate

Survey Report

Receipt and Subrogation Form

You will note from these documents that the goods in question were found to have sustained damage/loss at time of discharge at destination,and therefore the Ship owners should be held responsible for the loss/damage.The total amounts of damage/loss are USD80,000.

Your early settlement of our claim will be appreciated.

项目实践

实践一　英文索赔函的写作

按照以下内容用英文向保险公司写一份索赔函:

(1)承保人:中国人民保险公司青岛分公司

(2)保险号码:PIYT2014564725985589745

(3)日期:2014 年 7 月 25 日

(4)保险金额:USD110000

(5)保险利益:600 Cartoon shirts

(6)船舶名称:GANGWAN

(7)航程:SEATTLE—Guangzhou

(8)保险条件:协会“A”条 款

(9)索赔理由:根据检验报告,50 箱被水浸泡,为了恢复其商品价值,50 箱被打开,进行晒干处理,并削价处理。

(10)赔款计算:免赔率为 5%。

实践二　理赔计算、填表模拟练习

请根据以下内容计算保险赔款,并填写赔款计算书。

(1)案例:600 台 KF23GW 华凌空调出口到印度的新德里,投保海洋运输货物一切险,CIF 价格成交,保险金额 USD165000 。在运输途中 60 台被盗,根据保险条款,属于保险责任范围,保险人应赔偿多少?

(2)赔案编号:CL2013586

(3)保单、批单号次:PIYT123546879167

(4)出口公司:HUALIING IMPORT & EXPORT CO.

(5)运输工具:GANWAN

(6)保险险别:ALL RISKS

(7)运输路线:自 QINDAO 到 NEW DELHI

(8)保品及件数:600 SETS OF AIR CONDITIONERS

(9)开航日期:08-07-2013

(10)理赔代理人 INDIA NATIOANL INSURANCE COMPANY

(11)检验人:INDIA NATIONAL INSURANCE COMPANY

(12)索赔人:INDIA TRADE COMPANY

(13)检验费:USD190

(14)应付收货人

(15)核赔费:USD130

(16)手续费:USD110

中国人民保险公司山东省公司出口赔款计算书

年　月　日

<table>
<tr><td>赔案编号</td><td></td><td>保单批单号次</td><td></td></tr>
<tr><td>出口公司</td><td></td><td>保险金额</td><td></td></tr>
<tr><td>运输工具</td><td></td><td>保险险别</td><td></td></tr>
<tr><td>运输路线</td><td>自　　到</td><td rowspan="5">保品及件数</td><td rowspan="5"></td></tr>
<tr><td>开航日期</td><td></td></tr>
<tr><td>理赔代理人</td><td></td></tr>
<tr><td>检验人</td><td></td></tr>
<tr><td>索赔人</td><td></td></tr>
<tr><td colspan="3" rowspan="2">计算方式:</td><td>受损原因分析:</td></tr>
<tr><td>有否船方责任:</td></tr>
</table>

续上表

项　目	金　额			备注：
赔款	人民币	汇率	外 币	
检验费				
应付收货人				
核赔费				
其他				
小计				
手续费				
本案合计				

复核：　　　　　　　　　　经办：

实践三　英文追偿函的写作

根据以下内容，用英文向港方发出索赔函件。

40台海鸥汽车从青岛出口到菲律宾首都马尼拉，投保海洋运输货物一切险，发票价为USD 1250000，CIF价格成交，保险金额为USD 1375000。在卸货港4辆被盗，根据运输合同条款，属于港方责任，保险人在赔偿了被保险人之后，是否可向港方追偿？如果能追偿，追偿金额为多少？

(1)保单号码：CPYT123546879135

(2)提单号码：NO-M-2009.

(3)检验报告单：Survey Report

(4)索赔表：Statement of Claim

(5)损失件数：4辆

(6)开航日期：04-06-2014

复习思考

一、判断题

1.保险标的损失的检验费用应当由保险人支付。

2.保险人赔偿被保险人的施救费用，以保险标的的保险金额为限。

3.船舶修理后应作以新换旧的扣减。

4.交叉责任原则是指碰撞双方按各自的过失比例相互赔偿对方的损失。

5.被保险人向保险人索赔时，必须提供保险单正本。

二、简答题

1.什么是海上保险理赔？它通常包括哪些环节？

2.什么是单一责任原则？什么是交叉责任原则？

3.船舶损失索赔通常要提供那些单证？

4.按照我国人保的规定，被保险人在向保险人索赔时，必须提供哪些单证？

5.海上保险理赔的业务程序具体包括哪些事宜。

三、计算题

1.出口大米2000t,投保海上运输货物一切险,保险金额为300万人民币。货物到达目的地卸货后,经清点发现少了50t大米。问保险人的赔偿金额是多少?

2.一批布匹出口投保水渍险,保额为人民币15万元。货物在运输途中遭受风浪袭击被海水浸损,目的地完好价值为人民币20万元,受损后的价值为人民币10万元。问保险人的赔偿金额是多少?

3.进口煤炭2000t,货主投保海上货物运输保险平安险附加短量险,保险金额为人民币50万,免赔额为1.5%。货到目的地后发现短少35t货物,问保险人的赔偿金额是多少?

4.甲船与乙船发生碰撞,双方对这次碰撞都负有责任,即互有过失。经法院裁定,甲船承担60%的碰撞责任,乙船承担40%的碰撞责任。假设甲船总损失为30万元(修理费20万元和10万元的船期损失),乙船损失为20万元(修理费15万元和5万元的船期损失),根据单一责任原则计算和交叉责任原则分别计算保险人的赔偿责任和被保险人获得的赔偿数额。

四、翻译题

After damage has incurred, the insured may file a claim supported by the insurance policy and a survey report with the insurance company or their agent at his end.

附录一 复习思考参考答案

项目一 海上保险概述

一、单项选择题

1.A 2.B 3.D 4.B 5.D

二、多项选择题

1.CD 2.ABC 3.ABC 4.AB 5.CD

三、判断题

1.错 2.对 3.错 4.对 5.错

四、简答题

1.保险是指投保人根据合同规定,向保险人支付保险费,保险人对于合同约定的可能发生的事故,因其发生所造成的财产损失承担赔偿保险金责任,或者当被保险人死亡、伤残、疾病或者达到合同约定的年龄、期限时承担给付保险金责任的商业行为。海上保险是指保险人对被保险人因海上及陆上风险或危险和意外事故所造成的财产或利益损失或引起的责任,按照约定的条件和范围给予赔偿的一种特殊的商业保险行为;保险具有损失赔偿的作用;分散危险的作用;积累资金的作用;促进对外经济贸易发展的作用;保障社会稳定、人们生活安定的作用。

2.海上保险特征有承保风险的综合性;承保标的的流动性;承保对象的多变性;保险种类的多样性;海上保险的国际性。

3.海上保险的分类按保险标的分类有船舶保险,海上运输货物保险,运费保险,保赔保险;按保险价值分类有定值保险和不定值保险;按保险期限分类有航程保险,定期保险和混合保险;按承保方式分类有逐笔保险,预约保险,总括保险。

4.海上保险的法律适用,首先应适用我国海商法关于海上保险的规定;海商法未做规定的,适用我国保险法的有关规定;如果保险法没有具体规定时,应适用我国合同法的有关规定;如果合同法无具体规定时,应适用我国民法通则。我国法律均没有规定时,可以适用国际惯例。

项目三 保险人承保

一、单项选择题

1.D 2.B 3.B 4.A 5.B 6.C 7.C 8.D 9.C 10.D

二、多项选择题

1.ABC 2.BD 3.ABD 4.AB 5.AC 6.ABCD 7.CD 8.ABCD 9.ABD 10.ABC

三、判断题

1.对 2.错 3.错 4.对 5.错 6.错 7.错 8.对 9.错 10.对

四、简答题

1.根据我国海商法的规定，海上保险合同，是指保险人按照约定，对被保险人遭受保险事故造成保险标的的损失和产生的责任负责赔偿，而由被保险人支付保险费的合同。主要特征是一种赔偿性质的合同 ；一种射幸合同；一种附意合同 ；一种双务有偿合同 。

2.海上保险单的表现形式主要有海上保险单；保险凭证；联合凭证；保险批单；暂保单。

3.保险利益是指投保人对保险标的具有的法律上承认的利益。保险利益的构成要件为必须是合法利益；必须是确定的、可以实现的利益；必须具有经济上的利益；必须与被保险人有利害关系的利益。

4.根据我国海商法的规定，保险人与被保险人未约定保险价值的，保险价值按照下列规定计算：船舶保险价值，是保险责任开始时船舶的价值，包括船壳、机器、设备的价值，以及船上燃料、物料、索具、给养、淡水的价值和保险费的总和。货物的保险价值，是保险责任开始时货物在起运地的发票价格或者非贸易商品在起运地的实际价值以及运费和保险费的总和。运费的保险价值，是保险责任开始时承运人应收运费总额和保险费的总和。其他保险标的的保险价值，是保险责任开始时保险标的的实际价值和保险费的总和。

5.我国海商法规定，合同订立前，被保险人应当将其知道的或者在通常业务中应当知道的有关影响保险人据以确定保险费率或者确定是否同意承保的重要情况，如实告知保险人。

6.海上运输货物平安险的承保范围为被保险货物在运输途中由于恶劣气候、雷电、海啸、地震、洪水等自然灾害造成整批货物全损；由于运输工具遭受搁浅、触礁、沉没、互撞、与流冰或其他物体碰撞。以及失火、爆炸等意外事故造成货物的全部或部分损失；在运输工具已经发生搁浅、触礁、沉没、焚毁意外事故的情况下，货物在此之前后又在海上遭受恶劣气候、雷电、海啸、等自然灾害所造成的部分损失；在装卸或转运时由于一件或数件整件货物落海造成的全部或部分损失；被保险人对遭受承保责任内危险的货物采取抢救、防止或减少货损的措施而支付的合理费用；运输工具遭遇海难后，在避难港由于卸货所引起的损失，以及在中途港或避难港由于卸货、存仓以及运送货物所发生的特别费用；共同海损的牺牲、分摊和救助费用；运输合同订有“船舶互碰责任”条款，根据该条款规定应由货方偿还船方的损失。

7.海上运输货物保险的除外责任为被保险人的故意行为或过失所造成的损失；属于发货人责任所引起的损失；在保险责任开始前，被保险货物已存在的品质不良或数量短差所造成的损失；被保险货物的自然损耗、本质缺陷、特性以及市价跌落、运输延迟所引起的损失和费用；战争险和罢工险条款规定的责任范围和除外责任。

8.海上货物运输保险中被保险人的义务有及时提货的义务；合理施救的义务；通知义务；提供必要单证的义务；在获悉有关运输契约中“船舶互撞责任”条款的实际责任后，应及时通知保险人的义务。

9.普通附加险包括的险别有偷窃、提货不着险；淡水雨淋险；短量险；混杂、玷污险；渗漏险；碰损、破碎险；串味险；受潮受热险；钩损险；包装破碎险；锈损险。

10.特别附加险包括的险别有交货不到险；进口关税险；舱面货险；拒收险；黄曲霉毒素险；出口货物到香港或澳门存仓火险责任扩展险。

五、案例分析题

1.①甲公司不能向保险人请求赔偿，因保险合同已转让给买方。②船底划破 1m 长的裂缝属于单独海损。③100 袋货物水损属于单独海损。④10 万元的救助费用属于共同海损。⑤被保险人应分摊船方支付的 10 万元的救助费用。

2.对于少装的 200 袋化肥,保险人不负责赔偿,因为是在装运前已经短少;装在甲板上的 300 袋化肥,保险人同样不负责赔偿,不属于一切险承保范围;100 袋水湿、20 袋落海、50 袋雨损属于保险人的承保范围,应给与赔偿;60 袋被火烧毁的化肥,不属于保险人的责任,因为保险人的责任在货物进入收货人的仓库后终止。

六、计算题

保险金额 = 10000 美元×110% = 11000 美元

保险费 = 11000 美元×1% = 110 美元

七、翻译题

1.包装要求、装运指示、唛头、装运通知、运输方式、装运期、目的地、分批装运、转运、保险、风险、海损、投保、承保范围、预约保单、保险费。

2.根据你方要求,我们将按发票金额的 110%投保。

3.请按合同投保平安险和战争险。

4.由于合同规定按发票金额的 110%投保,如你方要求按 130%投保,额外保费应由你方负担。

5.Please insure our order No.289 for 10% above the invoice value(for 110% of the invoice value).

6.Please cover our order for leather goods against WPA and TPND,Intermixture and Contamination and Fresh Water/Rain Damage Risks.

7.Buyer's request for insurance to be covered up to the inland city can be accepted on condition that such extra premium is for buyer's account.

8.W.P.A.coverage is too narrow for a shipment of this nature.Please extend the coverage to include TPND.

项目四　英国海上货物运输保险

一、单项选择题

1.B　2.C　3.C　4.B　5.A

二、多项选择题

1.CD　2.AB　3.ABD

三、判断题

1.错　2.对　3.对　4.对　5.错

四、简答题

1.英国协会货物保险条款(B)险的承保范围包括火灾或爆炸;船舶或驳船的搁浅、触礁、沉没或倾覆;陆上运输工具的倾覆或出轨;船舶或驳船或运输工具与除水以外任何外部物体的碰撞或接触;在避难港卸货;地震、火山爆发或雷电;共同海损牺牲;抛弃或浪击落海;海水、湖水或河水进入船舶、驳船、运输工具、集装箱、大型海运箱或储存处所;货物在装载过程中落海或跌落造成任何整件货物的全损。

2.英国协会货物保险条款(C)险的承保范围包括火灾或爆炸;船舶或驳船的搁浅、触礁、沉没或倾覆;陆上运输工具的倾覆或出轨;船舶或驳船或运输工具与除水以外任何外部物体的碰撞或接触;在避难港卸货;共同海损牺牲;抛弃。

3.英国协会货物保险条款(A)险的普通除外责任包括被保险人故意行为所造成的损失和费用;保险标的自然渗漏、正常的短量、短重,或正常的损耗;保险标的包装不固或包装不当或配载不当引起的损失或费用;保险标的的固有缺陷或性质引起的损失或费用;因延误所致的损失或费用,即使该延误是由承保风险所引起的;船东、经理人、租船人或经营人破产或不清偿债务引起的损失或费用;任何使用原子或核武器或其他类似放射性物质的战争武器引起的损失或费用。

4.英国协会货物战争险条款的承保范围包括战争、内战、革命、叛乱、颠覆或由此引起的内乱或任何交战方之间的敌对行为;上述承保的风险引起的捕获、扣押、拘留、禁止或羁押以及这种行为的后果或上述危险的任何企图;被遗弃的水雷、鱼雷、炸弹或其他被遗弃的战争武器;承保的风险引起的共同海损及救助费用。

5.英国协会货物罢工险条款的承保范围包括罢工者、被迫停工工人或参与工潮、暴动或民变的人员造成的损失;恐怖分子或出于政治目的采取行动的人造成的损失;共同海损和救助费用。

五、案例分析题

依据英国协会货物保险条款(A)的规定,保险人承担仓库至仓库的运送保险责任,被保险货物在储存场所拆箱转运过程中发生了货损,保险人的保险责任已经终止,故保险人不负赔偿责任。

项目五 海上船舶保险的投保与承保

一、单项选择题

1.B 2.D 3.D 4.C 5.C

二、多项选择题

1.ABC 2.BCD 3.AB 4.ABC 5.ABCD

三、判断题

1.对 2.错 3.错 4.错 5.对

四、简答题

1.我国船舶保险全损险的承保范围是地震、火山爆发、闪电或其他自然灾害;搁浅、碰撞、触碰任何固定或浮动物体或其他物体或其他海上灾害;火灾或爆炸;来自船外的暴力盗窃或海盗行为;抛弃货物;核装置或核反应堆发生的故障或意外事故;装卸或移动货物或燃料时发生的意外事故;船舶机件或船壳的潜在缺陷;船长、或船员有意损害被保险人的利益的行为;船长、或船员和引水员、修船人员及租船人的疏忽行为;任何政府当局,为防止或减轻因承保风险造成被保险船舶损坏引起的污染,所采取的行动。

2.我国船舶保险一切险关于碰撞责任的规定为,被保险船舶与其他船舶碰撞或触碰任何固定的、浮动的物体或其他物体而引起被保险人应负的法律赔偿责任。保险人对下列项目不予负责:人身伤亡或疾病;被保险船舶所载的货物或财物或其所承诺的责任;清除障碍物、残骸、货物或任何其他物品；任何财产或物体的污染或玷污，但与被保险船舶发生碰撞的他船或其所载财产的污染或玷污不在此限；任何固定的、浮动的物体以及其他物体的延迟或丧失使用的间接费用。本条项下保险人的责任（包括法律费用）是本保险其他条款项下责任的增加部分，但对每次碰撞所负的责任不得超过船舶的保险金额。当被保险船舶与其他船舶碰撞双方均有过失时，除一方或双方船东责任受法律限制外，本条项下的赔偿应按交叉责任的原则计算。

3.我国船舶保险人的除外责任有被保险船舶不适航，包括人员配备不当、装备或装载不妥，但以被保险人在船舶开航时，知道或应该知道此种不适航为限；被保险人及其代表的疏忽或故意行为；被保险人恪尽职责应予发现的正常磨损、锈蚀、腐烂或保养不周，或材料缺陷包括不良状态部件的更换或修理；中国人民保险公司战争和罢工险条款承保和除外的责任范围。

4.我国集装箱保险的除外责任有由于集装箱不符合国际标准或由其内在缺陷和特性或工人罢工或延迟所引起的损失和费用；正常的磨损及其修理费用；集装箱战争险条款规定的承保责任和除外责任；与投保集装箱经营有关的或由其引起的第三者责任和费用。

5.我国船舶战争与罢工险的承保范围为战争、内战、革命、叛乱或由此引起的内乱或敌对行为；捕获、扣押、扣留、羁押、没收或封锁，从发生之日起满6个月受理；各种战争武器，包括水雷、鱼雷、炸弹；罢工、被迫停工或其他类似事件；民变、暴动或其他类似事件；任何人怀有政治动机的恶意行为。

五、案例分析题

①甲船船东对乙船船损、乙船上货损、乙船船员伤负赔偿责任，数额共为600万元。

②人保对甲船本身、乙船船损、乙船上货损给予赔偿，数额共为300万元。

③英保对甲船本身、乙船船损、乙船上货损给予赔偿，数额共为250万元。

项目六　海运责任保险

一、单项选择题

1.A　2.B　3.A　4.B　5.A

二、多项选择题

1.ABC　2.ABCD　3.AB　4.AD　5.AB

三、判断题

1.对　2.错　3.对　4.对　5.对

四、简答题

1.海运责任保险分为船舶碰撞责任保险；国际货运代理责任保险；船东保赔保险；租船人责任保险；油污损害民事责任保险等。

2.船东互保协会的除外责任包括船舶险承保风险；战争风险；核风险；其他保险已承保的风险；走私、偷越封锁线、非法贸易；无纸贸易；会员故意或轻率地违反运输合同所产生的责任和费用等。

3.货运代理人责任保险的承保范围通常包括过失或疏忽所导致的货物损失；延迟或误交；由于以上导致的后果损失及/或业务中断；货物所分摊的共同海损、救助及救助费用；海关罚款或惩罚；未能收取运费和运输费用等。

4.保赔协会与商业保险公司的主要区别是保赔协会主要承保的是船东的责任，保险公司承保的是保险标的的损坏或灭失；保赔协会中船东是保险人又是被保险人，保险公司中船东仅是被保险人；保赔协会利益与船东利益一致，保险公司与船东利益基本上是相冲突的；保赔协会为非营利性保险组织，保险公司为营利性保险组织；保赔协会的赔偿责任（油污外）是无限的，保险公司的赔偿额是以保险金额为限。

5.国际货运代理责任保险的除外条款和赔偿限制通常有被保险人的蓄意或故意行为造成；被保险人违法行为造成的后果；战争罢工；任何由核燃料或核燃料爆炸所致核废料产生之离子辐射或放射性污染所导致、引起或可归咎于此的任何财产灭失、摧毁、毁坏或损失及费用；事先未征求保险人的意见，擅自赔付对方等。

五、案例分析题

①货代应对短交货物负责，因为他从货主手上接到100袋服装。

②假设货代投保责任保险，此种责任属于保险人的责任范围。

③货运代理人不能向海运承运人索赔，因为铅封完好，承运人不负责任。

项目八　海上保险的索赔与理赔

一、判断题

1.对　2.对　3.错　4.对　5.对

二、简答题

1.海上保险理赔是指保险人处理有关保险赔偿责任的程序和工作。保险理赔通常包括保险人处理被保险人在发生保险事故后向保险人提出索赔的全部过程，包括损失通知、保险索赔、损失确定、责任审定、赔款计算、赔款给付等六个环节。

2.单一责任原则是指碰撞双方按各自的过失比例计算出应向对方支付的赔款后进行冲抵，有多付的一方向另一方支付余额。保险人仅承担被保险人向对方支付的实际金额；交叉责任原则指碰撞双方按各自的过失比例相互赔偿对方的损失。

3.船舶损失索赔通常要提供的单证为海事报告和海事声明；航海日志、机舱日志、海图及车钟记录；检验报告；费用清单（包括施救费用、修理费用、船坞费等）；有关责任方的来往函电及书面文件；保险单正本；船舶有关证书；索赔清单；其他文件等。

4.按照我国人保的规定，被保险人在向保险人索赔时，必须提供下列单证：保险单正本、提单、发票、装箱单、磅码单、货损货差证明、检验报告及索赔清单。如涉及第三者责任，还必须提供向责任方追偿的有关函电及其他必要单证或文件。

5.海上保险理赔的业务程序具体包括立案、安排检验、审核、赔款计算和赔偿支付。

三、计算题

1.赔偿金额为 $3000000\times50/2000=75000$ 元

2.赔偿金额 $150000\times(200000-100000)/200000=75000$ 元

3.免赔重量为 $2000t\times1.5\%=30t$，赔偿重量为 $35-30=5t$，

赔偿金额为 $500000\times5/2000=1250$ 元

4.①单一责任原则计算：甲船赔偿乙船损失20万元的60%，为12万元；乙船赔偿甲船损

失 30 万元的 40%，为 12 万元。双方赔偿数额抵消后，互不赔偿，保险人也就不负碰撞责任。甲船从甲船保险人那儿拿到 20 万元的赔偿，10 万元船期损失不赔，船东损失 10 万元。乙船从保险人那儿拿到 15 万元的赔偿，5 万元的船期损失不赔，船东损失 5 万元。甲船保险人的赔偿责任为 20 万元，乙船保险人的赔偿责任为 15 万元。

②交叉责任原则计算：甲船从乙船保险人那儿获得 12 万元的赔偿，其中 8 万元修理费，4 万元的船期损失，加上从甲船保险人那儿拿到 12 万元修理费，共获赔偿 24 万元。乙船从甲船保险人那儿拿到 12 万元的赔偿，其中 9 万元修理费，3 万元的船期损失，加上从保险人那儿获得 6 万元的修理费赔偿，共获赔偿 18 万元。两者相比较，在交叉责任原则下，甲船船东多获得 4 万元的赔偿；乙船船东多获得 3 万元的赔偿。甲船保险人的赔偿责任为 12 万元+9 万元+3 万元=24 万元，乙船保险人的赔偿责任为 6 万元+8 万元+4 万元=18 万元。

四、翻译题

在货损发生后，被保险人可向保险人或其代理递交保险单和检验报告索赔。

附录二　PICC 海洋运输货物保险条款(2009 版)

一、责任范围

本保险分为平安险、水渍险及一切险三种。被保险货物遭受损失时,本保险按照保险单上订明承保险别的条款规定,负赔偿责任。

(一)平安险。

本保险负责赔偿:

1.被保险货物在运输途中由于恶劣气候、雷电、海啸、地震、洪水自然灾害造成整批货物的全部损失或推定全损。当被保险人要求赔付推定全损时,须将受损货物及其权利委付给保险人。被保险货物用驳船运往或运离海轮的,每一驳船所装的货物可视作一个整批。推定全损是指被保险货物的实际全损已经不可避免,或者恢复、修复受损货物以及运送货物到原订目的地的费用超过该目的地的货物价值。

2.由于运输工具遭受搁浅、触礁、沉没、互撞、与流冰或其他物体碰撞以及失火、爆炸意外事故造成货物的全部或部分损失。

3.在运输工具已经发生搁浅、触礁、沉没、焚毁意外事故的情况下,货物在此前后又在海上遭受恶劣气候、雷电、海啸等自然灾害所造成的部分损失。

4.在装卸或转运时由于一件或数件整件货物落海造成的全部或部分损失。

5.被保险人对遭受承保责任内危险的货物采取抢救、防止或减少货损的措施而支付的合理费用,但以不超过该批被救货物的保险金额为限。

6.运输工具遭遇海难后,在避难港由于卸货所引起的损失以及在中途港、避难港由于卸货、存仓以及运送货物所产生的特别费用。

7.共同海损的牺牲、分摊和救助费用。

8.运输契约订有“船舶互撞责任”条款,根据该条款规定应由货方偿还船方的损失。

(二)水渍险。

除包括上列平安险的各项责任外,本保险还负责被保险货物由于恶劣气候、雷电、海啸、地震、洪水自然灾害所造成的部分损失。

(三)一切险。

除包括上列平安险和水渍险的各项责任外,本保险还负责被保险货物在运输途中由于外来原因所致的全部或部分损失。

二、除外责任

本保险对下列损失不负赔偿责任:

(一)被保险人的故意行为或过失所造成的损失。

(二)属于发货人责任所引起的损失。

(三)在保险责任开始前,被保险货物已存在的品质不良或数量短差所造成的损失。

(四)被保险货物的自然损耗、本质缺陷、特性以及市价跌落、运输延迟所引起的损失或费用。

(五)本公司海洋运输货物战争险条款和货物运输罢工险条款规定的责任范围和除外责任。

三、责任起讫

(一)本保险负“仓至仓”责任,自被保险货物运离保险单所载明的起运地仓库或储存处所开始运输时生效,包括正常运输过程中的海上、陆上、内河和驳船运输在内,直至该项货物到达保险单所载明目的地收货人的最后仓库或储存处所或被保险人用作分配、分派或非正常运输的其他储存处所为止。如未抵达上述仓库或储存处所,则以被保险货物在最后卸载港全部卸离海轮后满六十天为止。如在上述六十天内被保险货物需转运到非保险单所载明的目的地时,则以该项货物开始转运时终止。

(二)由于被保险人无法控制的运输延迟、绕道、被迫卸货、重新装载、转载或承运人运用运输契约赋予的权限所作的任何航海上的变更或终止运输契约,致使被保险货物运到非保险单所载明目的地时,在被保险人及时将获知的情况通知保险人,并在必要时加交保险费的情况下,本保险仍继续有效,保险责任按下列规定终止。

1.被保险货物如在非保险单所载明的目的地出售,保险责任至交货时为止,但不论任何情况,均以被保险货物在卸载港全部卸离海轮后满六十天为止。

2.被保险货物如在上述六十天期限内继续运往保险单所载原目的地或其他目的地时,保险责任仍按上述第(一)款的规定终止。

四、被保险人义务

被保险人应按照以下规定的应尽义务办理有关事项。

(一)当被保险货物运抵保险单所载明的目的港(地)以后,被保险人应及时提货,当发现被保险货物遭受任何损失,应即向保险单上所载明的检验、理赔代理人申请检验,如发现被保险货物整件短少或有明显残损痕迹应即向承运人、受托人或有关当局(海关、港务当局等)索取货损货差证明。如果货损货差是由于承运人、受托人或其他有关方面的责任所造成,并应以书面方式向他们提出索赔,必要时还须取得延长时效的认证。如未履行上述规定义务,保险人对有关损失不负赔偿责任。

(二)对遭受承保责任内危险的货物,被保险人和保险人都可迅速采取合理的抢救措施,防止或减少货物的损失,被保险人采取此项措施,不应视为放弃委付的表示,保险人采取此项措施,也不得视为接受委付的表示。

对由于被保险人未履行上述义务造成的扩大的损失,保险人不负赔偿责任。

(三)如遇航程变更或发现保险单所载明的货物、船名或航程有遗漏或错误时,被保险人应在获悉后立即通知保险人并在必要时加交保险费,本保险才继续有效。

(四)在向保险人索赔时,必须提供下列单证:保险单正本、提单、发票、装箱单、磅码单、货损货差证明、检验报告及索赔清单。如涉及第三者责任,还须提供向责任方追偿的有关函电及其他必要单证或文件。

被保险人未履行前款约定的单证提供义务，导致保险人无法核实损失情况的，保险人对无法核实的部分不承担赔偿责任。

（五）在获悉有关运输契约中“船舶互撞责任”条款的实际责任后，应及时通知保险人。否则，保险人对有关损失不负赔偿责任。

五、赔偿处理

保险人收到被保险人的赔偿请求后，应当及时就是否属于保险责任做出核定，并将核定结果通知被保险人。情形复杂的，保险人在收到被保险人的赔偿请求并提供理赔所需资料后三十日内未能核定保险责任的，保险人与被保险人根据实际情形商议合理期间，保险人在商定的期间内做出核定结果并通知被保险人。对属于保险责任的，在与被保险人达成有关赔偿金额的协议后十日内，履行赔偿义务。

六、索赔期限

本保险索赔时效，从保险事故发生之日起计算，最多不超过两年。

附录三　PICC船舶保险条款(2009版)

本保险的保险标的是船舶,包括其船壳、救生艇、机器、设备、仪器、索具、燃料和物料。

本保险分为全损险和一切险。

一、责任范围

(一)全损险

本保险承保由于下列原因所造成的保险船舶的全损:

1.地震、火山爆发、闪电或其他自然灾害;

2.搁浅、碰撞、触碰任何固定或浮动物体或其他物体或其他海上灾害;

3.火灾或爆炸;

4.来自船外的暴力盗窃或海盗行为;

5.抛弃货物;

6.核装置或核反应堆发生的故障或意外事故;

7.本保险还承保由于下列原因所造成的保险船舶的全损:

(1)装卸或移动货物或燃料时发生的意外事故;

(2)船舶机件或船壳的潜在缺陷;

(3)船长、船员有意损害被保险人利益的行为;

(4)船长、船员和引水员、修船人员及租船人的疏忽行为;

(5)任何政府当局,为防止或减轻因承保风险造成保险船舶损坏引起的污染,所采取的行动。

但此种损失原因应不是由于被保险人、船东或管理人未恪尽职责所致的。

(二)一切险

本保险承保上述原因所造成保险船舶的全损和部分损失以及下列责任和费用:

1.碰撞责任

(1)本保险负责因保险船舶与其他船舶碰撞或触碰任何固定的、浮动的物体或其他物体而引起被保险人应负的法律赔偿责任。

但本条对下列责任概不负责:

a.人身伤亡或疾病;

b.保险船舶所载的货物或财物或其所承诺的责任;

c.清除障碍物、残骸、货物或任何其他物品;

d.任何财产或物体的污染或玷污(包括预防措施或清除的费用)但与保险船舶发生碰撞的他船或其所载财产的污染或玷污不在此限;

e.任何固定的、浮动的物体以及其他物体的延迟或丧失使用的间接费用。

(2)当保险船舶与其他船舶碰撞双方均有过失时,除一方或双方船东责任受法律限制外，本条项下的赔偿应按交叉责任的原则计算。当保险船舶碰撞物体时，亦适用此原则。

（3）本条项下保险人的责任（包括法律费用）是本保险其他条款项下责任的增加部分，但对每次碰撞所负的责任不得超过船舶的保险金额。

2.共同海损和救助

（1）本保险负责赔偿保险船舶的共同海损、救助、救助费用的分摊部分。保险船舶若发生共同海损牺牲，被保险人可获得对这种损失的全部赔偿，而无须先行使向其他各方索取分摊额的权利。

（2）共同海损的理算应按有关合同规定或适用的法律或惯例理算，如运输合同无此规定，应按《北京理算规则》或其他类似规则规定办理。

（3）当所有分摊方均为被保险人或当保险船舶空载航行并无其他分摊利益方时，共损理算应按《北京理算规则》（第5条除外）或明文同意的类似规则办理，如同各分摊方不属同一人一样。该航程应自起运港或起运地至保险船舶抵达除避难港或加油港外的第一个港口为止，若在上述中途港放弃原定航次，则该航次即行终止。

3.施救

（1）由于承保风险造成船舶损失或船舶处于危险之中，被保险人为防止或减少根据本保险可以得到赔偿的损失而付出的合理费用，保险人应予以赔付。本条不适用于共同海损、救助或救助费用，也不适用于本保险中另有规定的开支。

（2）本条项下保险人的赔偿责任是在本保险其他条款规定的赔偿责任以外，但不得超过船舶的保险金额。

二、除外责任

本保险不负责下列原因所致的损失、责任或费用：

（一）不适航，包括人员配备不当、装备或装载不妥，但以被保险人在船舶开航时，知道或应该知道此种不适航为限；

（二）被保险人及其代表的疏忽或故意行为；

（三）被保险人恪尽职则应予发现的正常磨损、锈蚀、腐烂保养不周，或材料缺陷包括不良状态部件的更换或修理；

（四）战争、内战、革命、叛乱或由此引起的内乱或敌对行为；

（五）捕获、扣押、扣留、羁押、没收或封锁；

（六）各种战争武器，包括水雷、鱼雷、炸弹、原子弹、氢弹或核武器；

（七）罢工、被迫停工或其他类似事件；

（八）民变、暴动或其他类似事件；

（九）任何人怀有政治动机的恶意行为；

（十）保险船舶被征用或被征购。

三、免赔额

（一）承保风险所致的部分损失赔偿，每次事故要扣除保险单规定的免赔额（不包括碰撞责任、救助、共损、施救的索赔）。

（二）恶劣气候造成两个连续港口之间单独航程的损失索赔应视为一次意外事故。

本条不适用于船舶的全损索赔以及船舶搁浅后专为检验船底引起的合理费用。

四、海运

除非事先征得保险人的同意并接受修改后的承保条件和所需加付的保费，否则，本保险对下列情况所造成的损失和责任均不负责：

（一）保险船舶从事拖带或救助服务；

（二）保险船舶与他船（非港口或沿海使用的小船）在海上直接装卸货物，包括驶近、靠拢和离开；

（三）保险船舶为拆船或为拆船出售的目的的航行。

五、保险期间

本保险分定期保险和航次保险：

（一）定期保险：期限最长1年。起止时间以保险单上注明的日期为准。保险到期时，如保险船舶尚在航行中或处于危险中或在避难港或中途港停靠，经被保险人事先通知保险人并按日比例加付保险费后，本保险继续负责到船舶抵达目的港为止。保险船舶在延长时间内发生全损，需加交6个月保险费。

（二）航次保险：按保单订明的航次为准。起止时间按下列规定办理：

（1）不载货船舶：自起运港解缆或起锚时开始至目的港抛锚或系缆完毕时终止。

（2）载货船舶：自起运港装货时开始至目的港卸货完毕时终止。但自船舶抵达目的港当日午夜零点起最多不得超过30天。

六、保险合同的解除

（一）一旦保险船舶按全损赔付后，本保险自动解除。

（二）当船舶的船级社变更、或船舶等级变动、注销或撤回、或船舶所有权或船期改变、或转让给新的管理部门、或光船出租或被征购或被征用，除非事先书面征得保险人的同意，本保险自动解除。但船舶有货载或正在海上时，经要求，可延迟到船舶抵达下一个港口或最后卸货港或目的港。

（三）当货物、航程、航行区域、拖带、救助工作或开航日期方面有违背保险单特款规定时，被保险人在接到消息后，应立即通知保险人并同意接受修改后的承保条件及所需加付的保险费，本保险仍继续有效，否则，本保险自动解除。

七、保费和退费

（一）定期险：全部保费应在承保时付清。如保险人同意，保费也可分期交付，但保险船舶在承保期限内发生全损时，未交付的保费要立即付清。

本保险在下列情况下可以办理退费：

1.被保险船舶退保或保险终止时，保险费应自保险终止日起，按净保费的日比例计算退还给被保险人。

2.无论是否在船厂修理或装卸货物，在保险人同意的港口或区域内停泊超过30天时，停泊期间的保费按净保费的日比例的50%计算，但本款不适用船舶发生全损。如果本款超过30天的停泊期分属两张同一保险人的连续保单，停泊退费应按两张保单所承保的天数分别计算。

（二）航次保险：自保险责任开始一律不办理退保和退费。

八、被保险人义务

（一）被保险人一经获悉保险船舶发生事故或遭受损失，应在48小时内通知保险人，如船在国外，还应立即通知距离最近的保险代理人，并采取一切合理措施避免或减少本保险承保的损失。

（二）被保险人向保险人请求赔偿时，应及时提交保险单正本、港监签证、航海（行）日志，轮机日志、海事报告、船舶法定检验证书、船舶入籍证书、船舶营运证书、船员证书（副本）、运输合同载货记录、事故责任调解书、裁决书、损失清单以及其他被保险人所能提供的与确认保险事故的性质、原因、损失程度等有关的证明和资料。

被保险人向本公司请求赔偿并提供理赔所需资料后，本公司在60天内进行核定。对属于保险责任的，本公司在与被保险人达成赔偿或给付保险金的协议后10天内，履行赔偿义务。

被保险人未履行前款约定的单证提供义务，导致保险人无法核实损失情况的，保险人对无法核实的部分不承担赔偿责任。

（三）被保险人或保险人为避免或减少本保险承保的损失而采取措施，不应视为对委付的放弃或接受、或对双方任何其他权利的损害。

（四）被保险人与有关方面确定保险船舶应负的责任和费用时，应事先征得本公司的同意。

（五）保险船舶发生保险责任范围内的损失应由第三者负责赔偿的，被保险人应向第三者索赔。如果第三者不予支付，被保险人应采取必要措施保护诉讼时效；保险人根据被保险人提出的书面赔偿请求，按照保险合同予以赔偿，同时被保险人必须依法将向第三者追偿的权利转让给保险人，并协助保险人向第三者追偿。未经保险人同意放弃向第三人要求赔偿的权利，或者由于被保险人的过失造成保险人代位求偿权益受到损害，保险人可相应扣减赔款。

九、招标

（一）当保险船舶受损并要进行修理时，被保险人要像一个精打细算未投保的船东，对受损船的修理进行招标以接受最有利的报价。

（二）保险人也可对船舶的修理进行招标或要求再次招标，此类投标经保险人同意而被接受时，保险人补偿被保险人按保险人要求而发出招标通知日起至接受投标时止所支付的燃料、物料及船长、船员的工资和给养。但此种赔偿不得超过船舶当年保险价值的30%。

（三）被保险人可以决定受损船舶的修理地点，如被保险人未像一个精打细算未投保的船东那样行事，保险人有权对被保险人决定的修理地点或修理厂商行使否决权或从赔款中扣除由此而增加的任何费用。

十、索赔和赔偿

(一)保险事故发生时,被保险人对保险标的不具有保险利益的,不得向保险人请求赔偿保险金。

(二)全损。

1.保险船舶发生完全毁损或者严重损坏不能恢复原状,或者被保险人不可避免地丧失该船舶,作为实际全损,按保险金额赔偿。

2.保险船舶在预计到达目的港日期,超过2个月尚未得到它的行踪消息视为实际全损,按保险金额赔偿。

3.当保险船舶实际全损似已不能避免,或者恢复、修理、救助的费用或者这些费用的总和超过保险价值时,在向保险人发出委付通知后,可视为推定全损,不论保险人是否接受委付,按保险金额赔偿。如保险人接受了委付,本保险标的属保险人所有。

(三)部分损失。

1.对本保险项下海损的索赔,以新换旧均不扣减。

2.保险人对船底的除锈、或喷漆的索赔不予负责,除非与海损修理直接有关。

3.船东为使船舶适航做必要的修理或通常进入干船坞时,保险船舶也需就所承保的损坏进坞修理,进出船坞和船坞的使用时间费用应平均分摊。

如船舶仅为本保险所承保的损坏必须进坞修理时,被保险人于船舶在坞期间进行检验或其他修理工作,只要被保险人的修理工作不曾延长保险船舶在坞时间或增加任何其他船坞的使用费用,保险人不得扣减其应支付的船坞使用费用。

(四)被保险人为获取和提供资料和文件所花费的时间和劳务,以及被保险人委派或以其名义行事的任何经理、代理人、管理或代理公司等的佣金或费用,本保险均不给予补偿,除非经保险人同意。

(五)凡保险金额低于约定价值或低于共同海损或救助费用的分摊金额时,保险人对本保险承保损失和费用的赔偿,按保险金额在约定价值或分摊金额所占的比例计算。

(六)保险船舶与同一船东所有,或由同一管理机构经营的船舶之间发生碰撞或接受救助,应视为第三方船舶一样,本保险予以负责。

十一、争议的处理

因履行本保险合同发生的争议,由当事人协商解决。协商不成的,提交保险合同载明的仲裁机构仲裁;保险合同未载明仲裁机构且争议发生后未达成仲裁协议的,依法向有管辖权的法院起诉。

本保险合同适用中华人民共和国法律(不包括港澳台地区法律)。

附录四　协会货物保险条款 ICC(A)1/1/2009

承保风险

风险

1　本保险承保保险标的物毁损或灭失之一切危险，但下列第 4、5、6 及 7 条之规定除外。

共同海损

2　本保险承保因避免保险事故所致损失之共同海损及救助费用，但下列第 4、5、6 及 7 各条款除外事项不包括在内，关于其理算或认定应依据运送契约及适用之法律与惯例。

双方过失碰撞条款

3　本保险对被保险人在运送契约内“双方过失碰撞条款”所负之责任，按照保单承保风险予以赔偿。当承运人依据该条款要求赔偿时，被保险人应即通知保险人，保险人有权自费为被保险人就该赔偿提出抗辩。

除外事项

4　本保险无论如何不承保下列事项：

4.1　归因于被保险人之故意不当行为所致之毁损灭失或费用。

4.2　保险标的物之正常漏损、重量或容量之正常减少，或自然耗损。

4.3　由于保险标的物之包装或配载的不固或不当造成无法抵抗运输途中发生的通常事故所致的毁损灭失或费用，且该种包装或配载是由被保险人或其受雇人完成或该种包装或配载是在保险责任开始前完成的（本条款 4.3 所指之“包装”包括集装箱内的堆放，本条所称“受雇人”不包括独立合同商）。

4.4　由于保险标的物之固有瑕疵或本质所致之毁损灭失或费用。

4.5　由于迟延所致之毁损灭失或费用，即使此项迟延系因承保危险所致者。（但上述第 2 条可支付之费用不在此限）。

4.6　因船舶所有人、经理人、租船人或营运人之无力偿债或财务失信所引起之毁损灭失或费用，且该情况仅适用于：在保险标的装上船舶之时，被保险人已经知道或者在正常业务经营中应当知道，此种无力偿债或者财务失信会导致该航程取消。该除外条款不适用于：保险合同已经转让给另一方，即另一方已经受合同约束购买或者同意购买保险标的且善意受让该保险合同。

4.7　由于使用任何原子或核子裂变或（或）聚变或其他类似反应或放射性物质的武器或设备直接或间接造成的损失或费用。

5

5.1　本保险无论如何，不承保下列事项所引起之毁损灭失或费用。

5.1.1　被保险人在保险标的装船时已经知道船舶或驳船的不适航，及船舶或驳船不适合安全运输保险标的所引起的损失或费用。

5.1.2　集装箱或运输工具不适合安全运输保险标的，适用于：在本保险合同生效前装货已经开始，或被保险人或其受雇人在保险标的装船时已经知道上述情况。

5.2　上述5.1除外条款不适用于：保险合同已经转让给另一方，即另一方已经受合同约束购买或者同意购买保险标的且善意受让该保险合同。

5.3　保险人放弃船舶适航及船舶保险标的物至目的地之任何默许的保证。

6　本保险无论如何，不承保下列事项所致之毁损灭失或费用

6.1　战争、内战、革命、叛乱、颠覆或因而引起之内乱，或来自交战国或其对抗之敌对行为。

6.2　捕获、扣押、拘留、禁制或扣留及其结果，或任何此项之企图。

6.3　遗弃之水雷、鱼雷、炸弹或其他武器。

7　本保险无论无论如何，不承保下列事项所致之毁损灭失或费用

7.1　由罢工工人、停工工人、或参与劳工骚扰、暴动或内乱之人所致者。

7.2　因罢工、停工、劳工骚扰、暴动或内乱所产生者。

7.3　恐怖主义行为，或与恐怖行为相联系，任何组织通过暴力直接实施的旨在推翻或影响法律上承认的或非法律上承认的政府的行为所致者；

7.4　任何人处于政治、信仰或宗教目的实施的行为所致者。

保险期间

运送条款

8

8.1　按照下述条款11的规定，本保险责任自保险标的为了开始航程立即搬运至运输车辆或其他运输工具的目的，开始进入仓库或储存处所（本保险合同载明的地点）或储存处所开始运输时起生效时生效，包括正常运输过程，直至运到下述地点时终止：

8.1.1　在本保险合同载明的目的地最后仓库或储存处所，从运输车辆或其他运输工具完成卸货；

8.1.2　在本保险合同载明的目的地任何其他仓库或储存处所，或在中途任何其他仓库或储存处所，从运输车辆或其他运输工具完成卸货，上述任何其他仓库或储存处所是由被保险人或者其受雇人选择用作：在正常运送过程之外的储存货物，或分配货物，或分派货物。

8.1.3　被保险人或其受雇人在正常运输过程之外选择任何运输车辆或其他运输工具或集装箱储存货物；

8.1.4　自保险标的在最后卸货港卸离海轮满60天为止。

上述情况以先发生者为准。

8.2　如果，保险标的在最后卸货港卸离海轮后，但本保单险责任终止前，需被转运至非保单载明的其他目的地时，本保险，在依然受条款8.1.1至8.1.4　有关终止规定所制约的同时，截至于该项保险标的开始转运之时；

8.3　在被保险人无法控制的任何运输延迟、任何绕航，被迫卸货，重新装载、转运以及承运人运用运输合同授予的权力所作的任何航海上的变更的情况下，本保单仍然继续有效（但需要受上述条款8.1.1至8.1.4有关终止的规定和下述条款9的规定制约）。

运送契约终止

9　在被保险人无法控制情况下,运送契约在原订目的港以外之港口或地点终止,或因其他缘故在保险标的未能如前述第 8 条之约定卸货前该运送即告终止时,则本保险亦同时终止,除非保险人立即接获通知并被要求继续保险效力,并于必要时加收保险费,则本保险仍得有效,以迄下列情形之一者为止。

9.1　保险标的已在该港或该地出售并交付,又如无其他特别之约定,则以保险标的到达该港或该地届满 60 天,二者以孰先发生者为准。

9.2　如保险标的在上述 60 天内(或在任何协议延长之期间内)运往本保险所订的目的地或其他目的地时,本保险之效力依上述第 8 条之约定终止。

航程变更

10

10.1　当本保险责任开始后,被保险人变更目的地,应立即通知保险人,并另行商定保险费率和条件。在此费率和条件达成一致前,出现保险事故,只有在保险费率和保险条件符合合理的市场行情情况下,本保险才会仍然有效。

10.2　当保险标的按照本保险合同的航程规定开始航行时(与条款 8.1 相一致),被保险人或其受雇人对该船舶驶向另一目的地不知情,那么本保险合同仍然被视作是在本保险合同规定的航程开始时生效。

理赔

保险利益条款

11

11.1　被保险人在损害发生时,须对被保险标的物具有保险利益,始能要求本保险之赔偿。

11.2　依上述 11.1 之约定,被保险人对保险期间内所发生之被保物之损失,有权利要求赔偿,即使损失发生于保险契约签订之前亦同,但被保险人知道损害已经发生而保险人不知者,则不在此限。

转运费用

12　由于本保险所承保危险之发生,致使被保险航程在本保单所载明以外之港口或地点终止时,被保险人因卸货、储存及转运被保险标的物至保单所载明目的地,其所支出之适当而合理之一切额外费用,保险人同意予以补偿。

本条不适用于共同海损或救助费用,除仍须受上述 4、5、6、7 条除外约定之限制外,并且不包括因被保险人或其受雇人之过失、疏忽、无力清偿或债务失信所引起之费用。

推定全损

13　非被保险标的之实际全损显已无法避免,或其回复、整修及运还原承保目的地之费用,势将超过其抵达后之价值而经合理委付者,被保险人不得以推定全损请求赔偿。

增值条款

14

14.1　若被保险人对本保险之货物,投保增加保险价值时,该货物之协议价值应视同承保货物保险总价值与增加保险价值之和,而本保险之责任则按其保险金额占上述保险总金额之比例分担之。索赔时被保险人须向保险人提供所有其他保险有关保险金额之证明。

14.2　本保险为增值保险时,必须适用下列条款:

被保险人投保同一损害危险之增值保险,该货物之协议价值应视为原保险与全部增值保险二者金额之总和,而本保险之责任则按其保险金额占上述保险总金额之比例分担之。索赔时被保险人须向保险人提出所有其他保险有关保险金额之证明。

保险之利益

15　本保险

15.1　保障被保险人,包括根据本保险合同提出索赔的人员或收货人;

15.2　除非有特别说明.承运人或其他受托人不享受本保险的利益。

损失之减轻

被保险人义务条款

16

16.1　应采取避免或减轻上述损失之适当措施。

16.2　一切对抗运送人、受托人或其他第三者之权利应予适当保留及行使。保险人同意除本保险可得之任何损失赔偿外,对于被保险人为履行上述义务所作适当,合理支出之一切费用另予补偿。

放弃条款

17　被保险人或保险人为救助、保护或回复保险标的所采取之措施,不得视为对委付之放弃或接受放弃,或影响任何一方当事人之权益。

迟延之避免

18　被保险人在其所能控制之一切情况下应作合理而迅速之处理,为本保险之必要条件。

法律及惯例

19　本保险以英国法律及惯例为依据。

注意:根据条款 9 发生需要要求延长保险期限或根据条款 10 发生航程目的地变更,被保险人有义务应迅速书面通知保险人,其对本保险的权利取决于是否履行上述义务。

参考文献

[1] 郭颂平.海上保险[M].北京:高等教育出版社,2003.
[2] 汪鹏南.海上保险合同法详论[M].大连:大连海事大学出版社,2011.
[3] 魏润泉.海上保险的法律与实务[M].北京:中国金融出版社,2001.
[4] 孟于群.国际货运代理法律及案例评析[M].北京:对外经济贸易大学,2000.
[5] 司玉琢.新编海商法学[M].大连:大连海事大学出版社,2013.
[6] 苏同江,王海蛟.海上保险法律与实务[M].大连:大连海事大学出版社,2005.
[7] 张湘兰.海上保险法[M].北京:中国政法大学出版社,2011.
[8] 邹志洪.海上保险追偿法律与实务[M].北京:首都经贸出版社,2011.
[9] 杨良宜,汪鹏南.英国海上保险条款详论[M].大连:大连海事大学出版社,2009.
[10] 应世昌.新编海上保险学[M].上海:同济大学出版社,2006.
[11] 袁建华.海上保险原理与实务[M].成都:西南财经大学出版社 2010.
[12] 杜鹃.海上保险[M].上海:上海财经大学出版社,2010.
[13] 杨召南,等.海上保险法[M].北京:法律出版社,2009.
[14] 郭丽军.海上保险学[M].北京:北京对外经济贸易大学出版社,2010.
[15] 郭丹华.2009 年协会货物保险条款(A)修订问题之研究[D].大连:大连海事大学,2010.